Reiseführer

München

**Kunst und Architektur · Shopping · Nachtleben
Museen · Biergärten · Hotels · Restaurants**

Die Top Tipps führen Sie zu den Highlights

von Lillian Schacherl und Josef H. Biller

Leserforum

Die Meinung unserer Leserinnen und Leser ist wichtig, daher freuen wir uns von Ihnen zu hören. Wenn Ihnen dieser Reiseführer gefällt, wenn Sie Hinweise zu den Inhalten haben – Ergänzungs- und Verbesserungsvorschläge, Tipps und Korrek-turen –, dann kontaktieren Sie uns bitte:

Redaktion ADAC Reiseführer
Travel House Media GmbH
Grillparzerstr. 12, 81675 München
adac.reisefuehrer@travel-house-media.de

Karten und Pläne

☐ Service

München multimedial erleben

Mit Ihrem Smartphone, Tablet-PC oder Computer können Sie viele Sehenswürdigkeiten Münchens nun auch in bewegten Bildern erleben. Ergänzt wird das multimediale Angebot durch Hörstücke voller Hintergrundinformationen über die Hauptstadt Bayerns.

Im Buch finden Sie bei ausgewählten Sehenswürdigkeiten QR-Codes sowie Internet-Adressen.

 ▶ **Reise-Video: München**
QR-Code scannen oder dem Link folgen:
www.adac.de/rf0335

Öffnen Sie den QR-Code-Scanner auf Ihrem Handy und scannen Sie den Code. Gut geeignet sind Apps wie barcoo oder Scanlife.

Die meisten Apps schlagen Ihnen nun ein Programm zum Öffnen von Film oder Audio-Feature vor. Das iPhone startet sie automatisch. Am flüssigsten laufen die Filme bei einer WLAN- oder 3G-Verbindung.

Sollten Sie kein Smartphone besitzen, dann nutzen Sie bitte die neben dem QR-Code stehende Internet-Adresse.

Bitte beachten Sie, dass beim Aufruf der Reise-Videos und Audio-Features über das Handy Kosten bei Ihrem Mobilfunkanbieter entstehen können. Im Ausland fallen Roaming-Gebühren an.

München Impressionen

Heimeliges Weltstädtchen

Als München – ungefähr in den 1960er-Jahren – nicht ungern vernahm, es sei Deutschlands heimliche Hauptstadt, und als es sich mit froher Selbstgewissheit dann noch eigenhändig zur Weltstadt mit Herz beförderte, hatte es für den Spott nicht zu sorgen, er kam knüppeldick: Millionendorf, unheimliche Hauptstadt, Weltstadt der Halbseidenen. Und der Theaterlöwe und Wahlmünchner Fritz Kortner raunzte: »München hat das Gegenteil von Größenwahn. Einen Kleinstadtwahn.«

Der Münchner – zugegeben, es gibt ihn nur sporadisch, dann aber handfest – nimmt solche Schmähreden gelassen als ›Schmarrn‹. Er weiß, dass einiges krumm und kraus gelaufen ist beim Aufstieg der traditionsversponnenen Residenzstadt zur weltoffenen Großstadt München. Die Operationen und Transplantationen in ihrem urbanen Körper, werden von Kritikern als zweite Zerstörung nach dem Krieg beklagt, die Boutiquisierung und Verbankung der Altstadt; die Überlagerung der kultivierten Lodenmentalität der Ansässigen mit schriller Bussi-Bussi-Neurotik der ›Zuagroasten‹, die verbissenen Versuche der Imagepfleger, das viel berufene Leuchten der einst innovativen Kunststadt wieder zu entfachen – und was zum Teil voreilige, teils unvermeidliche Zeitknechtschaft sonst noch an Widrigem mit sich bringt, freilich auch an Prosperität, denn München ist auch in Krisenzeiten eine der führenden Wirtschaftsmetropolen Deutschlands.

Natürlich ›grantelt‹ der Münchner darüber, denn Veränderungen sind ihm von Haus aus unheimlich. Umwölkt gibt er den Spöttern recht. Und fällt ihnen sogleich hart ins Wort. Denn er weiß, dass seine Stadt trotz allem keine beliebige Allerweltsgroßstadt geworden ist. Und weiß es mit Recht.

Das einnehmende ›und‹

Denn wo, bitte, fände man anderwärts in so fürwahr trautem Beieinander festliche, fürstliche Schönheit aus Barockschwung, Rokokoschaum, noblen klassizistischen Konturen und zugleich urbane Modernität – diese architektonisch allerdings eher scheu als schick? Wo Biergartenseligkeit unter Kastanien mitten in der Stadt und rundum – abermals maßvoll gebotene – Metropolenturbulenz von Luxus bis Laster? Wo vornehme Auffahrtsalleen zu fein mumifizierten Schlössern, sonntags von intellektuellen Ge-

Oben: *Mit bayerischer Blasmusik und zünftigen Lederhosen läutet der Trachtenumzug das Oktoberfest ein*
Rechts oben: *Freizeitidylle im Grünen – Englischer Garten mit Monopteros*
Rechts Mitte: *Zum Mekka der Kunst avanciert die Pinakothek der Moderne*
Rechts: *Münchens Türme rund um den Marienplatz sind ein Reigen der Kunststile*

sprächsfetzen durchzogen und unmittelbar daneben ruppiges Volksgetümmel beim Eisstockschießen? Wo tagsüber heiße Floßfahrtstimmung auf der kalten Isar und abends zart besaitete Musik in Rokokosälen? Und wo neben dem größten Volksfest der Welt viele Wandermöglichkeiten in malerischer Naturkulisse?

Beileibe nichts fehlt in München, womit Berlin, Wien, Paris und Rom aufwarten: Triumphtore, Siegessäulen, Obelisken und Staus. Nur ist halt hier alles so viel handsamer, so fein übersichtlich und heimelig umgrenzt. Ein Weltstädtchen eben.

Katzensprünge durch die Zeiten

Keine Frage, dass diese Heimeligkeit
äußerst besucherschonend wirkt! Die
geografische Mitte der Altstadt, der **Marienplatz**, ist zugleich der Kern, aus dem sie
sich entfaltete, und somit von Baudenk-
mälern dicht umgeben wie von Jahres-,
besser Jahrhundertringen. Kaum mehr
als Katzensprünge verbinden die architektonischen Höhepunkte der großen
Münchner Epochen. Chronologisch ge-
sprungen, empfiehlt sich ein solcher
›Rundgang der Stile‹ zur ersten Orientie-
rung um so mehr, als er mit eleganten
Auslagen, schönen Münchnerinnen, ein-

ladenden Cafés und viel umschwärmten
Biergärten nur so gespickt ist.

Die ehrwürdige erste Pfarrkirche **St.
Peter** aus dem 11. Jh. macht natürlich den
Anfang, obzwar von ihrer Romanik nichts
blieb, doch ihr Reichtum aus späteren
Zeiten entschädigt dafür. Mit **Altem Rathaus** und **Dom** stehen uns Anmut und
Kraft der Spätgotik um 1480 vor Augen
und mit **St. Michael** eine Glanzleistung
der von hier weit ausstrahlenden Renaissance des späten 16. Jh. Die Barock- und
Rokoko-Paläste in der Kardinal-Faulhaber-
Straße bereiten schon auf das strahlende
Hochbarock der **Theatinerkirche** um 1688
vor, auf welche das **Preysing-Palais**
schräg gegenüber 1728 mit Rokokoraffi-
nesse antwortete, wie das fulminante
Treppenhaus vor Augen führt. Die sich
hier öffnende, die Altstadt verlassende,
monumentale **Ludwigstraße** fordert einen eigenen Gang.

Zurück zur Mitte gewendet, begleitet
uns der Renaissancetrakt der **Residenz**
zum **Max-Joseph-Platz**, wo der Bieder-
meierkönig den Bürger im Sessel emp-

fängt. Der feierliche Klassizismus-Akkord des Platzes entstand im ersten Drittel des 19. Jh. Rund 40 Jahre später präsentierte sich die hier beginnende **Maximilianstraße** im englisch-neogotisch orientierten, aber spezifisch münchnerischen ›Maximilianstil‹, indes man, zum Marienplatz zurückgekehrt, vor der flandrischen Neogotik des **Neuen Rathauses** bereits im 20. Jh. ankommt.

Original-bairisch und feudal-bayerisch

Wer es mal ›original-bairisch‹ haben will, beginne den Tag inmitten der Augen- und Gaumenlust des **Viktualienmarkts** – natürlich nicht ohne eine Brotzeit –, schmunzle sich durchs kauzige **Valentin-Musäum** und lege sich vom Turm von

Oben: Bayerische Tafelfreude – Schweinshaxe mit Krautsalat, Semmelknödel und Weißbier
Links: Schwungvolle Gaudi – Kettenkarussell beim Oktoberfest mit Blick auf St. Paul
Unten: Malerei von Weltrang – Kunstfreunde pilgern in die Neue Pinakothek
Links oben: Für jeden ein Plätzchen – der Englische Garten ist der größte Park Europas
Links Mitte: Trendige Architektur – futuristisch präsentiert sich der U-Bahnhof Westfriedhof
Links unten: Offenherzig – bayerischer Löwe an der Feldherrnhalle

St. Peter die Stadt zu Füßen, speise in einem der Bräuhäuser Im Tal oder in der Neuhauser Straße, sommers natürlich im Biergarten, steige der größten Lady Münchens, der **Bavaria**, zu Kopf, um mit Glück auf den allergrößten Superlativ, das Oktoberfest, oder mit Pech sehnsüchtig auf dessen verödeten Schauplatz hinabzuspähen, ruhe sich bei einer Kutschen-Rundfahrt durch den **Englischen Garten** aus, amüsiere sich abends bei urigem Volkstheater in der Iberl-Bühne und lasse sich im angegliederten Wirtshaus einen Schweinebraten mit Knödel schmecken.

Wer aber das Bayerische feudal, weltläufig und multikünstlerisch bevorzugt, ist hier mit Schlössern sattsam versorgt. Ein Rundgang durch das **Residenzmuseum** lässt die Brillanz der Münchner Hofkunst vieler Jahrhunderte erstrahlen; ein Abend im Nationaltheater mag die irdische Seligkeit dann komplett machen. Dass das bayerische Rokoko ›das schönste der Welt‹ sei, bekräftigen die Schlösser **Nymphenburg** und **Schleißheim**, die mit den Parks und hineingestreuten Schlösslein, mit Porzellan- und Gemäldesammlungen zu Lustwandeleien einladen.

Das **Bayerische Nationalmuseum** und das **Münchner Stadtmuseum** sorgen als Schatzkammern großer bayerischer Kunst und lebendiger München-Geschichte für besondere Kulturerlebnisse.

Weltranglistenplätze

Dass das **Deutsche Museum** auf der Weltrangliste der Technischen Sammlungen obenan steht, gilt unter Kennern als ausgemacht. Damit dieser Platz auch in Zukunft gehalten werden kann, werden in den nächsten Jahren Gebäude restauriert und die Dauerausstellungen auf den neuesten Stand gebracht. Freunde der Technik zieht es von hier ebenso magisch in die **BMW Welt** mit ihren schicken Präsentationen rund ums Auto.

Unter den Kunstmuseen genießt die **Alte Pinakothek** durch Rang und Fülle ihrer Alten Meister Weltgeltung. Die **Neue Pinakothek** ergänzt sie durch europäische Werke des 19. Jh., mit besonderen Akzenten auf der Münchner Schule. Die **Pinakothek der Moderne** und das **Museum Brandhorst** fesseln mit Malerei und Plastik des 20. und 21. Jh. Das **Lenbachhaus** ist internationale Wallfahrer zu den Werken des Blauen Reiters ebenso gewohnt wie die **Glyptothek** und die **Staatlichen Antikensammlungen** die

vielen treuen Liebhaber der Antike. So kann das Museumsareal in der Maxvorstadt, ergänzt noch durch das **Staatliche Museum Ägyptischer Kunst**, die Freunde der bildenden Künste viele Tage lang auf die Augenweide führen.

Was die Fans der anderen Künste betrifft, so ist Münchens Ruf als vielseitigste deutsche Musikstadt fest gegründet seit jeher, schon länger aber genießt es auch bei den Cineasten durch sein im Stadtmuseum untergebrachtes **Filmmuseum**, die **Filmhochschule** und das internationale **Filmfest** Ansehen. Mit seiner kunterbunten Kabarett-Szene macht es ebenso Furore und bietet in der Münchner Lach- und Schießgesellschaft oder im Schlachthof Unterhaltung für jeden Geschmack.

Stadtteil-Geschnupper

Gemessen an der Schwatzsucht, die München wert wäre, muss dieser Reiseführer knapp bleiben. Wer länger hier verweilt, wird in den Bezirken außerhalb der Altstadt natürlich auch dort umherbummeln, wo ihn keine hervorhebenswerten Objekte erwarten, einfach um Atmosphäre zu schnuppern.

Schwabing im Norden, dickleibig in die Literatur eingegangen, bleibt trotz

des heute dünnblütigen Künstlerlebens und der unablässigen Klagen darüber mit seinen Straßencafés, Kleintheatern und Shoppingmöglichkeiten ein umtriebiges Pflaster. Nicht minder lebhaft geht es im **Glockenbachviertel** südlich der Altstadt zu. An lauen Sommerabenden liegt fröhliches Stimmengewirr über dem blumengeschmückten Gärtnerplatz in seinem Herzen, in den Seitenstraßen verkaufen kleine Läden originelle Kinderkleidung und ausgefallene Designerware.

Das einstige ›Glasscherbenviertel‹ **Haidhausen** im Osten ist inzwischen ein lässiges Quartier der Studenten und Familien, der Jazz- und Kabarett-Kneipen. Östlich der Isar erstreckt sich das vornehme Villenviertel **Bogenhausen**. Vorstadtaura wird in der **Au** bei den ›Dulten‹ rund um die Mariahilfkirche spürbar, die Trödelmarkt mit Volksfest kombinieren. Auf der **Schwanthalerhöhe** über der Theresienwiese kann man mit ein wenig Glück Türken- und Griechenfeste auf der

Straße erleben. **Giesings** bodenständige Kneipen verbreiten den rauen Charme eines alten Arbeiterviertels. **Harlaching** und **Solln** im Süden bilden das Kontrastprogramm mit Villen hinter hohen Zäunen. Doch alle Stadtteile haben eines gemeinsam, nämlich die schönen Biergärten.

 ▶ **Reise-Video München**
QR-Code scannen oder dem Link folgen:
www.adac.de/rf0335

Ganz oben: *Bürgerlich bayerische Gotik – Altes Rathaus und Burgstraße*
Oben: *Abendstunden ganz im Trend – die italienische Bar Centrale in der Ledererstraße*
Links oben: *Freundliche Gesichter beim Oktoberfest auf der Theresienwiese*
Links Mitte: *Pilgerziel für Fußballfans und moderne Architekturkreation – Allianz Arena*
Links: *Erfrischung gefällig? Der Eisbach im Englischen Garten bietet Badespaß*

Geschichte, Kunst, Kultur im Überblick

Von freien Geistern, blühenden Künsten, reinem Bier und innovativer Technik

1158 Gründung Münchens durch den Welfen Heinrich den Löwen.

1175 Anlage der ersten Befestigung.

1214 München wird erstmalig als Stadt bezeichnet.

1240 Aus dem Besitz des Freisinger Bischofs geht München in den des Hauses Wittelsbach über.

1255 München wird Residenz des Teilherzogtums Bayern-München, neben dem es drei weitere Teilherzogtümer gibt.

1285–1315 Anlage der zweiten Befestigung um die fünffach gewachsene Stadt.

1294–1347 Unter Ludwig IV. dem Bayern – erst Herzog, dann König (ab 1314), schließlich Kaiser (ab 1328) – gewinnt München an Bedeutung.

1324–50 Die Reichskleinodien befinden sich in München, daher Stadtfarben wie Reichsfarben: Schwarz und Gold. München wird unter Ludwig dem Bayern ein geistiges Zentrum Europas.

1340 Ludwig verleiht München das Große Stadtrecht.

Heinrich der Löwe – Liegefigur des Grabmals im Dom zu Braunschweig (um 1250)

1429 Wegen Hussitengefahr Verstärkung der Befestigung durch einen Äußeren Mauerring.

1467–1508 Herzog Albrecht IV. der Weise. Blüte der Spätgotik in München: Jörg von Halsbach (Erbauer der Frauenkirche und des Alten Rathauses), Grasser, Polack.

1505 Wiedervereinigung der Teilherzogtümer Ober-

und Niederbayern. München wird Hauptstadt Bayerns.

1516 Bayerisches Reinheitsgebot für Bier: Erstes Lebensmittelgesetz der Neuzeit.

1550–79 Herzog Albrecht V. der Großmütige kämpft gegen die um sich greifende Reformation und fördert die Renaissancekunst.

1579–97 Herzog Wilhelm V. der Fromme. München gilt als Zentrum der Renaissancekultur und Gegenreformation. Erste Blüte des Erzgusses: Gerhard, Krumper, Reichle.

1597–1651 Auch Maximilian I., Herzog und Kurfürst (ab 1623), erhält die Stadt katholisch. Auftakt des Barock in Kunst und Literatur. Weitreichende Bautätigkeit.

1609 Gründung der Katholischen Liga in München.

1619–45 Errichtung einer neuzeitlichen Befestigungsanlage.

1632 Besetzung der Stadt durch die Schweden (Dreißigjähriger Krieg).

1634 Die Pest reduziert die Bevölkerungsanzahl um über ein Drittel.

Herzog Maximilian I. proklamiert zu Beginn des 17. Jh. Maria zur Schutzpatronin seines Landes

Häuser mit Laubengängen am Marienplatz im 19. Jh.

1651–79 Kurfürst Ferdinand Maria. Hochbarock unter italienischem Einfluss: Barelli, Zuccalli.

1679–1726 Kurfürst Max II. Emanuel beteiligt sich an europäischer Politik. 1683 sendet er bayerische Truppen zur Befreiung des von den Türken belagerten Wiens aus.

1692–1701 Max Emanuel ist Statthalter in den Niederlanden.

1705–14 München steht unter habsburgischer Administration. Die Bauernerhebung in der Sendlinger ›Mordweihnacht‹ 1705 wird niedergeschlagen.

1706–14 Max Emanuel in Reichsacht. Exil in den Niederlanden und Frankreich. Nach Rückkehr 1715 Aufstieg der Münchner Kunst unter französischem Einfluss zu europäischem Rang: Viscardi, Effner, Brüder Asam.

1726–45 Kurfürst Karl Albrecht. Er regiert von 1742 bis 1745 obendrein als Kaiser Karl VII. Große Zeit der Münchner Rokoko-Hofkunst: Fischer, Straub, Zimmermann, Cuvilliés u. a.

1742–44 Die Österreicher besetzen München im Streit um die Kaiserkrone.

1745–77 Kurfürst Max III. Joseph schließt mit Österreich Frieden. Ausklang des Rokoko: Günther, Bustelli, Cuvilliés u. a.

1759 Gründung der Bayerischen Akademie der Wissenschaften zur Erforschung der Sprache, Landesgeschichte und Naturwissenschaften.

1777–99 Der aus der Pfalz stammende Kurfürst Karl Theodor eint Bayern und Pfalz. Er ist es auch, der ab 1789 den Englischen Garten anlegen lässt.

1799–1825 Kurfürst Max IV. Joseph verbündet sich 1805 mit Napoleon I. und wird 1806 zum König Max I. Joseph gekrönt. Sein Minister Montgelas führt im Inneren Reformen durch.

1803 Im Zuge der Säkularisation werden die Münchner Klöster aufgehoben.

1806 München wird Königliche Haupt- und Residenzstadt Bayerns. Aufschwung der Wissenschaften. Fraunhofer, Reichenbach und Utzschneider begründen die optische Industrie. Alois Senefelder erfindet die Lithografie. München ist Mittelpunkt der romantischen Philosophie durch die Berufung Schellings.

1810 Erstes Oktoberfest aus Anlass der Vermählung des bayerischen Kronprinzen Ludwig mit Therese von Sachsen-Hildburghausen.

1818 Bayern erhält eine Verfassung. München wird Sitz des bayerischen Landtages sowie des neuen Erzbistums München-Freising.

1824 Zweite Blüte des Erzgusses: Stiglmaier, von Miller.

1825–48 König Ludwig I. macht München zur Kunstmetropole. Höhepunkt des Klassizismus und Beginn der Neugotik: Klenze, Gärtner, Cornelius, Overbeck, Rottmann, Thorwaldsen u. a. Es entstehen u. a. die Ludwigstraße, der Königsplatz und die Alte Pinakothek.

1705 erhebt sich das bayerische Volk gegen die Österreicher

Kurfürst Max Emanuel (1679–1726)

König Ludwig I. (1825–48)

König Ludwig II. (1864–86)

1826 Die Universität wird von Landshut nach München geholt.

1846 100 000 Einwohner.

1848 März-Unruhen und Lola-Montez-Affäre. König Ludwig I. dankt ab.

1848–64 König Max II. beruft norddeutsche Gelehrte und Literaten (›Nordlichter‹) nach München: Liebig, Riehl, Bodenstedt, Dahn, Heyse u. a. Ausbildung des ›Maximilianstils‹ in der Architektur.

1857 ›Erfindung‹ der Weißwurst.

1864–86 Zur Zeit König Ludwigs II. blühen Kunsthandwerk und Musikleben der Stadt.

1868 Die Technische Hochschule wird gegründet.

1886–1912 Prinzregent Luitpold. Aufregende Kunstepoche: Architektur, Malerei, Literatur, Theater.

1882 Das elektrische Licht erobert die Stadt.

1892 Die Sezession wird gegründet.

1896 Die Zeitschrift ›Jugend‹ erscheint erstmalig. München wird einer der Mittelpunkte des Jugendstils.

1897 Kandinsky lässt sich in München nieder. – Kathi Kobus eröffnet die Künstlerkneipe ›Simpl‹.

1900 500 000 Einwohner.

um 1900 Literarisches Leben: Thomas Mann, George, Rilke, Halbe, Lautensack, Wedekind, Sternheim, Wolfskehl, Wolzogen wirken hier.

1900–02 Lenin gibt in München zwei revolutionäre Zeitschriften heraus.

1900–03 Literarisches Kabarett ›Elf Scharfrichter‹ von Otto Falckenberg u.a.

1901 Beginn der Münchner Opern-Festspiele. Schwerpunkte bilden die Werke von Mozart und Wagner.

1906 Die Münchner Volkshochschule wird gegründet. – Eröffnung der Kammerspiele in der Augustenstraße.

1911 Erste Ausstellung der Künstlergemeinschaft ›Der Blaue Reiter‹: Kandinsky, Marc, Klee u. a.

1913–18 In die Regierungszeit von König Ludwig III. fallen die Wirren des Ersten Weltkriegs.

1918 Revolution. Spartakistenbund in München gegründet. Eisner ruft Freien Volksstaat Bayern aus. Der König flieht, Ministerpräsident Kurt Eisner verkündet seine Absetzung.

1919 Eisner wird von Graf Arco erschossen. Ausrufung und baldiger Niedergang der Räterepublik.

1923 Hitler-Putsch im Bürgerbräukeller.

1925 Otto Falckenberg wird Regisseur an den Kammerspielen.

1933 Bücherverbrennung

Kurt Eisners Ausrufung des Freien Volksstaates Bayern 1918 löst bei vielen Soldaten Jubel aus

Tag der Deutschen Einheit 2012 mit Bundespräsident Gauck und Kanzlerin Merkel

am Königsplatz und Literatenverfolgung durch die NSDAP lassen Thomas Mann, Lion Feuchtwanger, Oskar Maria Graf und andere Schriftsteller emigrieren.

1934 Röhm-Putsch. Hitler entledigt sich des letzten Rivalen aus den eigenen Reihen.

1935 Hitler verleiht München den Titel ›Hauptstadt der Bewegung‹.

1937 Die Ausstellung ›Entartete Kunst‹ verhöhnt die Moderne.

1938 Im Münchner Abkommen zwischen Hitler, Chamberlain, Daladier und Mussolini wird die deutsche Besetzung des Sudetenlandes beschlossen.

1939 Missglücktes Attentat auf Hitler im Bürgerbräukeller durch Georg Elser.

1943 Die studentische Widerstandsbewegung ›Weiße Rose‹ ruft zum Sturz der Nazityrannei auf. Ihre Mitglieder Hans und Sophie Scholl werden beim Auslegen von Flugblättern ertappt und hingerichtet.

1944 Bombenangriffe zerstören München.

1945 Am 30. April marschieren amerikanische Truppen in München ein.

1946 Neue Bayerische Verfassung angenommen. München wird Hauptstadt des Freistaates Bayern.

1948 Die Bayerische Akademie der Schönen Künste wird gegründet.

1957 1 Million Einwohner.

1958 In Garching geht der erste Atom-Forschungsreaktor in Deutschland in Betrieb.

1972 XX. Olympische Sommerspiele in München. Ein Terroranschlag auf die israelische Olympiamannschaft, bei dem alle entführten Athleten ums Leben kommen, überschattet die vorher als ›heitere Spiele‹ gefeierte Sportveranstaltung.

1981 Einweihung der Neuen Pinakothek.

1985 Nobelpreis für den Münchner Physiker Klaus von Klitzing.

1992 Eröffnung des Flughafens München – Franz Josef Strauß im Erdinger Moos nördlich der Stadt. Auf dem Gelände des alten Flughafens in Riem entstehen Messehallen sowie ein neues Wohnviertel.

1993 Christian Ude von der SPD wird erstmals zum Münchner Oberbürgermeister gewählt. Es folgen vier weitere Wahlerfolge.

2003 Archäologische Funde unter der Salvatorstraße beweisen die Besiedlung Münchens schon vor 4000 Jahren.

2005 Der Erzbischof der Diözese von München und Freising, Kardinal Joseph Ratzinger, wird als Benedikt XVI. Nachfolger von Papst Johannes Paul II. – Etwa 3 Mio. Menschen besuchen die Bundesgartenschau in der Messestadt Riem. – Die Allianz Arena wird eröffnet.

2006 Eröffnung der Fußball-Weltmeisterschaft in der Allianz Arena. – Am 9. Nov. wird die Ohel-Jakob-Synagoge eingeweiht.

2007 Umjubelter Besuch des Papstes in München.

2008 Christian Ude wird mit 66 % der Stimmen als Oberbürgermeister von München bestätigt.

2013 Münchens Oberbürgermeister Christian Ude (SPD) unterliegt als Spitzenkandidat bei der bayerischen Landtagswahl klar gegen Horst Seehofer. Dessen CSU holt sich mit 47,7% der Stimmen die absolute Mehrheit zurück. – Der FC Bayern sichert sich mit dem Gewinn von Deutscher Meisterschaft, DFB-Pokal und Champions League als siebter Club in Europa das Triple.

2014 Dieter Reiter (SPD) wird als Nachfolger von Christian Ude neuer Oberbürgermeister von München. Er setzt sich in der Stichwahl mit 56,7% der Stimmen gegen Josef Schmid (CSU) durch. Gleichzeitig endet nach 24 Jahren das rot-grüne Bündnis im Stadtrat. SPD und CSU vereinbaren eine rot-schwarze Koalition.

Unterwegs

Faszinierende Kombination von Architektur und Autodesign – BMW Welt und Olympiaturm

Die Altstadt – im Bannkreis der goldenen Madonna

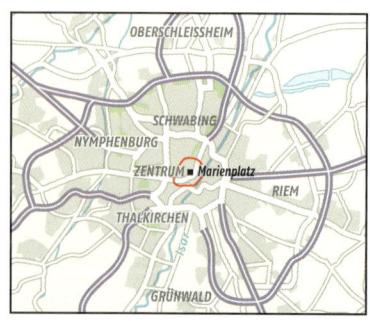

Liebevoll ausgedrückt, münden alle Wege nach München zu Füßen der Mariensäule am **Marienplatz**. Als Salz- und Getreidemarkt, damals Schrannenplatz genannt, war der Marienplatz, an dem sich wichtige Handelswege kreuzten, die merkantile Keimzelle der Stadt. Das **Karlstor** im Westen, das **Sendlinger Tor** im Süden, das **Isartor** im Osten und die **Feldherrnhalle** anstelle des einstigen Schwabinger Tors im Norden markieren noch heute den helmartigen Umriss der Altstadt, die einst von zwei Mauerringen und einer Wallanlage geschützt war. In der Jungfernturmstraße kann man am bequemsten die Reste der inneren Stadtmauer von 1493 studieren. Da der **Alte Südliche Friedhof**, die **Theresienwiese** und **St. Paul** nicht viel mehr als einen Katzensprung vom Sendlinger Tor entfernt sind, seien sie hier einbezogen.

1 Marienplatz

*Schönes, geschlossenes Platz-
ensemble mit prächtigen Architektur-
bildern und Perspektiven.*

S 1, S 2, S 3, S 4, S 6, S 7, S 8 Marienplatz
U 3, U 6 Marienplatz

Der Marienplatz ist Bürgersalon für die Münchner und Piazza für die Fremden, Zuschauerraum fürs Glockenspiel, Forum für politische Versammlungen sowie Empfangsteppich für Prominente. Unschwer, sich hier im Mittelalter bunte Fürstenaufzüge und Volksfeste, freilich auch den Block des Henkers vorzustellen. Laubengänge in den Erdgeschossen der schmalen Häuser bestimmten das Bild des Marktes bis in die zweite Hälfte des 19. Jh. In seinem Ostteil wurde einst der ›Kräutlmarkt‹ abgehalten. In den **Fischbrunnen** im Nordosten – damals am Fischmarkt – pflegten sich früher die Metzgerlehrlinge bei ihrem Freispruch kopfüber zu stürzen (Metzgersprung),

Münchens Schutzpatronin und Wahrzeichen – die goldene Marienfigur

heute waschen die Münchner aschermittwochs hier ihre leeren Geldbörsen aus. Der Brunnen wurde 1954 von Henselmann mit den *Figuren* von Knoll (1862/65) neu gestaltet.

Der schönste Akzent des Platzes, ja, die Herzkammer der Stadt ist der ›Heilige Bezirk‹ der **Mariensäule.** Kurfürst Maximilian gelobte in der Schwedenzeit (1632–35) eine Stiftung, wenn die Okkupation überstanden sei, und beschloss 1635 die Errichtung der Säule. 1638 wurde sie am Jahrestag der Schlacht am Weißen Berg geweiht. Die balustradenumgrenzte, 11 m hohe korinthische Säule auf einem Marmorsockel hält eine *Marienfigur* in den Himmel, die Münchens anmutigstes Wahrzeichen ist: die Madonna als Himmelskönigin mit Zepter, Krone und segnendem Christuskind. Sie ist ein Werk von Hubert Gerhard, um 1590 geschaffen und zunächst in der Frauenkirche aufgestellt. Die gewappneten *Putti* (Kopien) am Sockel bekämpfen siegreich Drache, Löwe, Schlange und Basilisk, Sinnbilder für Hunger, Krieg, Unglauben, Pest. Wer diese hervorragenden, schon im barocken Geist gestalteten Allegorien schuf, weiß man nicht genau; Temperament und Dramatik sprechen für den Schon-

Frauenkirche und Neues Rathaus sind elegante Kulissen des lebhaften Marienplatzes

Das Alte Rathaus auf der Ostseite des Marienplatzes ist Heimstatt des Spielzeugmuseums

gauer Bronzebildhauer Hans Reichle. Gießer war Bernhard Ernst (1638). Das Münchner Vorbild wirkte weitum: Von hier aus trat der Typus der Mariensäule seinen Siegeszug nach Österreich, Böhmen und weiter in den Osten an.

▶ **Reise-Video Marienplatz** QR-Code scannen oder dem Link folgen: www.adac.de/rf0341

2 Neues Rathaus

Effektvoller neogotischer Monumentalbau als Manifestation des Bürgerstolzes am Ende des 19. Jh.

Marienplatz 8
Tel. 089/233 00
Mo–Fr 7–17 Uhr, Turm: Mai–Ende Oktoberfest tgl. 10–19 Uhr, Ende Oktoberfest–Mai Mo–Fr 10–17 Uhr
S 1, S 2, S 3, S 4, S 6, S 7, S 8 Marienplatz
U 3, U 6 Marienplatz

Ein heimisches Gewächs ist dieses überdimensionale, wuchernd geschmückte, an flandrische Gotik erinnernde Rathaus gewiss nicht. Neogotik war Mode, als es der Grazer Architekt Hauberrisser von 1867 bis 1908 in drei Abschnitten baute. Der Komplex aus Back- und Haustein mit dem 80 m hohen Turm gruppiert sich um sechs Innenhöfe, darunter den sehenswerten **Prunkhof** mit Wendeltreppenturm. Die Wittelsbacher und andere historische Gestalten bevölkern als Bauplastik die fast 100 m lange Frontfassade. Im Erdgeschoss zum Marienplatz residiert die Touristeninformation.

Das **Glockenspiel** (März–Okt. tgl. 11, 12, 17 Uhr, Nov.–Febr. tgl. 11, 12 Uhr) im Turmerker beschwört die Geschichte des Marienplatzes: das *Turnier* bei der Hochzeit Wilhelms V. mit Renata von Lothringen, 1568, und den *Schäfflertanz*, der schon seit 1683 Zunfttradition ist und nur alle sieben Jahre aufgeführt wird. Das Spiel der 43 Glocken (viertgrößtes Glockenspiel in Europa) begleitet die gravitätischen Bewegungen der 32 lebensgroßen Figuren. Abends, um 21 Uhr, zeigen sich *Münchner Nachtwächter* und *Münchner Kindl*, von einem Engel gesegnet, in den Erkern des 7. Geschosses.

3 Altes Rathaus

*Schönes Beispiel bürgerlicher baye-
rischer Gotik, eine wesentliche Domi-
nante des Marienplatzes.*

Marienplatz 15
S 1, S 2, S 3, S 4, S 6, S 7, S 8 Marienplatz
U 3, U 6 Marienplatz

Den vielgliedrigen Gebäudekomplex eines noch älteren Rathauses löste 1474 das
Alte Rathaus des Dombaumeisters Jörg
von Halsbach ab: im Wesentlichen ein
gotischer Saalbau, dem ein ausgedientes
und umgebautes Stadttor als Ratsturm
diente. Im Zweiten Weltkrieg weitgehend
zerstört, wurde 1953–58 der Saalbau in
einfacherer Form wiederhergestellt, 1972
der Ratsturm von Erwin Schleich rekonstruiert. Heute dient der gotische Saal
dem Stadtrat und dem Oberbürgermeister der Landeshauptstadt zu Reprä-
sentationszwecken. So wird hier z.B. die
Medaille »München leuchtet« verliehen.
Glanzstücke der Ausstattung waren –
und sind jetzt in Kopien – die Moriskentänzer von Erasmus Grasser, virtuosestes
Werk der Münchner Spätgotik (1480;
Originale im Stadtmuseum). Ein gemalter
Wappenfries (1478) des Malerdichters Ulrich Fuetrer oder Grassers geschnitzte
Wappen und Symbole belegen die gotische Schönheit dieses Rats- und Tanz-
saales. Die Bronzedame außen an der
Turmsüdseite ist Shakespeares ›bezau-
bernde‹ Julia: ein Geschenk der Paten-
stadt Verona jenseits der Alpen. Liebes-
paare stecken ihr Blumen zu.

▶ **Audio-Feature
Altes Rathaus**
QR-Code scannen oder
dem Link folgen:
www.adac.de/rf0956

4 Spielzeugmuseum

*Spielereien für Groß und Klein:
Kinderzimmerwelt im Trubel der
Fußgängerzone.*

Marienplatz 15, im Turm des Alten
Rathauses
Tel. 089/29 40 01
tgl. 10–17.30 Uhr
www.toymuseum.de
S 1, S 2, S 3, S 4, S 6, S 7, S 8 Marienplatz
U 3, U 6 Marienplatz

Welch eine liebenswerte Verwendung:
Der rekonstruierte Turm des Alten Rathauses birgt seit 1983 von Kopf bis Fuß
eine Spielzeugsammlung, die der Filme-
macher und Karikaturist Ivan Steiger zu-
sammengetragen hat. Da wendelt sich
der Besucher treppab durch 200 Jahre
Spielzeugkultur: Naives und Kunstferti-
ges aus Holz, Papier, Blech; Dampfma-
schinen, Karusselle, Laternae magicae;
die Welten der Puppenstuben, Ritterbur-
gen, Wild-West-Helden, Tiermenagerien;
schließlich die Eisenbahnen, Automobile,
Flugzeuge und Schiffsmodelle, die den
spielerischen Anfang der heutigen Kin-
derzimmertechnologie bildeten.

5 Heiligeistkirche

*Älteste gotische Hallenkirche Mün-
chens in freundlicher, feingliedriger
Frührokokogestalt mit Resten
wertvoller Originalausstattung.*

Prälat-Miller-Weg 3
Tel. 089/24 21 68 90
S 1, S 2, S 3, S 4, S 6, S 7, S 8 Marienplatz
U 3, U 6 Marienplatz

Der Turm ist längst ein Stadtbildakzent,
aber als Spital, Pilgerhaus und Kapelle
1208 gegründet wurden, lagen sie noch
außerhalb der Stadtmauern: Den 1392
vollendeten gotischen Hallenbau barockisierten und rokokoisierten Ettenhofer
und die Brüder Asam 1724–30. Die schön
rhythmisierte Fassade ist Neobarock von

*Täglich um die Mittagszeit erklingt das
Glockenspiel im Turm des Neuen Rathauses*

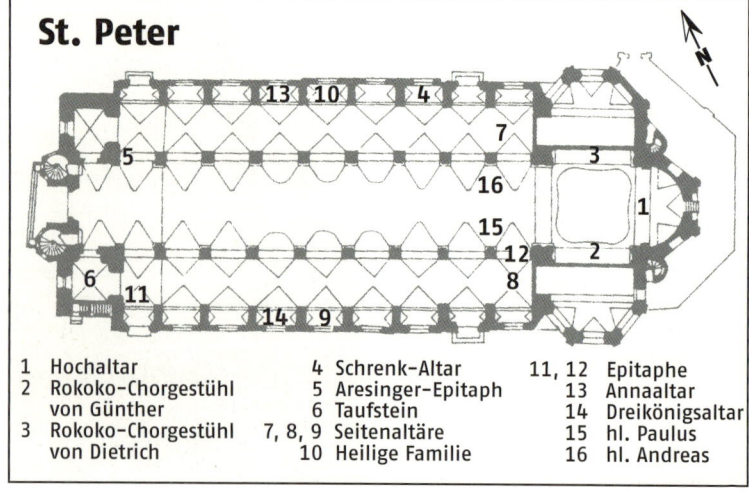

1885! Damals verschwanden die Spitalge-bäude und Friedrich Löwel erweiterte die Kirche nach Westen. Der Wiederaufbau nach 1946 fügte Erhaltenes und Rekons-truiertes glücklich zusammen.

Die *Gewölbefresken* von C. D. Asam im Inneren stellen die Gründungsgeschich-te des Spitals dar (originalgetreue Re-konstruktion von Karl Manninger). He-rausragende Werke: die großflügeligen *Rokokoengel* am Hochaltar von Greiff, 1730, das Gnadenbild der *Hammerthaler-Muttergottes* aus Tegernsee im Marienal-tar im linken Seitenschiff, um 1450, das

St. Peter

1	Hochaltar	4	Schrenk–Altar	11, 12	Epitaphe
2	Rokoko-Chorgestühl von Günther	5	Aresinger–Epitaph	13	Annaaltar
3	Rokoko-Chorgestühl von Dietrich	6	Taufstein	14	Dreikönigsaltar
		7, 8, 9	Seitenaltäre	15	hl. Paulus
		10	Heilige Familie	16	hl. Andreas

Über die Dächer der Innenstadt gehen die Ausblicke vom Turm des Alten Peter

pelle. Daraus ging der romanische Gründungsbau in der 1. Hälfte des 11. Jh. hervor. Ein gotischer Neubau entstand im 13., der Umbau der Zweiturm- zur Mittelturmfassade mit der ersten öffentlichen Uhr der Stadt erfolgte Ende des 14., der Frühbarockumbau durch Schön und Pader Anfang des 17. Jh., die Rokoko-Umgestaltung durch Ignaz Anton Gunetzrhainer, Zimmermann u. a. Mitte des 18. Jh. Der Wiederaufbau nach schweren Kriegszerstörungen war um 1975 vollendet.

Das Innere der gotischen Pfeilerbasilika ist mit einem lichten Rokokogewand von feinem Stuck und goldenen Figuren ausgekleidet. Das Schiff mündet in eine Apsis aus drei halbkreisförmigen, überkuppelten Nischen: ein Dreikonchenchor frühester Barockprägung (1636). Eine unverkennbare Asam-Inszenierung, von Stuber ausgeführt, ist der **Hochaltar** [1] als feierlicher Bühnenaufbau für die würdevolle Figur des *Sitzenden Petrus* (1492) von Grasser und die *Vier Kirchenväter* (1732) von Egid Quirin Asam. *Engel* (1804) von Franz Schwanthaler flankieren das

Bronzegrabmal Herzog Ferdinands von Bayern beiderseits des Haupteingangs nach Krumpers Entwurf, nach 1608.

6 St. Peter

Älteste Pfarrkirche Münchens mit Renaissanceturm Alter Peter und Meisterwerken von Grasser, Straub, Günther, Asam.

Rindermarkt 1
Tel. 089/210 23 77 60
www.erzbistum-muenchen.de
Turm: Mai–Sept. Mo–Fr 9–19,
Sa/So 10–19 Uhr, Okt.–April
Mo–Fr 9–18, Sa/So 10–18 Uhr
S 1, S 2, S 3, S 4, S 6, S 7, S 8 Marienplatz
U 3, U 6 Marienplatz

St. Peter ist die ehrwürdigste und zugleich volkstümlichste der Kirchen Münchens, viel besungen und legendenumrankt, sonntags bei Messen drangvoll besetzt, überdies ›alpennahe‹ nach Überwindung der 302 abgetretenen Turmstufen, insbesondere bei Föhn.

Noch vor der Stadtgründung stand auf der Erhebung des ›Petersbergls‹ eine Ka-

Hochaltar von St. Peter mit Grassers Petrusfigur und Asams Kirchenvätern

Tabernakel. Polacks *Petrus-Bilder* (1517) aus dem früheren spätgotischen Hochaltar hängen jetzt an den Wänden des Chors. Das **Rokoko-Chorgestühl [2, 3]** stammt von Günther und Dietrich.

Nicht nur der Chor, die ganze Kirche birgt bedeutende Werke aller Stile. Wertvolle gotische Stücke: Der **Schrenk-Altar [4]**, ein seltenes Retabel aus Sandstein, mit dem Jüngsten Gericht, um 1400, und Grassers temperamentvolles **Aresinger-Epitaph [5]** mit Petrus, Katharina und dem Stifter von 1482. Von Renaissance-Meister Krumper stammt der **Taufstein [6]** in der Taufkapelle.

Schmelzendes Ignaz-Günther-Rokoko dominiert bei einigen **Seitenaltären [7–9]**: elegante Aufbauten mit sinnlichen *Mädchenengeln* oder ausdrucksvollen *Putti*. Rührend seine **Heilige Familie [10]** am Sigismund-Altar, meisterhaft seine beiden **Epitaphe [11, 12]**. Den **Annaaltar [13]** und den **Dreikönigsaltar [14]** schuf sein Lehrmeister Straub. Die *Zimmermann-Fresken* über den Oratorienfenstern sind nur teilweise original, die meisten wurden rekonstruiert, ebenso die Deckenfresken sowie der Stuck in den Seitenschiffen (1998–2000). Die *Kanzel* mit dem krönenden Posaunenengel und die großen *Apostelstatuen* schnitzte Prötzner 1750, nur der **hl. Paulus [15]** und der **hl. Andreas [16]** stammen von Greiff und Faistenberger. Diese goldenen Figuren formieren eine festliche Prozessionsstraße zum Hochaltar.

7 Rindermarkt

Der Platz ist ein Stück Alt-München: teils jüngere Freilegung, teils reizvolle Nachempfindung und geglückte Neuschöpfung.

Rindermarkt
S 1, S 2, S 3, S 4, S 6, S 7, S 8 Marienplatz
U 3, U 6 Marienplatz

Vermutlich älter als der Marienplatz, war der Rindermarkt einst Viehmarkt. Daran erinnert der moderne **Rinderbrunnen** (1964) von Josef Henselmann: eine flach gestufte Bachlandschaft mit Rinderherde und Hirt. Bei der Begradigung des Markts beim

Die Weißwurst

Weißwurst – 1857 in München kreierte, aber wahrscheinlich von einem französischen Vorläufer des 14. Jh. inspirierte Wurst aus Kalbsbrät, Speck und Gewürzen, die mit süßem Senf, Brezn und Weißbier genossen wird. Früher wurde sie wegen der raschen Verderblichkeit der Zutaten vormittags frisch aus dem Kessel verzehrt, deshalb kam der inzwischen ungültige, aber noch gebräuchliche Spruch auf, sie dürfe das Mittagsläuten nicht mehr hören. Wer sie in die Finger nimmt und ›auszuzzelt‹, ist nicht schlecht erzogen, sondern hängt ebenfalls am Althergebrachten.

Wiederaufbau wurde der **Löwenturm** frei gestellt; er gehörte zum ersten Münchner Befestigungsring aus dem 12./13. Jh.

Der Block der **Ruffinihäuser** an der Westecke des Platzes mit seinen auffallend dekorativen Fassaden greift auf mittelalterliche Bauformen zurück, entstand aber erst 1905. Er ist ein Werk G. von Seidls, der die Altmünchner Häuserkultur historisierend zu erneuern versuchte.

8 Hofer

Ältestes, weitgehend ursprünglich erhaltenes Bürgerhaus mit beispielhafter Renaissance-Fassadenmalerei.

Burgstraße 5
S 1, S 2, S 3, S 4, S 6, S 7, S 8 Marienplatz
U 3, U 6 Marienplatz

Bei diesem stattlichen spätgotischen Haus darf man nicht nur die prächtige, 1552 von Hans Mielich bemalte *Fassade*, sondern muss man auch *Laubenhof, Schneckenturm* und *Gewölbe* im Innern bewundern. Dort kann man das Schöne auch gleich mit dem Angenehmen verbinden und im hier beheimateten Gasthaus *Hofer* (www.hofer-der-stadtwirt.de) einkehren.

Typisch für München: die *Halbgiebel* vor dem Dach und im Innern die *Himmelsleiter*, eine einläufige, durchs ganze Haus führende Treppe. Früher war dies das Stadtschreiberdomizil. Im Nebenhaus Nr. 7 komponierte Mozart 1780/81 seinen ›Idomeneo‹, in Nr. 6 gegenüber erarbeitete 30 Jahre zuvor der Jurist Wiguläus von Kreittmayr die erste umfassende Rechtskodifizierung Deutschlands. In Nr. 8 lebte und starb der Rokoko-Architekt François Cuvilliés.

9 Alter Hof

Eindrucksvolles Beispiel einer mittelalterlichen Stadtburg, unter Ludwig IV. politischer Mittelpunkt des Reiches.

Burgstraße 8
www.muenchner-kaiserburg.de
Infopoint: Tel. 089/21 01 40 50,
www.infopoint-museen-bayern.de
Mo–Sa 10–18 Uhr
S 1, S 2, S 3, S 4, S 6, S 7, S 8 Marienplatz
U 3, U 6 Marienplatz

Der Alte Hof war die erste Herzogsburg der Wittelsbacher, unbekannten Datums angelegt gegen äußere wie innere Fein-

Der Alte Hof mit seinem Erkertürmchen war im Mittelalter Trutzburg der Wittelsbacher

de an der Nordostecke der damaligen Stadt. Residenz seit 1253, sah sie ihre Glanzzeit unter Kaiser Ludwig dem Bayern, der von 1328–47 hier seinen festen Regierungssitz hatte. Als Herzog Sigismund über 100 Jahre später hier lebte, war die eigentliche Residenz schon die – heute gänzlich verschwundene – Neuveste.

Im Süden der Vierflügelanlage liegt der *Burgstock* mit Torturm und reizvollem Erkertürmchen – hier ist der *Infopoint zu den bayerischen Schlössern und Museen* beheimatet. Im Gewölbe darunter dokumentiert die *Ausstellung Münchner Kaiserburg* die Geschichte des Alten Hofes. Im Westen ist der *Zwingerstock* zu sehen, wo die fürstlichen Kemenaten lagen (alles um 1460–70). Im früheren Hofsaal des Zwingerstocks befindet sich heute ein fränkisches Weinlokal. Der Lorenzistock zeigt noch Reste mittelalterlicher Architektur, die bei der jüngsten Restaurierung wieder sichtbar gemacht wurden, Pfister- und Brunnenstock entstanden 2006 hingegen völlig neu und beherbergen Geschäfte, Lokale und exklusive Wohnungen. Vor dem Torbogen im Norden steht das eindrucksvolle **Reiterdenkmal Kaiser Ludwigs** von Hans Wimmer (1967).

10 Hofbräuhaus

Populärste Attraktion Münchens und bekannteste, viel besungene Bierwirtschaft.

Platzl 9
Tel. 089/290 13 60
www.hofbraeuhaus.de
S 1, S 2, S 3, S 4, S 6, S 7, S 8 Isartor

Die weltberühmte Institution ist aus einem Importboykott Herzog Wilhelms V. geboren, der die Kosten seiner Hofhaltung reduzieren wollte, indem er sein Bier nicht mehr aus Einbeck in Niedersachsen heranschaffen, sondern ab 1592 im neu erbauten Bräuhaus im Alten Hof selbst brauen ließ. 1644 wurde das Hofbräuhaus zum Platzl verlegt. Aber erst von 1830 an durfte auch die Bevölkerung hier ihre Maß trinken, und als dann der Ausschank überfloss, musste die Brauerei weichen und Platz für das immer größere Gasthaus machen. Der Bau im Altmünchner Bürgerhaus-Stil stammt erst aus dem ausgehenden 19. Jh. (Littmann und Maxon, 1896). Heute werden in Schwemme, Trinkstuben, Festsaal und Biergarten täglich rund 3000 l Bier ausgeschenkt.

▶ **Audio-Feature
Hofbräuhaus**
QR-Code scannen oder
dem Link folgen:
www.adac.de/rf0960

Um die Mittagszeit herrscht noch altbayerische Gemütlichkeit im Hofbräuhaus

11   Alte Münze

Einer der schönsten Renaissance-Arkadenhöfe in Deutschland.

Hofgraben 4
www.blfd.bayern.de
Mo–Do 8–16.30, Fr 8–14 Uhr
S 1, S 2, S 3, S 4, S 6, S 7, S 8 Marienplatz
U 3, U 6 Marienplatz

Die architektonische Kostbarkeit verbirgt sich hinter einer Seitengasse: ein italienisch-blütiger, freilich bayerisch-gedrungener Hof mit dreigeschossigen Laubengängen, geschaffen von Hofbaumeister Egkl 1567. Die vorgelagerte frühklassizistische Fassade (1809) von A. Gärtner zeigt im Giebel drei weibliche *Personifikationen von Gold, Silber, Erz* von F. J. Schwanthaler als Anspielung auf die Bestimmung des Hauses. Gebaut als ›Fürstlicher Marstall‹, der im Obergeschoss die Kunst-

Das Hofbräuhaus am Platzl bietet allerlei Genüsse auch an der frischen Luft

kammer Albrechts V. beherbergte, diente das Gebäude von 1809 bis 1983 als Münzstätte. Jetzt ist es Sitz des Bayerischen Landesamtes für Denkmalspflege und ist zu den Geschäftszeiten geöffnet.

12   Eilles-Hof

Einer der letzten weitgehend ursprünglich erhaltenen Altmünchner Laubenhöfe.

Residenzstraße 13
S 1, S 2, S 3, S 4, S 6, S 7, S 8 Marienplatz
U 3, U 6 Marienplatz
U 3, U 4, U 5, U 6 Odeonsplatz

Eine Vorstellung vom spätgotischen Aussehen Münchens gewinnt man im Hof

dieses Hauses, das um 1560 entstanden und charakteristisch für die Bürgerhäuser jener Zeit, wenn auch freilich nicht rein erhalten ist. Die Lauben und durchbrochenen, fantasievoll aus Ziegeln gestalteten Brüstungen des Innenhofs sind sorgfältig restauriert worden, die Verglasung ist natürlich neu. Der Eilles-Hof ist Teil des Passagensystems zwischen Residenz- und Theatinerstraße, in dem sich elegante Geschäfte aneinanderreihen.

Auf dem Max-Joseph-Platz grüßt der Namensgeber huldvoll die Münchner

13 Max-Joseph-Platz

Repräsentativer Platz: klassizistisches Gesamtkunstwerk und Manifestation der königlichen Residenzstadt.

S 1, S 2, S 3, S 4, S 6, S 7, S 8 Marienplatz
U 3, U 6 Marienplatz
U 3, U 4, U 5, U 6 Odeonsplatz

Im ersten Drittel des 19. Jh. von Leo von Klenze und Karl von Fischer konzipiert, wird das große Rechteck des Platzes gerahmt von den klassizistischen Fassaden des *Nationaltheaters* [Nr. 15], des *Königsbaus* der Residenz [Nr. 16] und von der Loggia des *Palais an der Oper*, der einstigen Residenzpost. Mit ihren Rossebändiger-Fresken auf rotem Grund gibt die 1835 von Klenze geschaffene Arkadenreihe dem Platz einen florentinischen Akzent. Hinter den denkmalgeschützten Fassaden befinden sich edle Gastronomie und hochpreisige Designerläden.

Geruhsame Gaumenfreuden am Max-Joseph-Platz mit dem Königsbau der Residenz (links)

Liebenswürdig ergänzt den Platz die gefällige Front der Bürgerhäuser auf der Westseite. Leider mindert die Einfahrt zur Tiefgarage die Schönheit des Platzes etwas, doch wirkt er zu jeder Tageszeit kontrastreich belebt, sowohl von eifrigen Touristen und lässigen Skatebordfahrern als auch von Opernbesuchern in Abendgarderobe.

Die Platzmitte akzentuiert das Denkmal für **Max I. Joseph**, den ersten König Bayerns, der 1818 die erste bayerische Verfassung schuf. Das Monument wurde allerdings erst 1835, genau zehn Jahre nach dem Tod des Monarchen, enthüllt, denn er hatte die Verewigung in sitzender Pose abgelehnt. Klenze und der Bildhauer Martin von Wagner entwarfen die Architektur des Denkmals, der große Berliner Christian Rauch die Figuralkomposition, und mit dem Guss zeichnete sich Stiglmaier aus. Die Sockelreliefs stellen des Königs Regierungstaten dar.

14 Nationaltheater

Bedeutendes klassizistisches Opernhaus von monumentaler Wirkung und glanzvoller Innengestaltung: Heimstätte eines der traditionsreichsten Ensembles und Aufführungsort der hervorragenden Opern-Festspiele.

Max-Joseph-Platz 2
Tel. 089/21 85 01
www.bayerische.staatsoper.de
Führungen mehrmals wöchentlich
14 Uhr, Info und Buchung
Tel. 089/21 85 10 25
S 1, S 2, S 3, S 4, S 6, S 7, S 8 Marienplatz
U 3, U 6 Marienplatz
U 3, U 4, U 5, U 6 Odeonsplatz

König Max I. Joseph wünschte ein Nationaltheater nach dem Vorbild des Pariser Odéon. Der junge Akademieprofessor Karl von Fischer gewann den Wettbewerb. Sein strenger Klassizismus bestach. 1818 wurde das Theater eröffnet, 1823

brannte es ab. Da hier vorher das von der Säkularisation beseitigte Franziskanerkloster gestanden hatte, sprach das Volk von einer Strafe des Himmels. Fischer war inzwischen gestorben, Klenze rekonstruierte sein Werk mit leichten Veränderungen. Schon 1825 fand die Wiedereröffnung statt. Der Zweite Weltkrieg ließ nur die Außenmauern stehen. Gegen den Widerstand der Befürworter einer modernen Lösung wurde der Bau bis 1963 abermals rekonstruiert, Bauleitung hatten Gerhard Graubner und Karl Fischer.

Der Aufgang atmet antikische Feierlichkeit: ein **Säulenportikus** mit doppeltem Giebel. Im unteren Giebel Skulpturen *Apolls und der neun Musen* (1972) von Georg Brenninger; im oberen ein Glasmosaik nach Ludwig Schwanthaler: *Pegasus mit den Horen*. Das elegante Rondell des **Zuschauerraums** mit fünf Rängen und Königsloge wird von Karyatiden und Kolossalsäulen akzentuiert. Es fasst rund 2100 Zuschauer und war damit nicht nur für den engsten Hofstaat, sondern für das ganze Bürgertum gedacht: Das Hoftheater war öffentlich geworden.

Dass König Ludwig II. sich hier einsam an Separatvorstellungen berauschte, war eine Exzentrizität. Durch ihn wurde das Nationaltheater eine Wagner-Bühne: ›Tristan‹, ›Meistersinger‹, ›Rheingold‹, ›Walküre‹ fanden hier ihre Uraufführung. Franz von Dingelstedt und Ernst von Possart waren im 19. Jh. die berühmtesten Inten-

danten des Hauses, das damals auch Schauspiel gab, mit Clara Ziegler und Josef Kainz. Die Uraufführung von Ibsens ›Nora‹ löste 1880 einen Skandal aus.

Richard Strauss erlebte 1906 hier den ersten Erfolg seiner anderswo verbotenen ›Salome‹, 1938 wurden sein ›Friedenstag‹, 1942 sein ›Capriccio‹ hier aus der Taufe gehoben, beide unter Clemens Krauss. Neben Krauss brachte eine lange Reihe großer Dirigenten der Oper Ruhm: Franz Lachner, Hans von Bülow, Hermann Levi, Felix Mottl, Hans Knappertsbusch, Georg Solti, Rudolf Kempe, Ferenc Fricsay, Joseph Keilberth, Wolfgang Sawallisch, Kent Nagano und seit der Spielzeit 2013/2014 Kirill Petrenko.

Die internationalen **Opern-Festspiele** im Juli bieten Zeitgemäßes rund um die Säulen Mozart, Wagner, Strauss.

15 Residenztheater

Moderne Fassade auf den Grundmauern eines Vorgängerbaus.

Max-Joseph-Platz 1
Tel. 089/21 85 01
www.residenztheater.de
S 1, S 2, S 3, S 4, S 6, S 7, S 8 Marienplatz
U 3, U 6 Marienplatz
U 3, U 4, U 5, U 6 Odeonsplatz

Das im Volksmund Resi genannte Theater fasst über 900 Besucher und ist damit

Wo auch mal Wunder versprochen werden – das Residenztheater in festlichem Rot

Sensationserfolg des Resi – Fassbinders ›Die bitteren Tränen der Petra von Kant‹

Hauptbühne des Bayerischen Staatsschauspiels. Seine Fassade passt sich der klassizistischen Formsprache des Nationaltheaters an, nur der gläserne Portikus spiegelt den Stil des Jahres 1951, als das Resi die Stelle einnahm, wo vor dem Krieg das Cuvilliés-Theater [Nr. 19] gestanden hatte. Foyer und Zuschauerraum schmeicheln heute mit kühlem Designercharme. In den Jahren 2001–11 war Dieter Dorn hier Intendant. Sein Nachfolger Martin Kušej feierte in seiner ersten Spielzeit mit der Neuinszenierung von Fassbinders ›Die bitteren Tränen der Petra von Kant‹ im Marstall einen großen Erfolg.

16   Residenz

Der Sitz der Wittelsbacher Regenten bis 1918 ist ein über vier Jahrhunderte zusammengewachsener Schlosskomplex, ein imponierendes Zeugnis höfischer Kultur in Europa.

Max-Joseph-Platz 3, Residenz-, Hofgarten- und Alfons-Goppel-Straße
Tel. 089/29 06 71
www.residenz-muenchen.de
S 1, S 2, S 3, S 4, S 6, S 7, S 8 Marienplatz
U 3, U 6 Marienplatz
U 3, U 4, U 5, U 6 Odeonsplatz

Als die Stadt über die erste Residenz, den Alten Hof [Nr. 9], hinauswuchs, bauten die Wittelsbacher 1385 an der Nordostecke der alten Stadtmauer die ›Neuveste‹.

Deren stetige Erweiterungen, denen sie schließlich selbst wich, bilden heute den Residenzkomplex. Die Bautätigkeit, mit dem *Antiquarium* (1571) beginnend, erreichte ihre ausgreifendsten Dimensionen unter Maximilian I., der bis 1620 vor allem die Vierflügelanlage um den Kaiserhof schuf (König Gustav Adolf hätte sie am liebsten auf Rädern nach Stockholm mitgenommen), und unter Ludwig I., der sie mit Königsbau, Festsaalbau und Allerheiligen-Hofkirche um die Mitte des 19. Jh. vollendete. Die verheerenden Kriegszerstörungen wurden durch den imponierenden Wiederaufbau bis 1980 fast vollständig behoben. Zur Zeit sind umfangreiche Restaurierungen im Gange. Die Arbeiten werden bei laufendem Betrieb durchgeführt und werden bis ins kommende Jahrzehnt andauern.

Das Innere der Residenz ist weitgehend mit dem Residenzmuseum [Nr. 17] identisch. Einen ersten Überblick gibt ein Rundgang um den Komplex und durch die Höfe. Schauseite ist die Fassade des klassizistischen **Königsbaus** am Max-Joseph-Platz, Wohntrakt Ludwigs I. und seiner Gemahlin, von Klenze 1826–35 nach dem Vorbild der Palazzi Pitti und Rucellai in Florenz erbaut. Hier befindet sich heute der Eingang zum Residenzmuseum. Hauptfront war ursprünglich die Fassade der **Maximilianischen Residenz** (1611–19, Baumeister ungesichert) an der Residenzstraße. Geschmückt mit Renaissance-Malereien, in der Mitte akzentuiert

Dem Wittelsbacher Brunnen verdankt der Brunnenhof der Residenz seinen Namen

durch eine Marmornische mit einer blühend-mädchenhaften Muttergottes *Patrona Boiariae* (1616) von Krumper, öffnet sie sich in zwei Triumphportalen mit Allegorien der vier Kardinaltugenden von Krumper und flankierenden Löwen von Pallago und Gerhard zum Kaiserhof und zum Kapellenhof.

Der gassenartige Kapellenhof führt zum apart geschnittenen **Brunnenhof**: einem herrlichen offenen Konzertsaal im Sommer! Blickpunkt ist der *Wittelsbacher Brunnen*, der zu Füßen Ottos von Wittelsbach antike Götter versammelt; die meisten stammen von Hubert Gerhard (um 1600). Von hier aus zugänglich sind das Cuvilliés-Theater [Nr. 19] und der *Apothekenhof*, der die Lage der Neuveste erkennen lässt. Die ihn begrenzende Nordfront gehört zum Festsaalbau.

Die Hofgartenfront (1832–42) dieses Trakts, die sich an das Staatliche Museum Ägyptischer Kunst [Nr. 72] anschließt, entfaltet mit Säulen, Rundbögen und krönenden Schwanthaler-Figuren wiederum feierlichen Klenze-Klassizismus. Der einstige Thronsaal König Ludwig I. im **Festsaalbau** wurde nach seiner Zerstörung im Zweiten Weltkrieg 1954 zu einem Konzertsaal umgestaltet und mit Wandteppichen des 16. Jh. mit Herkules-Darstellungen ausgestattet. Aus konservatorischen Gründen wurden diese 1992 durch Reproduktionen auf Textil ersetzt. Nach der Teppichfolge wird der Veranstaltungsraum heute *Herkulessaal* genannt.

An der bis dahin ungestalteten Ostseite der Residenz schuf Klenze 1826–37 seinen einzigen Sakralbau, die **Allerheiligen-Hofkirche**, die heute als festlicher

Konzert- und Veranstaltungssaal dient. Eine lauschige Oase ist der Kabinettsgarten daneben. Wiederhergestellt wurde auch der Außenbau von Klenzes **Marstall** (1820–25) am Marstallplatz, eine imponierende Monumentalarchitektur mit riesigem Rundbogenportal. Die Büsten des Kastor und Pollux über dem Tor schuf Klenze, die Bronzereliefs an der Fassade fertigte Johann Martin von Wagner. Heute nutzt das Residenztheater (www.residenztheater.de, Nr. 15) den Marstall als Studio- und Experimentierbühne.

Zwischen Marstall und Maximilianstraße setzen die **Maximilianhöfe** [s. S. 114] einen luxuriösen Akzent an der ohnehin schon opulenten Maximilianstraße. Sie versammeln den dominanten Bau der Opernprobebühnen mit der Vorverkaufsstelle des Theaters, den eleganten Komplex des Restaurants *Brenner* (Tel. 089/452 28 80, www.brennergrill.de) in den historischen Stallungen und das schicke Glas-Gebilde mit Designerläden von Marken wie Etro und Versace.

▶ **Reise-Video Residenz**
QR-Code scannen oder dem Link folgen:
www.adac.de/rf0336

17 Residenzmuseum

Eines der reichsten Raumkunstmuseen Europas mit wertvollen Spezialsammlungen: glanzvolle Summe der Münchner Hofkunst.

Max-Joseph-Platz 3
Tel. 089/29 06 71
www.residenz-muenchen.de
April–15. Okt. tgl. 9–18 Uhr,
16. Okt.–März tgl. 10–17 Uhr
S 1, S 2, S 3, S 4, S 6, S 7, S 8 Marienplatz
U 3, U 6 Marienplatz
U 3, U 4, U 5, U 6 Odeonsplatz

Kunstschätze, Mobiliar und Wandverkleidungen der Residenz entgingen, da ausgelagert, weitgehend der Zerstörung durch den Zweiten Weltkrieg. Die Räume, zu denen sie untrennbar gehörten, sind wiederhergestellt, werden allerdings bei laufendem Ausstellungsbetrieb bis ins nächste Jahrzehnt hinein abschnittsweise restauriert. Voraussichtlich bis Ende 2016 sind geschlossen: die königlichen Appartements, der Thronsaal, die Nibelungensäle und die Sammlung mit Porzellan des 19. Jh.

Aus der Fülle des im Residenzmuseum Gebotenen werden hier im Überblick die wichtigsten Räume und die großen Sammlungsgruppen beschrieben.

Die Pfälzer Weinstube stellt im Sommer auch Tische im Kaiserhof der Residenz auf

Rundgang

Der Rundgang durch die Residenz beginnt im Vestibül, der Eingangshalle. Von dort gelangt man durch die Gartensäle in den **Grottenhof**, einen von Sustris 1581–86 angelegten Renaissance-Brunnengarten mit *Perseus und Medusa-Brunnen* (Gerhard, um 1595, Abguss). Der Hof verdankt seinen Namen der westlichen, mit Muscheln verzierten Wand. Blickpunkt davor ist die Statue des *Fliegenden Merkur* (um 1580) von Carlo di Cesare del Pelagio. Nun betritt man das **Antiquarium** (1571), den größten profanen Renaissanceraum nördlich der Alpen. Es wurde von Jacopo Strade und Simon Zwitzel für die Skulpturensammlung und Bibliothek Herzog Albrechts V. errichtet. Über 100 bayerische Stadtansichten (1588–96) von Donauer sind hier versammelt, die Skulpturen sind zu einem großen Teil antik. Heute wird der Saal auch für Staatsempfänge genutzt. Nachdem man das **Oktogon**, einen achteckigen Raum, der wohl unter Herzog Wilhelm V. im 16. Jh. erbaut wurde, passiert hat, gelangt man über eine Treppe ins Obergeschoss. Hier beeindruckt zunächst der **Schwarze Saal** mit Deckengemälden in illusionistischer Architekturmalerei (1602). Es folgt die **ostasiatische Porzellansammlung** mit zerbrechlichen Kostbarkeiten aus dem 17./18. Jh. Ferner findet sich in einem der Säle ein besonders kostbarer persischer *Wirkteppich* (1601) aus dem Besitz einer polnisch-kurpfälzischen Fürstin. Die **Sammlung Nottbohm** bezaubert mit europäischer Miniaturmalerei des 16.–19. Jh. Im Anschluss kann man das **Kurfürstenzimmer** Max' III. Joseph und seiner Gemahlin besichtigen, dessen Ausstattung Cuvilliés 1763 schuf.

Die Wände des **Allerheiligenganges** schmücken 18 italienische Landschaftsveduten (1830–33) von Rottmann, die aus den Hofgartenarkaden hierher versetzt wurden. Der **Charlottentrakt** mit den Hofgartenzimmern beherbergt die einstigen Wohnräume der Prinzessin Charlotte Augusta, der Tochter König Max' I. Joseph. Opulentes Pariser Mobiliar und Kunstwerke von der Seine zieren diese Zimmer.

Im **St.-Georgsritter-Saal** wird eine Ausstellung zu den nicht mehr erhaltenen Wintergärten der Residenz gezeigt, die König Maximilian II. und König Ludwig II. anlegen ließen.

Die **Trierzimmer** im Kaiserhoftrakt wurden von Herzog Maximilian I. nach eige-

Das prächtige Antiquarium, mit 66 m Länge größter Renaissancesaal nördlich der Alpen

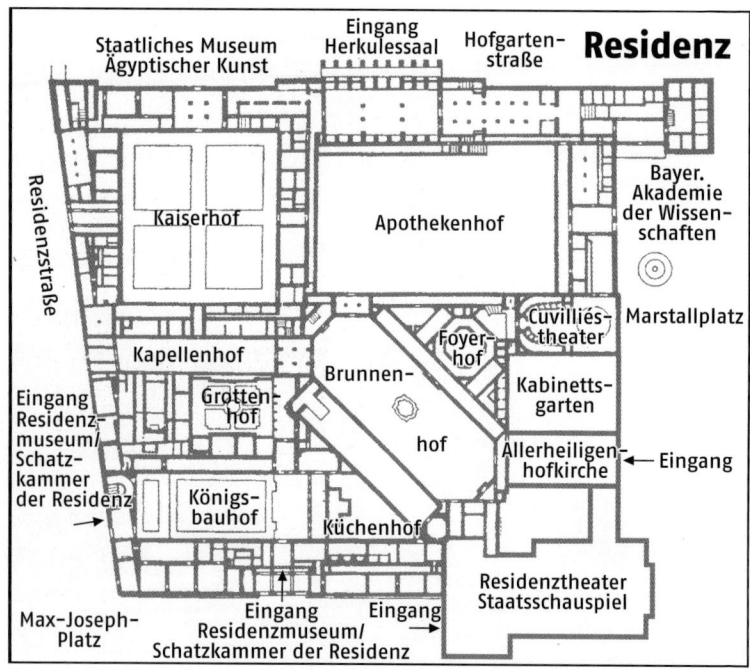

Im Residenzmuseum sind 3500 Stück Tafelsilber des Hauses Wittelsbach zu bewundern

Die Wände des Miniaturenkabinetts sind eine Bilderschau aus 129 Miniaturgemälden

nen Ideen unter Krumpers Leitung bis 1616 gebaut und sind nach dem Kurfürsten Clemens Wenzeslaus von Trier benannt, der häufig hier logierte. Die Deckengemälde, welche die Aufgaben eines Fürsten zum Thema haben, schuf Candid. Von ihm stammen auch die Entwürfe für die Wandteppiche mit Monatsbildern (1604–15), die von der Ersten Münchner Gobelinmanufaktur gefertigt wurden.

Die **Kaisertreppe** schmücken Nischenfiguren und Büsten, die verschiedene Wittelsbacher als Ahnherren Maximilians I. zeigen. Bei **Kaisersaal** und **Vierschimmelsaal** handelt es sich um bedeutende Spätrenaissanceräume von Schön und Krumper (rekonstruiert) mit Deckengemälden und Wandteppichen von Candid und dessen Umkreis (teilweise erhalten). Im Vierschimmelsaal bestimmen die *Planeten* und ihre Gottheiten das Bildprogramm, der Kaisersaal zeigt *Allegorien der Weltherrschaft* unter dem Leitbild der Weisheit und der Tugenden. Auf dem Kamin steht die Originalbronze der *Tellus Bavarica* [s. S. 43] von Gerhard.

Die **Steinzimmer**, die ebenso wie die Trierzimmer zum Kaisertrakt Maximilians I. gehören, tragen ihren Namen wegen der Marmor-, Stuckmarmor- und Scagliola-Ausstattung. Prächtige Türrahmungen und Kaminaufbauten sowie die ursprünglich von Candid stammenden, bis 1696 von Trubillio, Gumpp und Rosa erneuerten Deckengemälde vervollständigen das Ensemble. Inspirieren ließen sich die Künstler von den weltlichen und religiösen Vorstellungen Maximilians. Die Wände zieren qualitätvolle Wirkteppiche (16. Jh.) aus Paris und Brüssel und aus der Ersten Münchner Gobelinmanufaktur (1604–15) nach Entwürfen Candids. Letztere zeigen die Taten des Pfalzgrafen Otto von Wittelsbach.

Durch den mit Stuck geschmückten Theatinergang (1613–16) gelangt man in den **Hartschiersaal** und die **Silberkammern**, in denen 3500 Stück Tafelsilber (18./19. Jh.) des Hauses Wittelsbach zu bewundern sind. Kunstvolle sakrale Goldschmiedearbeiten der Augsburger und Münchner Schule aus dem 16.–18. Jh. füllen die **Reliquienkammer**.

Die zweigeschossige **Hofkapelle** entstand 1601 unter Maximilian I. Die Pläne stammen von Krumper. Besonders eindrucksvoll sind die Stuckaturen in Langhaus (1614) und Chor (1630), schön die Rokoko-Seitenaltäre in Stuck und die Gemälde (1748) von Zimmermann.

Bei der **Reichen Kapelle** handelt es sich um das Privatoratorium Maximilians I. Sie wurde wohl auch von Krumper geplant und im Jahre 1607 geweiht. Die Ka-

pelle erweist sich als ein Gesamtkunstwerk der Spätrenaissance: Aufgeboten sind farbige Marmorplatten, an den Wänden Marmorstuck mit Scagliola-Tafeln voller Ornamente und Figuren, Kuppelreliefs aus vergoldetem Terrakotta und bemalte Glasfenster im Tambour. Der Altar wurde aus schwarzem Ebenholz gefertigt und trägt ein silbergetriebenes Relief.

Berühmt sind die nach dem Residenzbrand von 1729 unter Kurfürst Karl Albrecht angelegten **Reichen Zimmer**. Hier erstrahlt Cuvilliés Rokoko-Raumkunst in Vollendung. Den Stuck verantwortete der große Johann Zimmermann, mit den Wandschnitzereien beauftragte man Pichler, Dietrich und Miroffsky. Einen Höhepunkt in der Raumfolge bildet die auch als Festraum genutzte **Grüne Galerie** mit einer höfischen Bildersammlung. Die Wände des **Miniaturenkabinetts** sind mit 129 Miniaturgemälden in vergoldetem Schnitzwerk auf rotem Lackgrund geschmückt.

Die **Päpstlichen Zimmer** verdanken ihre Bezeichnung einem Besuch Papst Pius' VI. 1782 in der Münchner Residenz. Eigentlich aber dienten sie seit dem 16. Jh. als Appartements für Herzoginnen und Kurfürstinnen, welche die Räumlich-

Hans Krumper entwarf 1601 die mit reichem Stuck ausgestattete Hofkapelle Maximilians I.

Die Grüne Galerie ist ein Hauptwerk des Münchner Rokoko von François de Cuvilliés

keiten nach ihrem Geschmack ausstatten. Kurfürstin Henriette Adelaide etwa ließ sie 1666/67 im überschwänglichen italienischen Spätbarock nach Turiner Manier umgestalten. Als Audienzzimmer diente ihr der **Goldene Saal**, dessen Deckengemälden Johann Heinrich Schönfeld gestaltete. Heute prangen hier außerdem zwei kostbare Brüsseler Gobelins (um 1560/63) präsentiert.

Die **Paramentenkammern** beherbergen liturgische Prunktextilien aus dem 17./18. Jh. Auch das Original des Perseus- und Medusabrunnens aus dem Grottenhof [s. S. 34] fand hier Aufstellung.

Im Jahr 1726 beauftragte Kurfürst Karl Albrecht den Hofarchitekten Joseph Effner mit dem Bau der **Ahnengalerie**. Sie birgt 121 Porträts von Mitgliedern des Hauses Wittelsbach und ist prunkvolle Manifestation des Herrschaftsanspruches dieser Familie. Die Stuckaturen der Wände stammen von Johann Baptist Zimmermann, die vergoldeten Schnitzereien von Wenzeslaus Miroffsky.

Das **Porzellankabinett** (1733) von Cuvilliés, eine Schatzkammer des weißen Goldes, ist der letzte Höhepunkt der Besichtigung, danach geht es durch die Gartensäle zurück in die Eingangshalle.

18 Schatzkammer der Residenz

Einer der großen europäischen ›Trésors‹: erstrangige Sammlung von weltlichen und liturgischen Kostbarkeiten aus zehn Jahrhunderten.

Max-Joseph-Platz 3
Tel. 089/29 06 71
www.residenz-muenchen.de
April–15. Okt. tgl. 9–18 Uhr,
16. Okt.–März 10–17 Uhr
S 1, S 2, S 3, S 4, S 6, S 7, S 8 Marienplatz
U 3, U 6 Marienplatz
U 3, U 4, U 5, U 6 Odeonsplatz

Den Grundstock zu dieser Sammlung im westlichen Erdgeschoss des Königsbaus legte Herzog Albrecht V., der die Hauskleinodien der Wittelsbacher 1565 testamentarisch für unveräußerlich erklärte. Ende des 18. Jh. wurde sie unter Kurfürst Karl Theodor durch die ›Pfälzer Schätze‹ aus Heidelberg, Düsseldorf und Mannheim wesentlich erweitert. Schließlich bildeten die 1802/03 im Zuge der Säkularisation in Kirchen und Klöstern eingezogenen sakralen Kleinodien sowie die Insignien des 1806 neu geschaffenen Königreichs einen bedeutenden Zuwachs. Seit 1939 sind die Schätze als eigenes Museum zugänglich, im Krieg wurde die Kollektion ausgelagert und blieb unversehrt erhalten. Ihr wurden auch die Kleinodien aus der Reichen Kapelle der Residenz angegliedert, insgesamt rund 1200 Exponate.

Raum I: Goldschmiedearbeiten des frühen und späten Mittelalters, u. a. *Gebetbuch Kaiser Karls des Kahlen*, 9. Jh., *Reimser Altarciborium* König Arnulfs von Kärnten, 9. Jh., *Krone der Kaiserin Kunigunde*, um 1063, *Heinrichskrone*, um 1280, *Krone* einer englischen Königin, um 1370–80.

Raum II: Sakrale Gegenstände der Spätgotik und Frührenaissance deutscher, flämischer und italienischer Herkunft wie ein burgundisches *Bildnismedaillon* (um 1440) die *Holbein-Schale* von etwa 1540 und der *Rappoltsteiner Pokal* aus vergoldetem Silber (um 1543).

Raum III: Prunkvolle *St.-Georgs-Reiterstatuette*, vermutlich nach einem Entwurf von Sustris von Augsburger und Münchner Meistern 1586–1597 geschaffen.

Raum IV: Kirchen-Kunst, darunter die älteste *Strahlenmonstranz* (um 1600), der *Hausaltar* Herzog Albrechts V., 1574, Elfenbeinschnitzereien von Georg Petel, 17. Jh.

Raum V: Insignien und Orden, u. a. *Kroninsignien* der bayerischen Könige, angefertigt in einer Pariser Werkstatt 1806.

Raum VI und VII: Steinschneidekunst, vor allem die berühmten Mailänder Kristallschnitte des 16. Jh. sowie die der Prager Hofwerkstatt des 17. Jh., Arbeiten aus Achat, Jaspis, Lapislazuli.

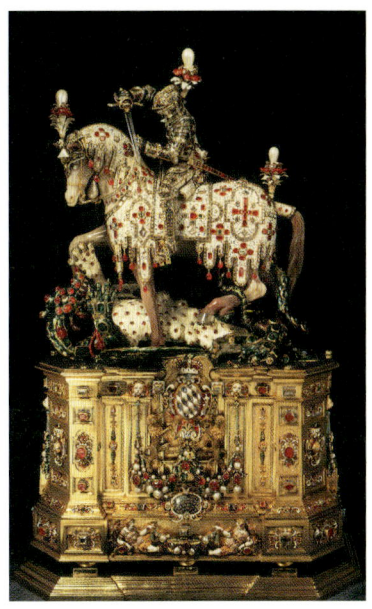

Georgs-Statuette (1586–1597) in der Schatzkammer der Residenz

Raum VIII: Prunkpokale und Goldschmiedearbeiten der Renaissance, u.a. von Reimer, München, und Jamnitzer, Nürnberg.

Raum IX: Goldschmiedearbeiten, Tafelgerät, Schmuck, Statuetten des Barock, Rokoko, Klassizismus, u. a. *Reiseservice* der Kaiserin Marie Louise, Paris 1810.

Raum X: Kunsthandwerk des 16.–18. Jh. aus der Türkei, Persien, Ceylon.

Wertvolles Kunsthandwerk ist auch die 1543 gefertigte Elfenbeintruhe aus Ceylon

19 **Cuvilliés-Theater**

Schönstes Rokokotheater Europas,
von den besten damals tätigen
Künstlern geschaffen: Cuvilliés,
Straub, Zimmermann.

Residenzstraße 1
Tel. 089/21 85 01
www.residenztheater.de
April–Juli Mo–Sa 14–18, So/Fei 9–18 Uhr,
Aug. tgl. 9–18 Uhr, Sept.–15. Okt.
Mo–Sa 14–18, So/Fei 9–18 Uhr, 16. Okt.–
März Mo–Sa 14–17, So/Fei 10–17 Uhr,
S 1, S 2, S 3, S 4, S 6, S 7, S 8 Marienplatz
U 3, U 6 Marienplatz
U 3, U 4, U 5, U 6 Odeonsplatz

Mit dem Bau dieses Theaters 1751–53 hat
der geniale François Cuvilliés d. Ä., der
vom Hofzwerg zum Hofbaumeister avan-
cierte, das Münchner Rokoko zu geist-
reicher Vollendung geführt. Von Kurfürst
Max III. Joseph in Auftrag gegeben, nachdem 1750 die ›Neuveste‹ mitsamt ihrem
Theater abbrannte, war das ›Neue Opera
Hauß‹ einer der letzten Theaterbauten
für die höfische Gesellschaft vor dem
Ende des Absolutismus.

Da der Hof sich selbst zum eigentlichen Spektakel machte, musste der **Zuschauerraum** die Essenz des Baus sein.
Angehoben, konnte er mit der Bühne
zum Ballsaal verwandelt werden. Die Logen reihen sich in vier Bändern hufeisen-
förmig übereinander, münden in der
Mitte in die zweigeschossige, prunkvoll
bekrönte *Kurfürstenloge*, an den Seiten in

Im Cuvilliés-Theater fand 1781 die prunkvolle Uraufführung von Mozarts ›Idomeneo‹ statt

Cuvilliés' Sohn, Lespilliez und Gießl wirkten als Baumeister, Gaspari als Bühnenarchitekt mit.

Eine Sprengbombe zerstörte das Rokokojuwel 1944. Da die kostbare Innendekoration vorher ausgelagert worden war, ging der Wiederaufbau 1956–58 rasch vonstatten, wenn auch an versetzter Stelle, nämlich im Apothekentrakt der Residenz, denn an seinem Originalstandort war bereits 1951 das Residenztheater entstanden.

Ein Ruhmesblatt in der Geschichte des Cuvilliés-Theaters: Am 29. Januar 1781 fand hier die Uraufführung des ›Idomeneo‹ von Mozart statt. Bald zogen deutsche Opern, später Raimund, Shakespeare, Thoma ein. Bei Mozart aber findet der gerühmte »Zusammenklang von Raumkunst, Theater und Musik« wie je seine schönste Erfüllung.

Heute wird die feierliche Bühne hauptsächlich vom Residenztheater [Nr. 15] genutzt. Gelegentlich finden auch klassische Konzerte und Aufführungen der Bayerischen Staatsoper statt.

20 Hofgarten

Einer der bedeutendsten fürstlichen Renaissancegärten nördlich der Alpen, eingebunden in ein wohlabgestimmtes architektonisches Gefüge mit eindrucksvollem Blick auf die Theatinerkirche.
U 3, U 4, U 5, U 6 Odeonsplatz

Herzog Maximilian I. ließ den Hofgarten auf freiem Areal im Norden der Residenz 1613–17 nach dem Vorbild italienischer Renaissancegärten anlegen: ein rechteckiges Geviert, durch gerade und diagonale Wege geometrisch gegliedert, farbenprächtig ornamental bepflanzt und auf einen Rundtempel zentriert. Heiter vereint die Anlage Kunst und Natur, Musen und Muße. Die Wiederherstellung nach dem Zweiten Weltkrieg rekonstruierte das ursprüngliche Schema, dazu die umlaufende Alleebepflanzung des 19. Jh., fügte Schalenbrunnen an den Ecken hinzu. Ein wohlkomponiertes Architekturensemble, dessen Arkadenmotiv ebenfalls auf Maximilian I., teils auf noch frühere Zeit zurückgeht, schließt den Garten zum Binnenraum: im Süden der Residenz-Fest-

die säulenflankierten Proszeniumslogen als Bühnentor. Nach strenger Hierarchie war die Parkettloge einst dem Stadtadel, der erste Rang der Hocharistokratie, der zweite dem niederen Adel, der dritte ausschließlich Hofbeamten vorbehalten.

Verschwenderische *Ornamentik* in Weiß-Rot-Gold überspielt die Architektur, besonders reich in den Zonen des ersten Rangs und der großen Logen. Die Fülle geschnitzter Atlanten, Köpfe, Kartuschen, Putti, Embleme unterliegt einem durchdachten Bildprogramm, das die Themen Natur (Jahreszeiten, Landwirtschaft, Gartenbau), Kunst (Musik, Schauspiel) und Mythologie (antike Gottheiten) variiert. Straub schuf die Meisterstücke, assistiert von den Schnitzern J. und M. Dietrich.

Die Bayerische Staatskanzlei mit dem restaurierten Kuppelbau des Armeemuseums

Schwanthaler. Die Nordarkaden waren schon 1781 zur Gemäldegalerie ausgebaut worden. Hier finden sich Wandbilder griechischer Landschaften (1963) von Richard Seewald (1889–1976).

Im Osten trumpft der Neubau der **Bayerischen Staatskanzlei** (Architekt: D. J. Siegert, 1989–93) auf, in den die Reste des Armeemuseums von 1907 integriert wurden, weil man der Kuppel Denkmalswürde zusprach. Zustande kam ein postmoderner, glasglatter, historistisch-knorriger Zwitter. Die während der Bauarbeiten aufgedeckte Arkadenwand im Stil der Renaissance ist zugänglich. Auch das **Hofbrunnwerk** (April–Okt. tgl. 10–14 Uhr), das die Brunnen des Gartens mit Wasser versorgt, kann besichtigt werden. Im Garten steht außerdem ein **Denkmal** für die Gefallenen des Ersten Weltkriegs mit der Bronzekopie von B. Bleekers ›Totem Soldaten‹ im Gruftraum (1925).

saaltrakt, dessen Loggia auf den Tempel bezogen ist, im Westen und Norden Arkadenbauten, von Kaffeehauspublikum, Bocciaspielern und Galeriebesuchern belebt, überragt von der Theatinerkirche.

Den oktogonalen **Tempel** inmitten des Gartens bekrönt eine Bronzefigur der *Diana* (Kopie nach Hubert Gerhard, 1594), die Hans Krumper nach der Verleihung der Kurwürde an Bayern 1623 zur Landesallegorie ›Tellus Bavarica‹ (Bayerische Erde) umgestaltete: eine prachtvolle, behelmte Göttin mit den Schätzen des Landes: Salzfass, Hirschfell, Reuse, Ährengarbe, Kurapfel. Ihr Original steht im Kaisersaal der Residenz [s. S. 36], Kopien nach Krumper sind hier die vier *Putti* auf dem Postament.

Ein fein proportionierter klassizistischer Triumphbogen öffnet den Hofgarten zum Odeonsplatz: Das **Hofgartentor** ist Klenzes erstes Werk in München (1816/17). Diesem schloss er die Erneuerung der Westarkaden an. Im Auftrag Ludwigs I. entwarf Cornelius die Historienmalereien beiderseits des Tors, 1829 von seinen Schülern vollendet. An der Westseite die versonnene Bronzenymphe von Ludwig

Schwungvoller Tangotanz im Diana-Tempel des Hofgartens

Hofgarten mit Dianatempel und Blick auf die Türme des Doms und die Theatinerkirche

21 Kunstverein München

Traditionsverein, der sich seit fast zwei Jahrhunderten als Gegengewicht zur Kunstakademie der zeitgenössischen Kunst widmet.

Galeriestraße 4
Tel. 089/22 11 52
www.kunstverein-muenchen.de
Di–So 10–18 Uhr
U 3, U 4, U 5, U 6 Odeonsplatz

Im Jahr 1823 wurde der Kunstverein von Münchner Bürgern gegründet. Seitdem residiert er in den Arkaden des Hofgartens und versteht sich als Bühne für die zeitgenössische Kunst, die nicht etwa elitären Zirkeln vorbehalten, sondern einer bürgerlichen Öffentlichkeit nahe gebracht werden soll. Als privater Verein mit rund 1000 Mitgliedern, darunter viele Fördermitglieder, ist er weitgehend unabhängig von politischen Einflüssen und seine Ausstellungen erregen – nicht zuletzt wegen ihrer der allgemeinen Marktströmung entgegenwirkenden Inhalte – über die regionalen Grenzen hinaus Aufmerksamkeit.

Die Veranstaltungsreihe ›No country for odd poets‹ lädt alljährlich bekannte Persönlichkeiten der Kunstszene zu Lesungen oder Performances ein. Besucher dürfen die Künstler und Künstlerinnen interviewen. Für Flaneure wurde als eigene Präsentationsplattform des Kunstvereins das ›Kunstverein München Schaufenster‹ in den Arkaden geschaffen, das lokale Künstler und Künstlerinnen zu einem lokalen Thema (wie z. B. ›Hofgarten‹) gestalten.

Feldherrnhalle und Theatinerkirche als Kulisse für Klassik am Odeonsplatz

22 Deutsches Theatermuseum

Internationale Geschichte und Gegenwart der Bühnenkunst.

Galeriestraße 4
Tel. 089/210 69 10
www.deutschestheatermuseum.de
Di–So 10–16 Uhr bei Ausstellungen
U 3, U 4, U 5, U 6 Odeonsplatz

Das Gebäude der nördlichen Hofgartenarkaden, 1781 als Galeriegebäude für die Kunstsammlung des Kurfürsten Karl Theodor gebaut, beherbergt seit 1953 nicht nur den Kunstverein München und mehrere ausgesprochen gute Kunstgalerien, sondern auch das Deutsche Theatermuseum. Aus einer Stiftung der königlichen Hofschauspielerin Clara Ziegler (1844–1909) im Jahre 1910 hervorgegangen, heute vom Freistaat Bayern getragen, hat sich das Theatermuseum zu einer bedeutenden Sammlung entwickelt.

Seine Bestände – die wertvollsten reichen zurück bis in die Renaissance – umfassen mehr als 4 Mio. Dokumente zum Theater aller Zeiten und Völker, Entwürfe für Bühnenbilder und Kostüme, Rollenporträts, Aufführungsbilder, Requisiten, ein Archiv mit Regiebüchern, Programmheften, Kritiken und 50 000 Autografen, dazu eine große Präsenzbibliothek. Ein Glanzlicht ist die größte Sammlung zu Richard Wagner außerhalb Bayreuths. Mehrmals im Jahr finden Sonderausstellungen statt.

23 Feldherrnhalle

Klassizistischer Hallenbau nach florentinischem Vorbild als städtebaulicher Akzent zwischen Theatiner- und Ludwigstraße sowie damals als Übergang zwischen Altstadt und Neustadt.

Odeonsplatz
U 3, U 4, U 5, U 6 Odeonsplatz

Es war eine brillante Idee Friedrich von Gärtners, der Ludwigstraße durch die Feldherrnhalle einen großen architektonischen Auftakt zu geben, nachdem Klenze sie auf die Mitte zwischen Residenz und Theatinerkirche hin angelegt und hier eine Platzerweiterung konzipiert hatte. Die Loggia dei Lanzi in Florenz diente als Vorbild für den edlen dreibogigen Hallenbau, der 1841, am Jahrestag der Schlacht von Waterloo, begonnen und 1844, am Jahrestag der Völkerschlacht bei Leipzig, vollendet wurde. Die beiden *Erzstandbilder* in den Seitenarkaden erinnern an *General Tilly*, Sieger der Schlacht am Weißen Berg (1620) und Feldherr der Katholischen Liga, sowie *General Wrede*, Sieger gegen die Franzosen 1814 (Entwurf: L. Schwanthaler, Guss: F. v. Miller). An der Wand: *Denkmal für die bayerische Armee* (1882) von Miller. Den Aufgang flankieren zwei steinerne *Löwen* (1906), vorzügliche Tierstudien von Ruemann. Sie sahen 1923 unbewegt Hitlers scheiternden Putsch-Marsch auf die Feldherrnhalle, den später eine Gedenktafel mit Ehrenwachen – zur Residenzstraße hin – verklärte. Wer den Posten den gebotenen Gruß verweigern wollte, nahm einen Umweg durch die kleine *Viscardigasse* hinter dem Preysing-Palais, die daher gleich darauf den Spitznamen Drückebergergasserl bekam.

24 Preysing-Palais

Schönstes Frührokokopalais München-chens mit reichem Fassadenstuck und großzügigem Treppenhaus.

Residenzstraße 27
www.preysingpalais.de
U 3, U 4, U 5, U 6 Odeonsplatz

An den noblen Klassizismus der Feld-herrnhalle lehnt sich der Charme des Preysing-Palais mit seiner von Régence-Stuck überspielten, reich gegliederten Fassade. Das Erstlingswerk des Oberhof-baumeisters Effner wurde 1723–28 für den zu dieser Zeit höchsten Beamten Bayerns, den Grafen Maximilian von Preysing-Hohenaschau gebaut. Sehenswert ist die frei zugängliche Prunktreppe innen: ein durch zwei Stockwerke geführtes Stie-genhaus mit drei gegenläufigen Armen, von Karyatiden gestützt und mit schwin-gendem Stuck geschmückt. Ein Wer-mutstropfen höchstens, dass die drei Fassaden und die Treppe von Schleich rekonstruiert sind, weil das Palais im Zweiten Weltkrieg schlimmen Schaden nahm. Rundum im Erdgeschoss und in der Passage laden elegante Geschäfte zum Schaufensterbummel ein.

Erholsame Pause im Hofgarten mit der Theatinerkirche im Hintergrund

25 Theatinerkirche

Barockkirche von pathetischer Wirkung und imperialem Gestus: ein Stück Rom in München.

Theatinerstraße 22
Tel. 089/210 69 60
www.theatinerkirche.de
Führungen Do 14 Uhr
U 3, U 4, U 5, U 6 Odeonsplatz

Die Theatinerkirche (eigentlich St. Kajetan) mit der vollblütigen Kuppel und den Türmen mit wulstigen Voluten ist ein Wahrzeichen Münchens. Zu Recht: Ähnliche Grandezza findet man diesseits der Alpen selten. Rom und Venedig waren die Vorbilder. In Rom steht die Mutterkirche des Theatinerordens, dem Henriette Adelaide von Savoyen, Gemahlin Ferdinand Marias, die Hofkirche und das Kloster als Dank für die Geburt des lang ersehnten Erbprinzen Max Emanuel (1662) zugedacht hatte. Der Graubündner Meister Enrico Zuccalli und der Theatinerprobst Antonio Spinelli errangen nach hitzigen Kämpfen gegen den Bologneser Barelli die Leitung des Baus, der im Wesentlichen 1688 fertig war. Vater und Sohn Cuvilliés vollendeten 1768 im Rokokogeist die Fassade. Breit gelagert, dennoch vertikal betont, mithin voller schwingender Spannung, ist diese Fassade reich, rhythmisch und scharfkantig gegliedert; den plastischen *Dekor* und die *Heiligenfiguren* schuf Boos, prächtig vor allem das Giebelwappen nach Ignaz Günthers Entwurf.

Ungewohnt für München ist das Pathos des Innenraums, ein Pathos des Hochbarock und des Höfischen: ein hohes, tonnenüberwölbtes Mittelschiff mit überkuppelten Seitenkapellen, ein kurzes Querhaus, eine durchlichtete Tambourkuppel, wuchtige Wandsäulen, monumentaler weißer Stuckdekor aus schwerem Akanthus, großen Putti und Statuen. Moretti, Brenni und Perti hießen die virtuosen italienischen Stuckatoren; ihr Einfluss auf die Wessobrunner Kollegen war nicht gering, wie denn der ganze Bau als Typus der ›Kongregationskirche als Kuppelkirche‹ wichtige Impulse gab.

Eine lichtdurchflutete Tambourkuppel bekrönt die Theatinerkirche

Extravagant oder lässig: In den Fünf Höfen wird Shoppen zum Erlebnis für alle Sinne

Ungewohnt ist auch der *Hochaltar*, nach Theatiner-Gepflogenheit in Altarwand und Mensa geteilt. Die *Giebelfiguren* stellen Würdenträger des Hauses Savoyen dar, das Gemälde der *Thronenden Madonna* stammt von dem Rubens-Schüler de Crayer. Die anderen *Altarbilder* sind Werke italienischer und deutscher Barockmaler. Ein Meisterstück ist Faistenbergers wuchtige *Kanzel* (1690). In der **Fürstengruft** der Hofkirche (Zugang durch das rechte Querschiff) sind 25 Mitglieder des Hauses Wittelsbach beigesetzt, u. a. Ferdinand Maria und seine Gemahlin, Max Emanuel, Max III. Joseph, Karl Theodor, Max I. Joseph, Prinzregent Luitpold und Kronprinz Rupprecht. Nur König Max II. und seine Ehegattin Marie Friederike sind nicht in der Fürstengruft begraben. Ihre sterblichen Überreste ruhen in gewaltigen Sarkophagen in einer Seitenkapelle des Hauptschiffes.

Das an die Kirche südlich anschließende einstige Kloster ist zum Teil rekonstruiert, teils durch Neubauten ersetzt worden (jetzt Kultusministerium).

▶ **Reise-Video**
Theatinerkirche
QR-Code scannen oder dem Link folgen:
www.adac.de/rf0343

26 Fünf Höfe

TOP TIPP

Passagen der Architekten Herzog & de Meuron mit Kunsthalle, Restaurants und Designergeschäften.

Theatinerstraße 8 und 16
www.fuenfhoefe.de
U 3, U 4, U 5, U 6 Odeonsplatz

Beleuchtet von einem umgrünten Lämpchenhimmel, reihen sich in den kreuz-und-queren Passagen dieser gläsernen Welt Geschäfte von Haute Couture bis Nobelkrimskrams, ein wahrer Buchhandels-Salon, Kunstkabinette, Delikatessenläden, Bars, Bistros und Cafés in verführerischer Folge.

Dominanter Besuchermagnet ist die **Kunsthalle der Hypo-Kulturstiftung** (Tel. 089/22 44 12, www.kunsthalle-muc.de, bei Ausstellungen tgl. 10–20 Uhr). Hier kann sie auf großer Fläche ihre Ausstellungstradition mit Werkschauen Alter Meister, Stars der Klassischen Moderne sowie bedeutenden Künstlern der Gegenwart wie etwa Georgia O'Keeffe fortsetzen.

27 Literaturhaus

Sammelort für Bücherwürmer, Autoren, Literatur- und Buchwissenschaftler.

Salvatorplatz 1
Tel. 089/291 93 40
www.literaturhaus-muenchen.de
U 3, U 4, U 5, U 6 Odeonsplatz

München ist, wie weithin bekannt, mit heute rund 130 Verlagen und etwa 10 000 Publikationen nach Berlin (ca. 170 Verlage) die bedeutendste Buchstadt in Deutschland. Gleichwohl musste die hiesige Literaturszene aus Literaturschaffenden, -wissenschaftlern, -interessierten und -versessenen lange auf eine zentrale Anlaufstelle für das geschriebene Wort warten. Doch 1997 war es endlich soweit: Das heiß ersehnte Münchner Literaturhaus wurde eröffnet. Hier dreht sich nun alles rund ums Buch: Am Puls der Zeit finden Wechselausstellungen zu literarischen Themen, ein vielfältiges Angebot an Lesungen und Podiumsdiskussionen statt. Übrigens lässt es sich in der dazugehörigen **Brasserie Oskar Maria**, sie ist benannt nach dem bayerischen Schriftsteller Oskar Maria Graf (1894–1967), über so manchen wegweisenden Dichter bei Kaffee oder Cocktail am anregendsten plauschen.

28 Salvatorkirche

Herausragendes Beispiel für die anmutige Wirkung sakraler bayerischer Backsteingotik.

Salvatorplatz 17
www.pantes.de/am/
Kirchengemeinden.html
U 3, U 4, U 5, U 6 Odeonsplatz

Der unverputzte Ziegelbau mit Spitzturm ist eine verkleinerte Ausgabe der Frauenkirche, als deren Friedhofskirche er 1494 gebaut wurde, von Lukas Rottaler aus der Landshuter Schule, der auch am Dom tätig war. Auf dem 1789 aufgelassenen Friedhof wurden berühmte Bürger beerdigt: der Komponist Orlando di Lasso, der Maler Hans Mielich, der Architekt François Cuvilliés d. Ä. sowie Maximilian Robespierre, Vater des französischen Revolutionärs, der in München lebte. Nachdem die Kirche säkularisiert worden war, diente sie zunächst als Geräteschuppen.

1829 übergab sie König Ludwig I., auch unter dem Eindruck allgemeiner Griechenland-Begeisterung, der griechisch-orthodoxen Gemeinde. Seither zeigt sie die charakteristische Einrichtung ostkirchlichen Kultus. Die notwendige Umgestaltung übernahm Oberbaurat Leo von Klenze. Spätgotische Freskenreste finden sich noch an der Nordostseite.

Szenetreff mit Tiefgang: Die Brasserie Oskar Maria im bzw. vor dem Literaturhaus

29 Palais Portia

Münchens früheste italienische Palais-Architektur mit der einzigen erhaltenen Hochbarock-Palastfassade.

Kardinal-Faulhaber-Straße 12
S 1, S 2, S 3, S 4, S 6, S 7, S 8 Marienplatz
U 3, U 6 Marienplatz
U 3, U 4, U 5, U 6 Odeonsplatz

Mit den Fassaden gravitätischer Stadtpalais tut sich in der Kardinal-Faulhaber-Straße und der Prannerstraße der einstige Adelsbezirk Münchens auf.

Rokoko-Kurfürst Karl Albrecht, nicht nur in der Kunst dem Galanten zugeneigt, war mit Palästen äußerst spendabel. Diesen schenkte er seiner Geliebten, Freiin von Topor-Morawitzki, der späteren Fürstin Portia, im Jahr 1733. Sein Architekt Cuvilliés gestaltete den 1694 von Hofbaumeister Henrico Zuccalli im Stil italienischer Palazzi errichteten Barockbau 1734 im Rokoko-Geist um, Zimmermann gab seiner Stuck-Fassade Anmut. Im 19. Jh. war das Palais Sitz einer literarischen Gesellschaft und ein Musikzentrum mit einem großen Tanz- und Konzertsaal.

Teil einer Denkmalsreihe ist die Skulptur von Montgelas am Promenadeplatz

30 Erzbischöfliches Palais

Einziges original erhaltenes Adelspalais Münchens und eines der besten Werke von Cuvilliés. Die edelste Rokokofassade der Stadt.

Kardinal-Faulhaber-Straße 7
S 1, S 2, S 3, S 4, S 6, S 7, S 8 Marienplatz
U 3, U 6 Marienplatz
U 3, U 4, U 5, U 6 Odeonsplatz

Gleich nach dem Umbau des Palais Portia ging Cuvilliés daran, diesen Palast für Karl Albrechts Sohn zu errichten, den Grafen Holnstein, Spross der Verbindung mit einer Dame des Hofes. 1737 war der Bau vollendet: beschwingte Eleganz mit rhythmisch gegliederter Fassade, aus der ein Mittelrisalit mit Portal, Balkon, Dreiecksgiebel leicht hervortritt. Zimmermann schuf den Stuckdekor, bezaubernd ist besonders die Mariendarstellung über dem Portal. Das Gebäude ist seit 1821 Sitz der Erzbischöfe von München und Freising, auch der ehemalige Papst Benedikt XVI., damals noch Kardinal Joseph Ratzinger, wohnte 1977–82 in diesem Palais.

31 Palais Neuhaus-Preysing

Noble Rokokofassade nach François de Cuvilliés' Entwurf.

Prannerstraße 2
S 1, S 2, S 3, S 4, S 6, S 7, S 8 Marienplatz
U 3, U 6 Marienplatz
U 3, U 4, U 5, U 6 Odeonsplatz

Auch wo der große Cuvilliés nicht selbst am Werk war, ist sein Einfluss sichtbar. Bei diesem zweiten Stadtsitz der Grafen Preysing ist wohl nur der Entwurf von ihm, die Ausführung von seinem Mitarbeiter Kögelsberger (1737). Die Fassade wirkt ein wenig spröder als die des ähnlichen Erzbischöflichen Palais.

32 Palais Gise

Schönes Adelspalais des ausgehenden Rokoko.

Prannerstraße 9
S 1, S 2, S 3, S 4, S 6, S 7, S 8 Marienplatz
U 3, U 6 Marienplatz
U 3, U 4, U 5, U 6 Odeonsplatz

Dieser im späten Rokoko gebaute Stadtpalast stammt wahrscheinlich von Hof-baumeister Lespilliez aus der Zeit um 1765 und gehörte damals der gräflichen Familie Arco-Taufkirchen. Die Einflüsse Cuvilliés' sind deutlich, doch der Mittelteil ist vergleichsweise schwunglos, die Pilaster wirken wie bloße Dekoration ohne statische Funktion. Man könnte dies einen Abgesang des Rokoko nennen.

Spätes Rokoko an der Schwelle zum Klassizismus bestimmt ebenfalls die vornehme, hellgelb gestrichene Fassade des benachbarten (Haus-Nr. 7) **Palais Seinsheim**, erbaut im Jahr 1764.

33 Palais Montgelas

Frühklassizistisches Stadtpalais von französischer Note mit teilweise original erhaltener Innenausstattung.

Promenadeplatz 2
www.bayerischerhof.de
S 1, S 2, S 3, S 4, S 6, S 7, S 8 Marienplatz
U 3, U 6 Marienplatz
U 3, U 4, U 5, U 6 Odeonsplatz

Nachdem der Salzmarkt 1780 in eine Lindenpromenade umgestaltet worden war, entstanden an seiner Stelle vornehme Häuser, allen voran das Palais des Ministers Maximilian von Montgelas (1759–1838). Er prägte Bayern wie kein Zweiter, modernisierte die Verwaltung und machte Kurfürst Maximilian durch geschickte Bündnispolitik mit Napoleon zum bayerischen König. Die riesige, rundum aluminiumgewellte Skulptur der Künstlerin Karin Sander auf der Grünfläche des Promenadeplatzes zeigt den einstigen Hausbesitzer.

Das Gebäude selbst wurde 1811 von Joseph Emanuel von Herigoyen entworfen und von Jean-Baptiste Métivier ausgestattet: ein Bau von weltläufiger Haltung mit pilastergegliederten Mittelrisaliten an den Fassaden zum Promenadeplatz wie zur Kardinal-Faulhaber-Straße, die Festräume innen sind in edlem Empire gehalten. Schon 1817 wurde das Palais Ministerium des königlichen Hauses und des Äußeren, seit 1969 gehört es zum Hotel Bayerischer Hof [s. S. 180]. Als sehenswert erweisen sich die Repräsentationsräume und die Gaststätte im spätmittelalterlichen Kellergewölbe.

In den Gehweg vor der Seitenfassade an der Kardinal-Faulhaber-Straße ist ein Bodendenkmal für den 1919 an dieser Stelle ermordeten Ministerpräsidenten *Kurt Eisner* eingelassen.

Fresken von Cosmas Damian Asam und ein Hochaltar in der Dreifaltigkeitskirche

endet. Viscardi hatte sie entworfen, Zuccalli und Ettenhofer ausgeführt.

Das energische, steile Profil der Fassade mit übereck gestellten Säulen prägt das Gesicht der Straße. Der höchst plastische, bewegte Baukörper von italienischem Geblüt und bayerischer Kraft umgibt einen Innenraum, der Kreis und Kreuz vereint. Raum und Fassade wirkten vorbildlich für die Rokoko-Architektur. Cosmas Damian Asam, damals 28 Jahre alt, schuf 1714/15 eine *Gewölbemalerei*, die virtuos italienische Tradition mit eigener Kompositionskunst verband, das erste barocke Kuppelfresko in München:

34 Gunetzrhainerhaus

Anspruchsvoller Künstlerwohnsitz mit zierlicher Rokokofassade.

Promenadeplatz 15
S 1, S 2, S 3, S 4, S 6, S 7, S 8 Karlsplatz
U 4, U 5 Karlsplatz

Von den feinen Fassaden am Promenadeplatz ist diese 1960 rekonstruiert worden, um ein Beispiel für das wohlhabende Münchner Bürgerhaus der frühen Rokoko-Zeit zu überliefern. Es gehörte einst dem Hofbaumeister Johann Baptist Gunetzrhainer, der es um 1730 für sich baute. Die zierliche *Hausmadonna* inmitten Régence-Stuckdekors wird (mit Fragezeichen) Ignaz Günther zugeschrieben.

35 Dreifaltigkeitskirche

Erste Spätbarockkirche Münchens mit eindrucksvoller Fassade und Asam-Kuppelfresko.

Pacellistraße 6
S 1, S 2, S 3, S 4, S 6, S 7, S 8 Karlsplatz
U 4, U 5 Karlsplatz

Eine Münchner Kammerdienerstochter, die ›Lindmayrin‹, hat diese Kirche gelobt, erfüllt von Schreckensvisionen über den heranrückenden Spanischen Erbfolgekrieg. Sie wurde später Nonne im nahebei errichteten Karmelitinnenkloster. Landstände und Bürgerschaft unterstützten ihr Gelübde: 1718 war die Votivkirche voll-

›Dreifaltigkeit in der Glorie‹ (sein Selbstbildnis rechts oben neben dem Fenster), in den Seitenarmen: ›Taufe‹ und ›Verklärung‹ Christi.

Den Anlass des Kirchenbaus stellt das *Hochaltarbild* von Wolff und Degler ›Dreifaltigkeit über der Stadt München‹ dar. Das *Rokoko-Tabernakel* stammt von Straub, die *Engelstatuen* von Fichtl; *Petrus* und *Johannes* am rechten Seitenaltar sind von Faistenberger.

Theatralisch barock und doch einladend heiter wirkt der Wittelsbacher Brunnen

36 Wittelsbacher Brunnen

Eine der schönsten Brunnenschöpfungen des 19. Jh.

Lenbachplatz /Maximiliansplatz
S 1, S 2, S 3, S 4, S 6, S 7, S 8 Karlsplatz
U 4, U 5 Karlsplatz

Münchens überschwänglichster Brunnen entstand aus einem eher nüchternen Anlass: Die Wasserleitung für alle Haushalte war 1895 fertiggeworden. Das Wasserspiel gibt dem Lenbachplatz sein Gesicht und bildet den Auftakt für die Parkanlage am Maximiliansplatz.

Opulenter Rahmen für kulturelle Veranstaltungen: der Festsaal im Künstlerhaus

Ein steinschleudernder athletischer *Jüngling* auf einem Wasserross und eine *Nymphe* mit Schale auf einem Wasserstier – Sinnbilder der gefährdenden und segensreichen Kraft des Wassers – flankieren die doppelte Brunnenschale, die aus einer Felsenkulisse wächst, eine wahrlich meisterhafte Komposition von Adolf von Hildebrand ganz im antikisch-barocken Geiste.

37 Künstlerhaus

Charakteristischer Münchner Neurenaissancebau der Prinzregentenzeit.

Lenbachplatz 8
Tel. 089/599 18 40
www.kuenstlerhaus-muc.de
S 1, S 2, S 3, S 4, S 6, S 7, S 8 Karlsplatz
U 4, U 5 Karlsplatz

Dem Neobarock des Wittelsbacher Brunnens antwortet auf der anderen Seite des Lenbachplatzes die Neorenaissance des Künstlerhauses: Zeugnisse einer Zeit, die die historische Stilkopie liebte. Gabriel von Seidl schuf diesen Bau 1892–1900 für die Münchner Künstlergenossenschaft. Außen mit seinen gestuften Giebeln von der niederdeutschen, innen mit seinen u. a. von Lenbach opulent ausgestatteten Festsälen und Salons von italienischer Renaissance beeinflusst, formte Seidl beide Einflüsse aber münchnerisch eigenwillig um. Einige Räume sind noch im ursprünglichen Zustand erhalten, andere rekonstruiert worden. Original erhalten ist das *Venezianische Zimmer* in der Nordostecke des Parterres. Es gehört zum Restaurant ›L'Osteria‹.

Das Haus wurde damals Mittelpunkt des turbulenten Münchner Künstlertreibens mit Maskenbällen und Festumzügen. Zu den prominentesten Mitgliedern der Künstlergenossenschaft zählten zu jener Zeit ›Malerfürst‹ Lenbach, Baumeister Seidl, der Bildhauer Gedon, der Maler Rudolf Seitz. Franz von Stuck war 1892 mit den progressiven ›Sezessionisten‹ abtrünnig geworden. Heute finden in den

Räumen kulturelle Veranstaltungen statt. Ein zweites Restaurant im Haus, ›The Grill‹, serviert im Obergeschoss und auf der dortigen Terrasse Steaks und Seafood.

38 Justizpalast

Monumentaler Neubarockbau: europäische ›Bildungsarchitektur‹ und einer der aufwendigsten Justizpaläste.

Elisenstraße 1 a und Prielmayerstraße 7
S 1, S 2, S 3, S 4, S 6, S 7, S 8 Karlsplatz
U 4, U 5 Karlsplatz

Mit dem Pathos imperialer Barockarchitektur beherrscht der gewaltige Justizpalast (1891–98) den Karlsplatz, dem er seine *Schaufront* mit vorgewölbtem Mittelteil und figurenbesetzter Attika darbietet. Das Pathos ist indessen Gründerzeitpose, dennoch voller Bravour. Der Neobarock- und Neorenaissancebau von Thiersch integriert Architekturzitate. Die Glas-Eisen-Konstruktion der *Kuppel* war damals hingegen absolut modern. Treppenhaus, Vestibüle, Gerichtsräume sind nach dem Krieg vereinfacht wiederhergestellt worden.

Das **Neue Justizgebäude** (Prielmayerstraße 5) dahinter, 1905 ebenfalls von Thiersch gebaut, ähnelt mit seinen Uhrtürmen und getreppten Giebeln gotischen Rathäusern. Die unverputzten Backsteine spielen auf Heimisches wie die Frauenkirche an.

39 Alter Botanischer Garten

Viel besuchte Ruhe-Insel im Gewühl des Großstadtverkehrs.

Zwischen Elisen- und Sophienstraße
S 1, S 2, S 3, S 4, S 6, S 7, S 8 Karlsplatz
U 4, U 5 Karlsplatz

Lateinische Goethe-Worte mitten in München – nämlich auf dem **Portalbau** gegenüber dem Justizpalast. Frei übersetzt, lauten sie: ›Die auf kunstreicher Erde verstreuten Blütengeschlechter sind auf Geheiß Königs Maximilian Joseph hier vereint, 1812‹. Die Akademie der Wissenschaften hatte sie von Goethe erbeten, als sie selbst an einer würdigen Widmung scheiterte. Der kraftvolle frühklassizistische Torbau (1812) von Herigoyen

war Eingang zum Botanischen Garten, den Friedrich Ludwig von Sckell anlegte und Franz von Paula von Schrank einrichtete. 1914 wurde er nach Nymphenburg verlegt, das Portal blieb hier. Seit 1854 stand auf dem Terrain der riesige Glaspalast – Höhepunkt des deutschen Ingenieurbaus. Er wurde zunächst als Industrieausstellungsgebäude errichtet, später auch für Kunstausstellungen genutzt, bis er 1931 ausbrannte, damals gingen bedeutende Gemälde verloren. Die heutige Anlage mit dem *Neptun-Brunnen* von Wackerle und einem Biergarten wurde 1937 nach den Entwürfen von Paul Ludwig Troost (1878–1934) gestaltet.

40 Karlstor mit Rondellbauten

Entree der Altstadt und Auftakt der Fußgängerzone.

Karlsplatz
S 1, S 2, S 3, S 4, S 6, S 7, S 8 Karlsplatz
U 4, U 5 Karlsplatz

Eustachius Föderl hieß der Wirt der Schänke, nach dem der Karlsplatz inoffiziell, aber hartnäckig **Stachus** genannt wird. Sein offizieller Taufpate war Kurfürst Karl Theodor, der die Stadtbefestigung 1791

Neptunbrunnen im Alten Botanischen Garten und neobarocker Justizpalast

Das neckische Brunnenbuberl vor dem Karlstor

schleifen und den Platz anlegen ließ. Von dieser Anlage aus dem frühen 14. Jh. ist nur das **Karlstor** übriggeblieben, dazu zwei Vortürme, die Gabriel von Seidl in seine so wirkungsvoll angelegte **Rondell-Architektur** (1899–1902) einbezog.

Der Stachus war einst der verkehrsreichste Platz Europas, doch mit der Anbindung an die Fußgängerzone 1972 ist eine gewisse Beruhigung eingetreten: Der kühlende Bereich des von Bernhard Winkler 1972 errichteten **Brunnens** ist im Sommer beliebter Tummelplatz für Einheimische und Touristen.

Unter den Platz locken heutzutage die **Stachus Passagen** (www.stachuspassagen.de) mit rund 60 Geschäften und Gastronomiebetrieben. Die Decken der vier Galerien sind flott mit weißen runden Beleuchtungskörpern verkleidet. Jeden Tag frequentieren bis zu 160 000 Menschen die Ladenpassagen.

41 Brunnenbuberl

Ein köstlich-verschmitztes Kabinettstück des Jugendstils.

Neuhauser Straße/
Herzog-Max-Straße
S 1, S 2, S 3, S 4, S 6, S 7, S 8 Karlsplatz
U 4, U 5 Karlsplatz

Ein alter Satyr spuckt zärtlich einen nackten Knaben an, der ihn übermütig aus einem zugedrückten Wasserhahn anspritzt: Am Brunnenbuberl, gleich hinter dem Karlstor, kann man nicht achtlos vorübergehen. Als Matthias Gasteiger 1895 die jugendstil-graziöse Brunnengruppe schuf, erhielt er dafür eine Goldmedaille, soll aber von Prinzregent Luitpold höchstpersönlich um ein Feigenblatt für den Knaben gebeten worden sein. Die Petition wurde abgeschlagen – in München war damals der Künstler König.

Als Wasserspielplatz schätzen Kinder den Brunnen am Karlsplatz

42 Bürgersaal

Barocker Betsaal mit außerordentlichen Kunstwerken.

Neuhauser Straße 14
Tel. 089/219 97 20
www.mmkbuergersaal.de
Unterkirche: tgl. 8–19, Do bis 21 Uhr,
Museum (in Unterkirche): tgl. 10–12
und 16–18.30, Do bis 21 Uhr,
Oberkirche: tgl. 11–13 Uhr (11.15 Uhr
Rosenkranz, 12 Uhr hl. Messe)
S 1, S 2, S 3, S 4, S 6, S 7, S 8 Karlsplatz
U 4, U 5 Karlsplatz

Hinter der würdigen, doch zurückhaltend in die Straßenfront eingebundenen Doppelpilasterfassade verbirgt sich ein eigenartiges und stimmungsvolles Gotteshaus. Geweihte Kirche erst seit 1778, war das Gebäude als Saal für die von den Jesuiten geleitete deutsche Marianische Männerkongregation gedacht, als Ver-sammlungsraum für Predigten und Exerzitien und als Auditorium für geistliche Musik. Viscardi und Ettenhofer waren 1709/10 zusammen für den Bau tätig.

Die Unterkirche, einst die Kongregationsdruckerei, birgt heute eine moderne Wallfahrtsstätte, das *Grab* des ›Männerapostels‹ und Widerstandskämpfers gegen das NS-Regime, Pater Rupert Mayer. Weil er wiederholt gegen das Regime gepredigt hatte, wurde er im KZ Sachsenhausen gefangen gesetzt. 1945, kurz nach Kriegsende, starb er und wurde 1987 selig gesprochen. Das kleine Museum in einem Nebenraum der Unterkirche erinnert mit persönlichen Gegenständen und Dokumenten an den Pater.

Der Hauptraum liegt im Obergeschoss, ein rechteckiger Saal, den einst ein monumentales Deckengemälde von Knoller schmückte, das nicht mehr rekonstruiert werden konnte. Anders der *Stuck* von

Appiani und Bader und die *Wandbilder* von Gumpp, Barockmeister alle drei. Beachtenswert die 17 Ölbilder unter den Fenstern mit *Ansichten bayerischer Wallfahrtsorte* (um 1710) von F. J. Beich.

Das Meisterwerk des Altars, ein *Verkündigungsrelief* (1710), das zartesten Ausdruck mit temperamentvoller Formkraft eint, stammt von Faistenberger, dem ›Patriarchen der Münchner Bildhauer‹. Es blieb als Mittelfeld eines zerstörten Altars erhalten. Ein anderer Glanzpunkt ist Ignaz Günthers hinreißende *Schutzengelgruppe* (1763) unter der Empore: ein Engel voller heimlich lächelnder Hoheit, der einen dickbackigen Buben unter seinen weit ausschwingenden Fittich nimmt: Rokoko-Bravour. Aus geretteten Einzelfiguren von Günther ist auch die *Kanzel* komponiert, und die vier vortrefflichen *Silberbüsten* auf dem Altar sind nach seinen Modellen (1768) von dem Goldschmied Canzler getrieben worden.

43 Augustinerbräu

 Altmünchner Atmosphäre der Prinzregentenzeit.

Neuhauser Straße 27
Tel. 089/23 18 32 57
www.augustiner-restaurant.com
S 1, S 2, S 3, S 4, S 6, S 7, S 8 Karlsplatz
U 4, U 5 Karlsplatz

Wer noch ein Stück anheimelnder Münchner Bräuhaus-Atmosphäre der Wende vom 19. zum 20. Jh. erhaschen will, muss in dieses Gasthaus hineinschauen. Der Muschelsaal mit Stuck und Grottenwerk, Hirschgeweihen und Glas-Eisen-Kuppel ist ein großbürgerliches Lenbach-Stil-Relikt, der arkadengesäumte Hof im Sommer einer der stimmungsvollsten Gastgärten der Stadt! Die urkundlich älteste Brauerei besteht seit dem Jahr 1328; die Gaststätte wurde 1896/97 von Emanuel von Seidl neu gebaut.

Der Bürgersaal, einst Versammlungsort der Marianischen Männerkongregation

die Kirche noch größer anlegen zu lassen. Hauptarchitekt war Sustris, ein Niederländer italienischer Schule.

Die hoch aufgegiebelte **Fassade** aus der Spätrenaissance stellt in ihrem Statuenprogramm eine anspruchsvolle Ahnentafel des Herzogs dar, die von den Agilolfingern und Karl dem Großen bis zu den Habsburgern reicht. In der Mittelnische ist der *Sieg Michaels über den Satan* zu sehen: ein unübertreffliches Werk Hubert Gerhards!

Das baukünstlerische Novum aber war der **Innenraum**: Auf mächtigen Wandpfeilern ruht eine über 20 m frei gespannte Tonnenwölbung. Quertonnen überwölben die Emporen über den Seitenaltären. Dem hohen Querhaus folgt ein tiefer, steiler, eingezogener Chor. Diese Architekturelemente erzeugen eine Raumwirkung, deren Weite, Rundung und Lichtvolumen barocke Lösungen vorwegnehmen und einleiten.

Der Herzog beschäftigte weitgereiste Künstler für das Bildprogramm der Kirche. Das furiose *Engelsturz-Altarbild* malte 1587 der hochbegabte Münchner Schwarz. Der Oberbayer Reichle modellierte die dramatische Maria Magdalena zu Füßen des

Weiträumig und lichtdurchflossen: die majestätische Renaissancekirche St. Michael

44 St. Michael

 Größte Renaissancekirche des Nordens, zugleich wegweisend für den Barock in Süddeutschland: majestätische Raumwirkung und größtes Tonnengewölbe nach St. Peter in Rom.

Neuhauser Straße 6
www.st-michael-muenchen.de
Mo, Fr 10–19, Di, Do, Sa 8–19, So 7–22 Uhr
S 1, S 2, S 3, S 4, S 6, S 7, S 8 Karlsplatz oder Marienplatz; U 4, U 5 Karlsplatz; U 3, U 6 Marienplatz

St. Michael war der erste Bau, der den Barock ankündigte – eine Sensation seinerzeit. Mit dem durchaus als Machtdemonstration geplanten Bau wollte der ebenso fromme wie prunksüchtige Herzog Wilhelm V. der Gegenreformation im Norden, dem jungen Jesuitenorden und schließlich sich selbst ein Denkmal setzen. Einen Turmeinsturz während des Bauens (1583–97) nahm er als Fingerzeig,

Architektonischer Höhepunkt der Neuhauserstraße ist die Michaelskirche

Gekreuzigten, den sein Florentiner Lehrer, der Medici-Hofkünstler Giambologna, 1595 schuf. Kostbar sind der *Cosmas-und-Damian-Schrein*, um 1400, und schräg gegenüber das Grabmal für *Eugène Beauharnais* (1830) von Bertel Thorwaldsen nach Klenzes Entwurf. Von dem Niederländer Candid stammt die bewegte *Verkündigung* (1587), die Straubs Joachim- und Anna-Figuren (1770) in anrührendem Kontrast flankieren. Sehr üppig ist der Wessobrunner Stuck dieser Kapelle. Auch das *Ursula-Martyrium* ist von Candid. Sein Landsmann Gerhard modellierte den antikisch anmutenden *Weihbrunnengel* und entwarf die Scharen von Stuckengeln. Die *Fürstengruft* unter dem Chor birgt eindrucksvolle Monumente wie die Sarkophage von Herzog Wilhelm V., Kurfürst Maximilian I. und König Ludwig II.

Das westlich an die Kirche anschließende **Jesuitenkolleg**, 1585–97 von Sustris entworfen, wurde nach Aufhebung des Ordens 1773 Sitz der Bayerischen Akademie der Wissenschaften, der Universität und der Schönen Künste und heißt daher auch Alte Akademie.

 ▶ **Audio-Feature**
St. Michael
QR-Code scannen oder dem Link folgen:
www.adac.de/rf0966

Das Deutsche Jagd- und Fischereimuseum in der ehemaligen Augustinerkirche

45 Deutsches Jagd- und Fischereimuseum

Bedeutender gotischer Kirchenbau, der jetzt ein beliebtes Museum beherbergt.

Neuhauser Straße 2
Tel. 089/22 05 22
www.jagd-fischerei-museum.de
Fr–Mi 9.30–17, Do 9.30–21 Uhr
S 1, S 2, S 3, S 4, S 6, S 7, S 8 Karlsplatz
U 4, U 5 Karlsplatz
S 1, S 2, S 3, S 4, S 6, S 7, S 8 Marienplatz
U 3, U 6 Marienplatz

Die heute profanierte Augustinerkirche war einst eines der bedeutendsten Gotteshäuser Münchens. Ende des 13. Jh. von den Augustiner-Eremiten errichtet, wurde sie immer wieder erweitert und umgebaut, bis sie 1803 der Säkularisation anheimfiel und von da an als Mauthalle diente. 1911 baute Theodor Fischer den Weißen Saal als Konzertsaal mit Treppe ein, ohne dabei die frühbarocken Gewölbe und Stuckaturen zu verändern.

1966 zog das Deutsche Jagd- und Fischereimuseum ein. Schwerpunkte der Sammlung sind fast 1000 präparierte Tiere, die *Geweihkollektion* des Grafen von Arco-Zinneberg, imponierende Jagdwaffen aus europäischen Fürstenhäusern und Dioramen, die den Lebensraum von Jagdwild veranschaulichen. In die Schlagzeilen geriet das Museum 2013 als publik wurde, dass viele der ausgestellten Trophäen vom NS-Politiker Hermann Göring geschossen wurden.

Ältestes Wahrzeichen im Münchner Stadtbild ist die spätgotische Domkirche

46 Domkirche zu Unserer Lieben Frau

Stadtbildbeherrschender Bau der Spätgotik.

Frauenplatz 1
Tel. 089/290 08 20
www.muenchner-dom.de
Sa–Mi 7–19, Do 7–20.30, Fr 7–18 Uhr
Turm bis 2016 geschlossen
S 1, S 2, S 3, S 4, S 6, S 7, S 8 Marienplatz
U 3, U 6 Marienplatz

Die kugeligen Turmkuppeln des auch **Frauenkirche** genannten Domes sind Münchens älteste und bekannteste Wahrzeichen. Dabei ist nichts an diesem Backsteinbau gefällig, seine Noblesse liegt in der Kargheit, dem strengen Wechsel von Wänden und Fenstern, dem einheitlichen Satteldach mit schmalem Saum, den über seinem First freigestellten, schön proportionierten Türmen. Karg ist auch die Baugeschichte: 1468 legte Herzog Sigismund den Grundstein der Bürgerkirche und berief Jörg von Halsbach aus Polling (später irrtümlich Ganghofer genannt) zum Meister. 1488 waren die Türme vollendet, wenig später starb Meister Jörg, der Niederbayer Rottaler trat seine Nachfolge an. 1525 setzte man den Türmen die Welschen Hauben auf. Den **Teufelstritt** am Eingang der Kirche soll der Satan hinterlassen haben, als er vor Wut über ein gescheitertes Geschäft auf den Boden stampfte: Der Baumeister hatte ihm versprochen, den Bau ohne Fenster auszuführen – dann, glaubte der Teufel, würde niemand in die Kirche gehen – oder ihm seine Seele zu überlassen, wenn der Teufel ihm beim Bau helfen würde – und von der Stelle des Teufelstritts aus sah man tatsächlich keine Fenster.

Der Kirchenraum war für 20 000 Menschen bestimmt, aber seine Ausmaße wirken keineswegs gewaltig, weil sie geschickt gegliedert sind durch elf Paare schlanker Pfeiler, die eine durchlichtete

›Wand‹ zwischen den drei sternrippenüberwölbten Schiffen aufrichten.

Die **Domportale** gestaltete Ignaz Günther. Einige Fassadenskulpturen stammen noch vom Vorgängerbau des 14. Jh. Aus der Fülle der Ausstattung sei nur das Wichtigste erwähnt: Gleich links vom Südeingang erhebt sich das **Prunkgrabdenkmal Kaiser Ludwigs des Bayern** [1]: Die spätgotische Deckplatte (1490) zeigt den thronenden Kaiser sowie die Versöhnung Herzog Albrechts III. mit seinem Vater Ernst. Die Platte ist umgeben von einem Spätrenaissance-Gehäuse (um 1600) mit den Bronzefiguren Herzog Wilhelms V. und Albrechts V. von Krumper sowie Fahnenträgern von Gerhard und Pallago. Am Pfeiler daneben findet sich u. a. der **Grabstein des Dombaumeisters Jörg von Halsbach** [2] von 1488. An den Mittelsäulen sieht man Mielichs Tafeln des **Ligsalz-Epitaphs** [3] von 1550 und die Bronzegruppe des **Burchard-Epitaphs** [4] von Krumper von 1618. Im Chor sind Heiligenstatuetten, Apostel- und Prophetenbüsten versammelt. Sie gehörten zum einstigen Chorgestühl Grassers von 1502. Zauberhaft sind auch die 1774 entstandenen **Marienleben-Reliefs** [6] von Günther. Davor befindet sich der Zugang zur **Fürstengruft** [7], älteste Grablege der Wittelsbacher in München. Sie birgt die Gebeine Kaiser Ludwigs des Bayern und der bayerischen Herzöge von Ludwig V. bis Albrecht V. Den Kunstreigen der Chorkapellen eröffnet im Norden über dem Sakristeieingang Candids barocke Monumentalkomposition der **Mariae Himmelfahrt** [8] von 1620. Sie war früher das Hochaltarbild. Etwas weiter faszinieren herrliche Statuen: **Christophorus** [9] (1525) und **Georg** (1520) von Hans Leinberger, **Rasso** (um 1520) vom Meister von Rabenden und darüber eine **Anna Selbdritt** (um 1515) von Stephan Rottaler. Dann folgen der **Andreasaltar** [10] des Rabendener Meisters und der Polack-Werkstatt, 1498 und 1513, hinter dem Chor Polacks Gemälde der **Schutzmantelmadonna** [11] von 1510 links neben einer Mariengnadenfigur aus dem Jahr 1659.

Im südlichen Seitenschiff glänzt der prachtvolle **Altaraufsatz des hl. Nepomuk** [12] von Johann Michael Ernst II und C. D. Asam, 1731. Hier und in den Nachbarkapellen sind **Glasfenster** [13, 14] des 15./16. Jh. zu sehen, in der Taufkapelle eine Scheibe mit dem **Münchner Kindl** [15] von 1573. Den Abschluss bildet Sandrarts aufgewühlter **Verkündigungsaltar** [16], den er 1646 schuf.

▶ **Reise–Video Frauenkirche**
QR-Code scannen oder dem Link folgen:
www.adac.de/rf0337

Domkirche zu Unserer Lieben Frau

↓ (im Winter)

← (im Sommer) →

1 Prunkdenkmal Kaiser Ludwigs des Bayern	5 Heiligenstatuetten, Apostel- und Prophetenbüsten	10 Andreasaltar
2 Grabstein des Dombaumeisters Jörg von Halsbach	6 Marienleben-Reliefs	11 Schutzmantelmadonna
3 Ligsalz-Epitaph	7 Fürstengruft	12 Altaraufsatz des hl. Nepomuk
4 Burchard-Epitaph	8 Mariae Himmelfahrt	13, 14 Glasfenster
	9 Christophorus	15 Münchner Kindl
		16 Verkündigungsaltar

47 Damenstiftskirche

Schöne Spätbarockkirche mit rekonstruierter Asam-Ausstattung.

Damenstiftstraße 1 und 3
S 1, S 2, S 3, S 4, S 6, S 7, S 8 Karlsplatz
U 4, U 5 Karlsplatz,
U 1, U 2, U 3, U 6 Sendlinger Tor

Die Menschenbewegung links im Altarraum der der hl. Anna geweihten Damenstiftskirche ist bei genauerem Hinsehen eine faszinierend realistische *Abendmahl-Gruppe* mit lebhaft gestikulierenden Apostelfiguren aus dem frühen 18. Jh. Sie passt zu den emphatischen *Altargemälden*, rekonstruiert nach Ruffini (Hauptaltar: ›hl. Anna selbdritt‹), Albrecht (rechts: ›Verherrlichung des hl. Franz von Sales‹) und Desmarées (links: ›Heimsuchung Mariae‹). Bayerisch-körperhaft wirkt der aus Gurtbogen, Hängekuppeln, Dreiviertelsäulen gefügte Raum, ein Werk der Brüder Gunetzrhainer von 1732–35. Bei der Rekonstruktion Inneren nach dem Krieg wurde im Deckengemälde Cosmas Damian Asams auf Farbe verzichtet, da nur Schwarz-Weiß-Fotos vorlagen (Mitte: ›Anna-und-Maria-Glorie‹, vorne: ›Huldigung der Engel‹, hinten: ›Engelskonzert‹).

Die hervorragende *Stuck-Ornamentik* von Egid Quirin Asam gehört mit Band- und Netzwerk dem Régence an. Auch die durch Pilaster, ein hohes Fenster und einen Segmentgiebel flächig gegliederte Fassade entspricht der Régence-Auffassung in der für die Gunetzrhainer typischen klassizierenden Nuancierung.

Das lang gestreckte **Klostergebäude** gehörte wie die Kirche einst dem Salesianerinnenorden, der sich 1667 in München niederließ und 1739 den von Ignaz Anton Gunetzrhainer errichteten Bau bezog. 1784 ging er an ein Damenstift für Adelige über, heute beherbergt er eine Schule. Seine Fassade ist vornehm-frühklassizistisch mit Portalstuck von Franz Xaver Feichtmayer d. J.

48 Allerheiligenkirche am Kreuz

Charaktervoller Bau des Münchner Dombaumeisters.

Kreuzstraße 10
U 1, U 2, U 3, U 6 Sendlinger Tor

Die Kirche mit ihren unverputzten Ziegeln, gestuften Streben und hohem Turm, auf dem ein spitzer Sechseckhelm thront, stammt der Überlieferung nach von Jörg von Halsbach, genannt Ganghofer. Ab 1478 wurde das Gotteshaus, das als Friedhofskapelle der Peterspfarrei fungierte, errichtet. Eher ungewöhnlich ist seine Ausrichtung nach Süden.

Die Brüder Asam

Cosmas Damian (1686–1739), vorwiegend Freskant, hatte in Rom studiert und war Vater von 13 Kindern aus zwei Ehen. Egid Quirin (1692–1750), vorwiegend Bildhauer und Stuckateur, wurde in Köln ausgebildet und blieb unverheiratet. Damit sind die Unterschiede schon genannt. Gemeinsamkeiten hingegen zuhauf! Beide waren Multitalente: Baumeister, Bildhauer, Maler. Beide wurden in Oberbayern geboren, gingen beim Maler-Vater Georg Asam in die Lehre, gemeinsam besaßen sie viele Häuser in München, Hand bei Hand arbeiteten sie auf den Gerüsten. In ihren genialen barocken Gesamtkunstwerken gelangten Architektur, Plastik und Malerei zu dramatisch-spannungsvoller Einheit. ›Asambarock‹ ist in ganz Süddeutschland verbreitet, kommt in den Klosterkirchen Aldersbach, Weltenburg, Rohr, Osterhofen in Niederbayern, in Einsiedel in der Schweiz, in Břevnov in Prag, in vielen Münchner Kirchen zu höchstem Glanz. Eine selbst gebaute Privatkirche [Nr. 49] am Wohnhaus [Nr. 50] – das ist allerdings eine verschwenderische und nicht wiederholbare Barock-Attitüde!

![Asamkirche Interieur]

Die üppig ausgestattete Asamkirche ist auch ein beliebter Rahmen für Vermählungen

Im teilweise barockisierten Inneren erinnern an die Erbauungszeit nur noch die Netzgratgewölbe und ein Freskenrest mit *Christus in der Mandorla* über dem vermauerten Ostportal. Meisterwerke sind Krumpers Renaissance-Epitaph für den Bankier Philipp Goetz von 1627 in der Chorwand und ein Holzkruzifix der Leinbergerschule an der Westwand, um 1520. Das Hochaltarbild (1614), ›Maria erscheint Augustinus‹, stammt von Rottenhammer, der feine Rokoko-Tabernakel (1741–43) mit den Anbetungsengeln von Straub.

49 Asamkirche

 Das Vermächtnis der Künstlerbrüder Asam: ein Meisterwerk spätbarocker Raumkunst und sinnenfreudiger Dekoration.

Sendlinger Straße 32
U 1, U 2, U 3, U 6 Sendlinger Tor

Nicht nach ihrem Patron, dem hl. Nepomuk, sondern nach ihrem Stifter hat der Volksmund die Kirche getauft, ungewöhnlich wie alles an ihr. 1729 erwarb Egid Quirin Asam ein Haus in der Send-

Die Asamkirche schuf ihr Baumeister gleich rechts neben seinem Wohnhaus

linger Gasse. Im selben Jahr wurde der Märtyrer Johann Nepomuk heilig gesprochen; eben zur selben Zeit drängten die Bewohner des Viertels auf eine eigene Kirche. So entschloss sich der Künstler zu einem Kirchenbau neben dem Wohnhaus auf eigene Kosten, zu Ehren des Kanonisierten und nicht nur zum privaten Gebrauch, sondern für die Gemeinde. Bau, Ausstattung und ikonographisches Programm (1733–46) waren allein sein Werk und das seines Bruders Cosmas Damian – der Höhepunkt ihrer Kunst.

Aus unbehauenen Felsen emporwachsend, wölbt sich auf dem nur 8 m breiten Grundstück die zartfarbige **Fassade** mit Säulenportal, säulengerahmtem Fenster und geschwungenem Giebel leicht in die Straße. Auf dem Portaldach, von Engeln umlagert, fährt der hl. Johann Nepomuk zum Himmel empor.

Hinter der Fassade und dem Vorraum tut sich ein **Innenraum** auf, der wie ein verschwenderischer Theatersaal und zugleich wie eine mystische Grotte wirkt. Schmal und hoch, mit umlaufendem Balkon, öffnet er sich nach vorne zu einem zweigeschossigen Hochaltar, nach oben zu einem Deckengemälde über silberner Hohlkehle. Architektonische, malerische und plastische Gestaltung inszenieren schwebende Bewegung, Farb- und Lichtstimmung, Engel- und Puttenrausch. Ins Unwirkliche entrückt, dennoch das Zentrum, ist Egid Quirins *Gnadenstuhl*, der Gekreuzigte in Gottes Armen. Unter der Strahlenglorie im Hochaltar befindet sich das *Schaugrab Johann Nepomuks* mit darin eingeschlossenen Reliquien. Im Emporenaltar ist über zwei *Anbetungsengeln* von Günther der hl. Nepomuk zu Füßen der Madonna vor gelb verglastem Fenster zu sehen: Skulpturengruppe und Fenster sind freie Rekonstruktionen der 1982 stattgefundenen Restaurierung.

Das szenenreiche *Deckengemälde* von Cosmas Damian schildert Leben und Sterben Nepomuks, die *Stuckreliefs* in der Hohlkehle von Egid Quirin assistieren dem Thema. Besonderes Gewicht – Nepomuk war ja Beichtvater! – haben die *Beichtstühle* in Haupt- und Vorraum: Ihre lebensgroßen Figuren und Hermenengel stellen Tod, Gericht, Hölle und Himmel dar. Günthers *Epitaph für den Grafen Zech* (1758) im Vorraum gilt als Meisterleistung der Grabmalkunst des Rokoko.

▶ **Audio-Feature Asamkirche**
QR-Code scannen oder dem Link folgen:
www.adac.de/rf0957

50 Asamhaus

Feinsinnig gestaltete, aufwendige Fassade mit fantasievoll perlendem Stuck.

Sendlinger Straße 34
U 1, U 2, U 3, U 6 Sendlinger Tor

Die Situation ist einmalig: Egid Quirin Asam baut ›seine‹ Kirche an sein Haus, Fassade an Fassade aus einem Guss, schmückt jene zur Verehrung eines Heiligen, diese zum Ruhme des Apoll, schaut durch ein Fenster im Hausinneren zum Hochaltar. Er stuckiert die Schauseite des von ihm 1733 umgebauten Hauses ebenso zauberhaft wie philosophisch: Dichtkunst, Plastik, Malerei, Architektur, Musik über dem Portal; Pallas Athene, dem Menschlein den Weg weisend, über den Erdgeschossfenstern; darüber Künste und Wissenschaften und der sich zur Levade erhebende Pegasus, oben der antike Himmel mit Apoll, rechts davon am Erker der christliche Himmel. Links die Sinnenwelt mit Amor, Satyr und Faunen.

51 Sendlinger Tor

Eines der drei erhaltenen Tore der weitgehend verschwundenen Stadtbefestigung.

U 1, U 2, U 3, U 6 Sendlinger Tor

Wie Karlstor und Isartor stammt das Sendlinger Tor aus der zweiten Befestigung Münchens unter Kaiser Ludwig dem Bayern um 1318. Es ließ den Nord-Süd-

Nur durchspaziert: Das Sendlinger Tor ist eines der drei erhaltenen mittelalterlichen Stadttore

Das Stadtmuseum (links) und das Jüdische Zentrum prägen den Jakobsplatz

Fernverkehr durch. Der dominierende Mittelturm wurde schon 1808 abgebrochen, aber die beiden sechseckigen Flankentürme und die Seitenmauern des Wehrhofs blieben erhalten; ein einziger großer *Bogen* ersetzt seit 1906 die einstigen drei kleineren Durchlässe. Dahinter beginnt die Sendlinger Straße mit Mode-, Schuh- und Sportgeschäften.

52 Alter Südlicher Friedhof

Münchens historischer Camposanto: Friedhof berühmter Persönlichkeiten des 18. und 19. Jh. Grabdenkmäler vom Klassizismus bis zum Jugendstil.

Thalkirchner Straße 17
April–Aug. 8–19, März und Sept. 8–18, Okt.–Febr. 8–17 Uhr
U 3, U 6 Goetheplatz
U 1, U 2, U 3, U 6 Sendlinger Tor

Gabriel von Seidl, der einst so üppig baute und lebte, liegt heute unter einem einfachen Schmiedeeisenkreuz. Ein allzu enger Stein drängt die Namen von Gartenarchitekt Sckell und Maler Rottmann, Onkel und Neffe, zusammen. Und Karl von Fischer muss gar mit der Schmalseite eines Grabmals vorlieb nehmen. Freilich, Klenze, Gärtner und Schwanthaler ehren fulminante Denkmalsaufbauten, Liebigs und Millers Gräber präsentieren sich in kultivierter Großbürgerhaltung. Aber die meisten der Ruhmbedeckten ruhen anrührend schlicht: Stieler, Piloty, Kobell, Possart, Fallmerayer, Spitzweg im Kammerfensterl (Wilhelm Uhlig, 1958). Die Brauer, die Fabrikanten hingegen haben sich überlebensgroß in figura verewigen lassen, einer im Pelz, der andere mit Madonna im Arm.

Der Alte Südliche Friedhof ist eine wahre Chronik Münchens! Einst Gottesacker für Arme und Pesttote, wurde er im 19. Jh. zum Gesamtfriedhof. Gustav Vorher legte ihn 1818–21 auf der Grundrissfigur eines Sarkophags an, 1845 kam eine quadratische Erweiterung in italienischer Manier hinzu. Die verbindende Vorhalle und der zentrale Brunnen stammen von Gärtner. Heute ist der Gottesacker eine Spaziergänger-Oase.

Die Friedhofskapelle **St. Stephan**, dem Pestpatron geweiht, war einst Mittelpunkt des Stephaniritts. Der einfache Saalbau ist mit *Altären* des 18. Jh. ausgestattet. An der westlichen Außenseite befinden sich zwei noble *Grabdenkmäler* für die Bildhauer Straub und Boos.

53 Münchner Marionettentheater

Theaterbau nur für eine Puppenbühne.

Blumenstraße 32
Tel. 089/26 57 12
www.muenchner-
marionettentheater.de
U 1, U 2, U 3, U 6 Sendlinger Tor

Da hat sich der Architekt Theodor Fischer 1900 ein richtiges Säulen-Giebel-Musentempelchen für Kinder ausgedacht. Die Puppenbühne hatte der Aktuarius Joseph Schmid, Papa Schmid genannt, schon 1858 zusammen mit dem Komödiendichter Graf Pocci gegründet. Der Marionetten-Zauber wirkt heute wie eh und je – auch auf Erwachsene. Am Abend werden Opern von Mozart und Orff gespielt.

54 Münchner Stadtmuseum

Münchens vielseitigstes und populärstes kulturgeschichtliches Museum.

St.-Jakobs-Platz 1
Tel. 089/23 32 23 70
www.muenchner-stadtmuseum.de
Di–So 10–18 Uhr
S 1, S 2, S 3, S 4, S 6, S 7, S 8 Marienplatz
U 3 Marienplatz
U 1, U 2, U 3, U 6 Sendlinger Tor

Der St.-Jakobs-Platz war einst der Anger der Stadt, auf dem die ›Dulten‹, große Märkte zu Kirchenfesten, stattfanden. An der Nordostseite wurde 1410 ein Stadthaus für Getreide, Rüstungen, Wagen gebaut, später Marstall genannt, heute rekonstruiert. 1431 entstand an der Nordwestseite ein Zeughaus, das Baumeister Rottaler 1491–93 in einen bürgerstolzen Repräsentativbau umwandelte.

Seit 1888 birgt es als Stadtmuseum Zeugnisse aus 850 Jahren Münchner Geschichte, die unter dem Motto ›Typisch München‹ firmiert, und blickt zugleich über den Münchner Tellerrand hinaus, um internationale Parallelen und Verbindungen aufzuzeigen.

Im Erdgeschoss stehen Besucher zunächst in der Abteilung *Altes München* vor Kostbarkeiten, die am Marienplatz der Luftverschmutzung wegen nur noch Kopien sein dürfen: die mit allem Bösen in Gestalt von Schlangen und Basilisken kämpfenden Putti der Mariensäule, die Schäfflerfiguren des Glockenspiels und

Friedhöfe und Namen

Berühmtheiten, die Münchens Kultur prägten, liegen auf allen Münchner Friedhöfen begraben. Orientierungstafeln an den Eingängen weisen den Weg. Am riesigen **Waldfriedhof** (Fürstenrieder Straße 288, Lorettoplatz 3) entdeckt man die Namen vieler Bühnenkünstler, so Fritz Kortner, Gertrud Kückelmann, ›Ratschkathl‹ Ida Schumacher sowie der Schriftsteller Paul Heyse, Lena Christ, Frank Wedekind; und unter unzähligen bildenden Künstlern den des Malerfürsten Franz von Stuck. Der eine Generation ältere zweite Malerfürst Münchens, Franz von Lenbach, ruht am **Westfriedhof** (Baldurstraße 28), ebenso wie Soraya, die iranische Kaiserin. Der Schriftsteller und Journalist Sigi Sommer (Kolumne: Blasius der Spaziergänger) ist 1994 auf dem uralten, idyllischen **Friedhof Neuhausen** (Winthirstraße 15) begraben worden, wo auch der Porzellanmodelleur Bustelli und die Genie-Familie vom Miller ruhen. Der **Nordfriedhof** (Ungererstraße 130) ist die letzte Heimat legendärer Schwabinger wie des ›Traumstadt‹-Dichters Peter Paul Althaus, der Simpl-Wirtin Kathi Kobus und der Scharfrichter-Diseuse Marya Delvard, der Maler-Professoren Karl von Piloty und Ludwig vom Zumbusch und des Maler-Revoluzzers Heimrad Prem. Am **Friedhof Perlacher Forst** stehen die Kreuze für die Mitglieder der ›Weißen Rose‹ [s. S. 94], und ein Ehrenhain birgt die Urnen und Gebeine von KZ-Häftlingen. Der hochinteressante **Alte Israelitische Friedhof** (Thalkirchner Straße 240) ist im Rahmen von Führungen zugänglich, die die Kultusgemeinde anbietet (Tel. 089/20 24 00 100).

TOP TIPP Grassers virtuos geschnitzte Holzfiguren der **Moriskentänzer** (1480). Diese Figuren sind die einzigen dreidimensionalen Zeugnisse des expressiven Tanzes, der im ausgehenden Mittelalter Hof und Volk zum Lachen brachte. Ebenfalls im Erdgeschoss zeigt die Ausstellung ›Nationalsozialismus in München‹ die Stadt als Entstehungsort und Parteizentrum der NS-Diktatur.

Das *Neue München* nimmt die Abteilung im 1. Geschoss in den Blick. Es entstand seit dem Ausgang des 18. Jh. durch den Ausbau Münchens zur Residenzstadt mit quirligem Universitäts- und Künstlerleben. Mit der internationalen Berühmtheit kam damals auch der hochtrabende Beiname Isar-Athen.

Im 2. Geschoss geht es sodann unter dem Titel *Die Stadt München* um die Entstehung eines bürgerlichen Selbstbewusstseins ab 1850. Zeitschriften wie der ›Simplicissimus‹ entstanden, und die Melange aus bierseliger Gemütlichkeit und künstlerischem Höhenflug wurde zum Markenzeichen der Stadt.

Sodann greift das Stadtmuseum mit der Schau *Kasperl im Klassenkampf. Eine Revue* auf Lion Feuchtwangers Roman *Erfolg* zurück, in dem der Autor den Abstieg Münchens aus den kunterbunten 1920er-Jahren in die Hölle des Nationalsozialismus schildert.

Im 3. Geschoss herrschen die Puppen und mechanischen Automaten, gar kurzweilig für Kinder wie für Erwachsene. Die aus Europa, Asien, Afrika zusammengetragenen Sammlung zählt zu den größten und berühmtesten in der Welt.

Im 4. Geschoss sind Musikinstrumente aus aller Welt in Schwindel erregender Fülle zu besichtigen. Die Vorführungen des Foto- und Filmmuseums schließlich sind bei Cineasten hoch beliebt.

55 Jüdisches Zentrum

Bewegende Einblicke in die große Vielfalt Münchner jüdischer Geschichte und Kultur.

St.-Jakobs-Platz 16 und 18
Synagoge, Anmeldung zu Führungen: Tel. 089/202 40 01 00
www.juedischeszentrumjakobsplatz.de
Jüdisches Museum: Tel. 089/23 39 60 96
www.juedisches-museum-muenchen.de
Di–So 10–18 Uhr
S 1, S 2, S 3, S 4, S 6, S 7, S 8 Marienplatz
U 3, U 6 Marienplatz
U 1, U 2, U 3, U 6 Sendlinger Tor

Goldgelb wie die Mauern Jerusalems dominiert die im Jahr 2006 eingeweihte **Ohel-Jakob-Synagoge**, die Hauptsyna-

goge der Israelitischen Kultusgemeinde in München, den St.-Jakobs-Platz. Das Architektenteam Wandel, Hoefer, Lorch gestaltete sie als einen massiven Travertinkubus, überwölbt von einem gläsernen, metallstrukturierten Aufsatz, eine architektonische Reminiszenz an das Zelt (hebr. Ohel) des Jakob. Besonders abends, wenn es beim Gottesdienst geheimnisvoll funkelt und Licht an die Umgebung abgibt, ist es ein faszinierender Anblick.

Übereck zu diesem Glanzstück befindet sich der Kubus des 2007 eröffneten **Jüdischen Museums**. Schon seine ›sprechenden‹ Fassaden laden zu lebhaften Diskussionen ein. Denn die Glaswände sind mit Fragmenten aus Gesprächen bedruckt, welche die jüdische Künstlerin Sharone Lifschitz mit Deutschen allen Alters führte: Ein Konglomerat der Wirrungen und Wahrheiten. Im Inneren präsentiert die Dauerausstellung erlesene Ritualobjekte von Chanukkaleuchter bis Schofar. Ferner lassen multimediale Installationen das jüdische Leben in München vom 13. Jh. bis heute anschau-

Ineinander verschachtelte Davidsterne tragen das Oberlicht der Synagoge

lich Revue passieren. Besuchermagneten sind auch die Wechselausstellungen, die Erfahrungsberichte von Juden in München seit dem Holocaust und bis heute in den Fokus nehmen.

Der dritte Bau, das **Gemeindezentrum**, liegt wiederum übereck. Er schichtet Verwaltung, Versammlungsräume, Rabbinat, Schule und Kindergarten bewundernswert rational über- und nebeneinander. Das *Restaurant Einstein* serviert israel-jüdische Spezialitäten, die natürlich koscher zubereitet sind.

56 Viktualienmarkt

 TOP TIPP *Wo München am allermünchnerischsten ist.*

S 1, S 2, S 3, S 4, S 6, S 7, S 8 Marienplatz
U 3, U 6 Marienplatz
U 1, U 2, U 3, U 6 Sendlinger Tor

Holzbottiche mit Essiggurken und Sauerkraut neben erlesenem französischen Wein und Käse, Kohlköpfe und Schwammerln neben Papayas und Maracujas, Schweinshaxn neben Hummer: Viktualien eben, also Lebensmittel. Aber auch ›g'standne‹ Standlfrauen neben Schicki-Micki-Damen, Fischgeruch neben Parfümwolken: Der Viktualienmarkt ist münchnerisch *und* international zugleich.

Stände mit bayerischen Spezialitäten umgeben den Biergarten auf dem Viktualienmarkt

Der Tanz der Marktfrauen am Faschingsdienstag, der Riesen-Maibaum, das sommerliche Kastaniengrün überm Biergarten, der Tannenduft im Winter gehören zum jahreszeitlich wechselnden Inventar, das Gegrantl und Getraze zum stehenden, die Münchner ›Levitenleser‹ auf den *Brunnen* zum unverrückbaren: Karl Valentin, Weiß Ferdl, Liesl Karlstadt, Elise Aulinger, der Roider Jackl, Ida Schumacher.

Was mit dem Kräutlmarkt auf dem Terrain des aufgehobenen Heiliggeistspitals 1807 begann, schwappte immer weiter aus und erreichte bald in etwa seine heutige Ausdehnung. Im Südwesten des Marktes wurde im Jahr 2005 ein Flügel der **Schrannenhalle** (www.schrannenhalle.de), des Getreidehandelsplatzes von 1853, wiederaufgerichtet. Die Halle war 1927/33 abgetragen worden. Im Kopfbau befindet sich ein gutbürgerliches Wirtshaus, in der Halle selbst, einer filigranen Eisen-Glas-Konstruktion, locken moderne Marktstände mit Delikatessen und Schmankerln. Das Denkmal frühester Industriearchitektur war übrigens Vorreiter für den Glaspalast, den Wintergarten der Residenz und die Großhesseloher Brücke.

Erhalten ist auch die **Metzgerzeile** von 1881, die den Markt im Norden zu Füßen von St. Peter begrenzt. In ihren kleinen Geschäften werden Fleisch-, Wurst- und Wildspezialitäten verkauft. Den besten Blick auf das Treiben am Viktualienmarkt bietet die Terrasse des *Café Rischart* quasi auf dem Dach dieser Läden.

▶ **Reise-Video
Viktualienmarkt**
QR-Code scannen oder
dem Link folgen:
www.adac.de/rf0344

57 Isartor

*Einziges noch weitgehend
vollständiges mittelalterliches
Stadttor Münchens.*

Tal 50
S 1, S 2, S 3, S 4, S 6, S 7, S 8 Isartor

Münchens einstiges Osttor der zweiten Stadtbefestigung unter Kaiser Ludwig dem Bayern bietet als einziges der Tore weitgehend das ursprüngliche Bild von

Ein gepflegtes Wirtshaus lädt in den Kopfbau der Schrannenhalle ein

1337 und 1499: ein hoher Hauptturm, zwei achteckige Vortürme, ein Wehrhof. Das Fresko schuf Neher 1835 im Auftrag König Ludwigs I.: Der Siegeseinzug Kaiser Ludwigs nach der Schlacht von Ampfing 1332 gegen den Habsburger Friedrich den Schönen. Nördlich vom Tor sind die *Stadtmauerreste* durch die Fenster des Stadtsparkassengebäudes zu sehen.

58 Valentin-Karlstadt-Musäum

Ein Paradies für Valentin-Fans und alle, die sich einen Sinn für Unsinn, Hintersinn und Tiefsinn bewahrt haben.

Tal 50, im Isartor
Tel. 089/22 32 66
www.valentin-musaeum.de
Mo/Di/Do 11.01–17.29, Fr/Sa 11.01–17.59,
So 10.01–17.59 Uhr
S 1, S 2, S 3, S 4, S 6, S 7, S 8 Isartor

Die außerordentlichen Bildschöpfungen ›Kaminkehrer bei Nacht‹ und ›Leistenbruch‹ sind kunsthistorisch nicht recht einzuordnen, wohingegen der ›Liegende Stehkragen‹ und die ›Lederhosenträger außer Betrieb‹ durchaus als Vorgriffe auf moderne Objektkunst zu werten sind. Der ›Winterzahnstocher‹ und das ›Buchbinder-Wanninger-Telefon‹ zählen wiederum zu den beeindruckenden archäologischen Fundstücken aus dem einzigartigen Valentin-Reich.

Seit 1959 existiert das skurrile Musäum für das spindeldürre Original mit dem schwarzen Hut, Karl Valentin (1882–1948), und seine kongeniale Partnerin Liesl Karlstadt (1892–1960) – in Wirklichkeit war es ein trauriges, aneinander leidendes Paar. Das Haus hat 2008 durch Einführung von Filmen, Dioramen und Tonaufnahmen neuen Schwung gewonnen. Für ›299 europäische Center‹ können Erwachsene – 99-Jährige in Begleitung ihrer Eltern sowie Säuglinge gar umsonst – hier den Geist bayerischer Verzinktheit und weltgültiger Bitterkomik ausgiebig auf sich wirken lassen. Und wird das Herumgekraxel in den Türmen des Isartors samt den Zwerchfellerschütterungen zu anstrengend, lässt man sich im *Turmstüberl* im Obergeschoss des Südturms (Wendel-

Von Münchens einstigen Stadttoren ist das Isartor das besterhaltene

treppe mit 79 Stufen) nieder und versucht, vom Linksherum-Denken auf Normal-Rechtsherum umzuschalten.

59 Bier- und Oktoberfestmuseum

Ein Museum für das bayerischste aller Getränke und das größte aller Feste.

Sterneckerstraße 2
Tel. 089/24 23 16 07
www.bier-und-oktoberfestmuseum.de
Di–Sa 13–18 Uhr
S 1, S 2, S 3, S 4, S 6, S 7, S 8 Isartor

Erst im Jahr 2005 – damals befanden sich bereits vier der sechs großen Münchner Brauereien im Besitz multinationaler Getränkekonzerne – wurde ein Museum für die örtliche Brauereitradition gegründet. Seitdem stellt es im viertältesten, vorbildlich restaurierten Altmünchner Bürgerhaus (1328/29) auf vier Etagen die Entwicklung von der handwerklichen Braukunst zur industriellen Produktion sowie die Historie des Oktoberfestes von 1810 bis

heute vor. Die dabei gewonnenen Erkenntnisse können im *Museumsstüberl* (Mo 18–24, Di–Sa 13–24 Uhr) am flüssigen Element überprüft werden.

60 Staatstheater am Gärtnerplatz

Ein Volkstheater in fürstlichem Gewand.

Gärtnerplatz 3
Tel. 089/21 85 19 60
www.staatstheater-am-gaertnerplatz.de
bis 2015 im Prinzregententheater und anderen Spielstätten zu Gast
U 1, U 2 Fraunhoferstraße

Der runde **Gärtnerplatz**, Mittelpunkt der Isarvorstadt, präsentiert sich als repräsentative gründerzeitliche Raumschöpfung mit Rasen, üppigen Schmuckbeeten und Brunnen. Bis weit in die Nacht hinein sind die Cafés am Straßenrund und das Grün in seinem Zentrum beliebte Treffpunkte von Münchnern und Touristen.

Das Staatstheater am Gärtnerplatz, heiterer Blickpunkt des kreisförmig angelegten Platzes

Das Staatstheater am Gärtnerplatz, trapezförmig nach hinten erweitert, ergänzt ihn mit seiner feinen, heiteren Fassade auf das Trefflichste. Franz Michael Reifenstuel erbaute es 1864/65, großes Vorbild war das Nationaltheater. Mit festlichen Königs- und Fürstenlogen und dem feierlichen Rund der von Eugen Napoleon Neureuther gestalteten Decke ist es fürwahr ein Königliches Volkstheater, wie König Ludwig II. es nannte. Das obere Foyer ist mit Kristalllüstern und Fresken im Stile Picassos von Neureuther prächtig ausgestattet. Vor den Aufführungen und in den Pausen dient es als elegante Bar mit Aussicht auf den Gärtnerplatz.

Das vielfältige Repertoire des Gärtnerplatztheaters umfasst Opern, Operetten, Musicals und Tanztheater. Auch Aufführungen für Kinder und Jugendliche stehen auf dem Spielplan. Seit 2012 ist eine großangelegte Restaurierung des Theaters im Gange. Im Jahr 2015, rechtzeitig zum 150-jährigen Bestehen der Bühne, wird die festliche Wiedereröffnung stattfinden. Derweil kann man Ensemble und Repertoire an anderen Schauplätzen in München genießen.

Zünftig aufgespielt wird mit dem Segen der Bavaria zum Auftakt des Oktoberfests

61 Theresienwiese mit Ruhmeshalle und Bavaria

Für 16 Tage im Jahr größter Rummelplatz der Welt, zu Füßen eines bayerischen ›Nationalhains‹.

www.oktoberfest.de
Das Oktoberfest dauert vom vorletzten Septemberwochenende bis zum ersten Oktoberwochenende.
Ruhmeshalle und Bavaria:
April–15. Okt. tgl. 9–18, während des Oktoberfests bis 20 Uhr
www.schloesser.bayern.de
U 4, U 5 Theresienwiese
U 3, U 6 Goetheplatz oder Poccistraße

Als Kronprinz Ludwig am 12. Oktober 1810 Therese von Sachsen-Hildburghausen heiratete, veranstaltete man auf der damals weit vor den Toren der Stadt gelegenen Wiese ein ›Rossrennerts‹ für Hof und Bürger. Das hatte weitreichende Wirkung: So kam die Wiese zu ihrem Namen, so wurde das **Oktoberfest** mit Pferderennen und Viehprämierungen geboren, das sich zum größten, buntesten Volksfest der Welt entwickelte und auch heute noch alle vier Jahre (2016,

TOP TIPP

2020 etc.) mit einer Landwirtschaftsausstellung verbunden ist.

Während des Oktoberfestes muss man an den Wochenenden damit rechnen, ab 10 Uhr vormittags keinen freien Platz in den Festzelten zu finden. Besonders eng wird es am zweiten Wiesn-Wochenende, wenn sich zahllose Italiener auf den Weg über die Alpen machen. Inmitten all des Trubels ist wenig Raum für bayerische Gemütlichkeit, am ruhigsten geht es noch im *Augustinerzelt* zu. Die Schickeria trifft sich im *Käferzelt* und die Jugend im *Schottenhamel*. Ach – und noch ein paar nüchterne Zahlen: Auf 6,4 Mio. Besucher kamen 2013 6,7 Mio. Maß Bier, 114 Ochsen am Spieß und 500 000 Brathendl.

Doch nun zurück auf den Boden der Tatsachen: 1850 entstand der vom Geist des romantischen Patriotismus inspirierte ›Tempelbezirk‹ auf der **Theresienhöhe** mit Ruhmeshalle und Bavaria.

Auf die Naturterrasse über der Wiesn stellte Klenze 1843–53 einen seiner edelsten Bauten, die **Ruhmeshalle**. An der Rückwand der dreiflügeligen dorischen Säulenhalle aus Marmor wurden die Marmorbüsten vorbildhafter Bayern aufgestellt. Die Sammlung wird ständig erweitert, und im Jahr 2000 fanden sich mit Clara Ziegler und Lena Christ erstmals auch Frauenbüsten in den edlen Reihen, die von Martin Schongauer bis Ludwig Thoma reichen. Das Gesims über den 48 dorischen Säulen trägt Metopen mit Viktorien-Darstellungen sowie Szenen aus

Kunst, Wissenschaft, Religion, Handel. In den Giebeln über den beiden Flügelbauten figurieren die Allegorien der bayerischen Provinzen. Alle Entwürfe dafür schuf Ludwig Schwanthaler. Die Halle bildet nach antikem Vorbild die Rahmung einer Kolossalplastik. Hier erscheint die Personifikation Bayerns über einer zur Wiese abfallenden Treppe. Klenze wollte die **Bavaria** (1843–50) griechisch leichtgewandet, der König dachte sie römisch gigantisch, Ludwig Schwanthaler gestaltete sie als germanisches Prachtweib im Bärenfell mit Schwert und erhobenem Eichenkranz, den Löwen zu Seiten. Schön, dass man die Dame inwendig von Fuß bis Kopf erklettern und die Stadtfernsicht mit der Nahsicht ihrer Gussglieder vereinen kann: ein Glanzstück Münchner Erzgießerei aus Ferdinand von Millers und Johann Baptist Stiglmaiers Werkstatt. Sie ist 18 m hoch, wiegt 1560 Zentner Erz und wurde in sechs Teilen gegossen.

62 Verkehrszentrum des Deutschen Museums

Ein Paradies für Motorrad-, Auto- und Eisenbahnbegeisterte.

Theresienhöhe 14 a
Tel. 089/500 80 67 62
www.deutsches-museum.de
tgl. 9–17 Uhr
U 4, U 5 Schwanthalerhöhe

In den drei 1908 errichteten Hallen der Alten Messe dreht sich heute alles um Mobilität. Vom allein mit Muskelkraft betriebenen Laufrad des Karl von Drais bis zum rasanten Formel-1-Boliden führt die Zweigstelle des Deutschen Museums durch die Geschichte des Verkehrs. Der Schwerpunkt liegt auf dem 19. und 20. Jh., als technische Innovationen die menschliche Fortbewegung revolutionierten.

Die Ausstellung gliedert sich in drei Themenbereiche. In Halle 1 geht es um

Mit dem Oktoberfest wird die Theresienwiese zum Rummelplatz der Superlative

63 St. Paul

Urbanistisch glücklich situiertes Werk der späten Neugotik.

St.-Pauls-Platz 11
www.erzbistum-muenchen.de/
StPaulMuenchen
U 4, U 5 Theresienwiese

Einen gewichtigen Akzent setzt St. Paul der Theresienwiese im Norden, wo um die Wende vom 19. ins 20. Jh. ein Villenviertel wuchs, dessen wohlhabende Bewohner den Bau mitfinanzierten. Kurz bevor der Historismus abtrat, schuf der renommierte Rathaus-Architekt Hauberrisser hier eine mächtige Basilika (1892–1906) mit Zweiturmfassade und Kuppelturm, die Elemente der rheinischen Gotik eigenwillig neu interpretierte.

Der dreischiffige Innenraum war ursprünglich mit ausgezeichneten Werken der Zeit ausgestattet, doch blieb nur wenig erhalten: der *Marienaltar* von Hackl rechts, der *Josephsaltar* von Buscher links des Chors, die *Pietà* von B. Schmitt in der Kriegergedächtniskapelle. Ein Werk von Filler ist das *Triumphbogen-Kruzifix* aus dem Jahre 1960. Größter Kriegsverlust ist der Hochaltar, der 1944 einem Bombenangriff zum Opfer fiel.

den *Stadtverkehr*. Vom Aufbau eines öffentlichen Nahverkehrsnetzes – es gibt zum Beispiel Berliner und Münchner S-Bahnen der 1920er-Jahre zu sehen – bis zur Massenmotorisierung durch Auto und Motorrad seit den 1960er-Jahren spannt sich der zeitliche Bogen. Der Faszination des *Reisens* widmet sich die Präsentation in der Halle 2. Seit dem 19. Jh. machten es Bahn und Auto von einem exklusiven Vergnügen für die Reichsten zu einem erschwinglichen Konsumgut für die ganze Bevölkerung. Die Halle 3 schließlich steht unter dem Motto *Mobilität und Technik*: All die Hilfsmittel, die dem Menschen bei seinem ewigen Bemühen um Beschleunigung unterstützen, werden hier gezeigt – vom Schlittschuh bis zum Rennwagen. Auch um die Bemühungen von Ingenieuren und Stadtplanern, die individuelle Mobilität trotz steigender Ölpreise, Staus und Klimawandel zu sichern, geht es hier.

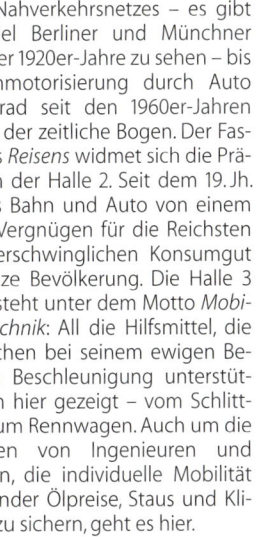

Schnittige Karossen und frühe rasante Technik im Verkehrszentrum

Maxvorstadt, Schwabing und Englischer Garten – Rubens-Damen und Jogger

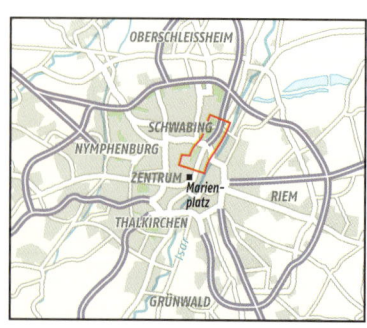

Als königliche Schlossauffahrten waren sie gedacht: die **Brienner Straße**, die von der Residenz über den Königsplatz zu Schloss Nymphenburg im Westen führt, und die **Ludwigstraße**, die von der Residenz über Schwabing nach Schloss Schleißheim im Norden ausgerichtet war. Am **Königsplatz** ließ König Ludwig I. den Tempelbezirk der griechischen Kunst anlegen, an der **Barer Straße** die Bauten der weltberühmten Gemäldesammlungen der Wittelsbacher, an der Ludwigstraße Paläste der Gelehrsamkeit wie Universität, Staatsbibliothek, Kunstakademie. Parallel dazu und weit darüber hinaus zog sich damals schon das größte und beliebteste Stück Natur in München: der **Englische Garten**, heute Tummelplatz der Flaneure, Jogger und Biergartenfans.

64 Karolinenplatz

*Bemerkenswerte Platzschöpfung
des Klassizismus.*

U 2 Königsplatz

Karl von Fischer nahm sich bei seiner Stadtplanung mit besonderer Sorgfalt der Brienner Straße an, die er zu einer Prachtstraße ausbaute. Durch den runden Karolinenplatz gab er ihr einen besonders reizvollen Akzent. Für die Platzmitte schuf Leo von Klenze 1833 einen **Obelisken** als Denkmal für die 30 000 im napoleonischen Russlandfeldzug von 1812 gefallenen Bayern. Die Erzplatten sind aus den (später wieder gehobenen) Kanonen der in der Seeschlacht von Navarino 1827 gesunkenen türkisch-ägyptischen Kriegsschiffe gegossen.

Vor der Einmündung der Brienner Straße in den Königsplatz sind an Arcis- und Katharina-von-Bora-Straße zwei ›mildere‹ Beispiele von Nazi-Architektur stehen geblieben: rechts der ›Führerbau‹,

in dem 1938 das Münchner Abkommen unterzeichnet wurde, heute **Hochschule für Musik und Theater**, links das damalige NS-Parteiverwaltungsgebäude, das als Haus der Kulturinstitute mehrere universitär-wissenschaftliche und museale Einrichtungen beherbergt: u. a. das Zentralinstitut für Kunstgeschichte, die Institute für Klassische Archäologie und Ägyptologie der Ludwig-Maximilians-Universität München sowie das **Museum für Abgüsse Klassischer Bildwerke** (Katharina-von-Bora-Straße 10, Tel. 089/28 92 76 90, Mo–Fr 10–20 Uhr, www.abguss museum.de).

Zwischen diesen Gebäuden standen beidseitig die 1947 gesprengten Nazi Ehrentempel, deren Sockelfundamente noch sichtbar sind. Das 1935 von P. L. Troost errichtete Ensemble war Teil der architektonisch hybrid geplanten ›Hauptstadt der Bewegung‹.

65 Königsplatz

Großartige Schöpfung des Klassizismus und eines der Hauptwerke des ludovizianischen ›Isar-Athen‹.

U 2 Königsplatz

Den fürwahr Königlichen Platz konzipierte Ludwig I. mit seinem Architekten Klenze: ein Tempelbezirk für die Kunst, nicht Nachahmung, sondern klassizistische Neuformung der Antike. Die ionische *Glyptothek* [Nr. 66], das korinthische Kunst- und Industrie-Ausstellungsgebäude, das heute die *Staatliche Antikensammlung* [Nr. 67] beherbergt, und die dorischen **Propyläen** bilden seine architektonische Trias. Dieser Torbau (griech. Propylaion) ist Denkmal für den griechischen Freiheitskampf und den Wittelsbacher König Otto von Griechenland, dargestellt in Ludwig Schwanthalers beidseitigen Giebelskulpturen: Ästhetische und politische Griechenland-Begeisterung ergänzten einander. Der Torbau vereint griechische und ägyptische Architekturelemente zu edlem Pathos. Bereits 1817 konzipiert, wurde er erst 1862 von Klenze vollendet. Von den martialischen Steinplatten der Hitlerzeit ist der Platz wieder befreit, und der Hain ist wieder so begrünt, wie er einst angelegt wurde.

Die Propyläen als festlicher Rahmen für das Kino Open Air auf dem Königsplatz

66 Glyptothek

Klassizistischer Bau von edler Proportion, antike Plastik von Weltrang.

Königsplatz 3
Tel. 089/28 92 75 02
www.antike-am-koenigsplatz.mwn.de
Di–So 10–17, Do bis 20 Uhr
U 2 Königsplatz

Kronprinz Ludwig sandte den Kunstagenten Martin von Wagner nach Rom, wo dieser den atemberaubenden **TOP TIPP** ▶ **Barberinischen Faun** erwarb. Später kaufte er in Griechenland auch die berühmten, 1811 ausgegrabenen *Ägineten*, die Giebelskulpturen des Aphaia-Tempels von Ägina. Klenze ersteigerte in Paris Antiken, darunter die Friedensgöttin *Eirene* und den *Diomedes-Torso*. Ludwig selbst erstand in Wien den *Ilioneus*. Für diese Schätze, dazu für zeitgenössische Skulpturen, ließ der Kronprinz sich 1816–30 von Klenze ein von Beginn an für die Öffentlichkeit bestimmtes Museum bauen: eine Vierflügelanlage um einen quadratischen Innenhof, mit klassizistischer Tempelfront im ionischen Stil und Flankenbauten mit eingeschnittenen Nischen. Die *Giebelskulpturen* (Athena im Kreis von Künstlern) und die Nischenstatuen stammen von verschiedenen Künstlern der Ludwigs-Zeit (Schaufront: Hephaistos, Prometheus, Daidalos, Phidias, Perikles, Hadrian; Westen: Renaissancebildhauer; Osten: zeitgenössische Bildhauer).

Schmucklos sind die Räume nach dem Zweiten Weltkrieg wieder erstanden, höchst wirkungsvoll ist die Aufstellung der nun ausschließlich griechischen und römischen Werke in chronologischer Abfolge von den archaischen Jünglingsfiguren, den Kouroi des 6. Jh. v. Chr., bis zu den Skulpturen des 1. Jh. n. Chr. mit ihrem beherzten Realismus. Die Porträtbüsten der römischen Kaiser etwa künden vom Ruhm des antiken Imperiums. Gelegentlich werden in die Ausstellung Bilder, Skulpturen oder Architekturarbeiten zeitgenössischer Künstler integriert. Sie geben der antiken Kunst spannungsvolle neue Perspektiven.

Der Barberinische Faun ist eines der populärsten Exponate der Glyptothek

67 Staatliche Antikensammlungen

Werke von Spitzenrang, darunter eine bedeutende Vasensammlung.

Königsplatz 1
Tel. 089/59 98 88 30
www.antike-am-koenigsplatz.mwn.de
Di–So 10–17, Mi bis 20 Uhr
U 2 Königsplatz

Nicht seinen Hofbaumeister Klenze, der gerade in Ungnade gefallen war, sondern Ziebland berief Ludwig I. im Jahr 1838 zum Baumeister des Kunst- und Industrie-Ausstellungsgebäudes gegenüber der Glyptothek. Im Mitteltrakt einem korinthischen Tempel nachempfunden, übergiebelt von Schwanthalers Figuren um die ›Bavaria als Schützerin der Künste‹, geriet Ziebland der Bau durch die steile Freitreppe nicht ganz so edel proportioniert wie das Gegenüber von Klenze.

In den Sälen der Antikensammlung werden die Form- und Stilgeschichte der griechischen Vasen ebenso kurzweilig präsentiert wie all die Gold-, Bronze- und Glaskunstwerke, die das Haus Privatsammlern wie James Loeb oder Hans von Schoen verdankt. Fast gegenwärtig wirken die Bilder auf den Kunstwerken: Auch in der Antike ging es um Liebe und Hass, um Treue und Verrat.

Spannende Einblicke in die Lebenswelt, Mythologien und Kunstgeschichte der Antike bieten die thematisch angelegten Sonderausstellungen.

Durch die Säulen der Antikensammlung geht der Blick hinüber zur Glyptothek

68 NS-Dokumentationszentrum

Am einstigen Standort der Parteizentrale der NSDAP erinnert nun ein Dokumentationszentrum an die dunklen Seiten der deutschen Geschichte.

Brienner Straße
www.ns-dokumentationszentrummuenchen.de
Eröffnung vorauss. 30. April 2015
U 2 Königsplatz

München war für die Nationalsozialistische Deutsche Arbeiterpartei (NSDAP) als ihr Gründungsort von großer Bedeutung. 1930/31 ließ die NSDAP ein im 19. Jh. errichtetes Palais an der Brienner Straße zur Parteizentrale umbauen. Das ›Braune Haus‹, von dem aus Adolf Hitler und wichtige Funktionäre die Parteiorganisationen während des Nazi-Regimes steuerten, wurde bei einem Luftangriff 1945 zerstört. Seit Ende des Zweiten Weltkriegs lag das Grundstück brach. In Zukunft setzt sich hier das neue NS-Dokumentationszentrum in Nachbarschaft zu den Fundamenten der Ehrentempel und ehemaligen Führerbauten an der Arcisstraße bewusst mit der faschistischen Vergangenheit auseinander. Das Berliner Architekturbüro Georg Scheel Wetzel schuf dafür einen Kubus aus weißem Sichtbeton mit zweigeschossigen Lamellenfenstern und 3000 m² Ausstellungsfläche. Die Dauerausstellung konzentriert sich auf die Lebensläufe sowohl der Verfolgten und Opfer der NS-Zeit, als auch der Protagonisten des Terrors und der Profiteure des Regimes.

69 St. Bonifaz

Torso einer einst viel bewunderten Kirchenschöpfung Ludwigs I.

Karlstraße 34
www.sankt-bonifaz.de
U 2 Königsplatz

Bestrebt, Kunst und Religion in Einklang zu bringen, wollte König Ludwig I. dem quasi ›heidnischen Tempel‹ der Glyptothek eine Kirche gegenüberstellen.
Auf klerikalen Einwand hin baute Ziebland die Kirche und das Benediktinerkloster St. Bonifaz dann aber im Rücken des Königsplatzes, zur Karlstraße hin. Er schuf 1835–45 eine fünfschiffige Basilika nach frühchristlichem Schema, das er eigens in

Rom und Ravenna studiert hatte. Davon sind nach Kriegsschäden etwa die Hälfte des *Langhauses* und die korinthische *Säulen-Vorhalle* wiederhergestellt worden. Der Nordteil, in dem sich das Pfarrzentrum befindet, ist ein moderner Neubau. Ein pyramidenförmiger Lichtkörper über dem Altar und ein Fries farbenfroher Gemälde beleben seit 1996 die schlichte Architektur.

König Ludwig I. ist in ›seiner‹ Basilika in einem schlichten *Steinsarkophag* beigesetzt worden (östliches Seitenschiff), seine Gemahlin Therese ruht hinter ihm.

70 Städtische Galerie im Lenbachhaus

Museum für Münchner Malerei mit einer Sammlung klassischer Moderne.

Luisenstraße 33
Tel. 089/23 33 20 00
www.lenbachhaus.de
Di 10–21, Mi–So 10–18 Uhr
U 2 Königsplatz

In ganz Europa bekannt war das Lenbachhaus als Villa des Malerfürsten Franz von Lenbach, dem sogar der Papst, Kaiser Wilhelm und Otto von Bismarck Modell saßen. Gabriel von Seidl hatte es 1887–91 gebaut: ein Palazzo mit Atelierbau im intimen Garten, italienischblütig mit Arkaden, Palladio-Fenstern und Säulen; seit 2013 ergänzt durch einen voluminösen Anbau von Sir Norman Foster.

Die 1925 gegründete **Städtische Galerie**, die das Haus von Lenbachs Witwe erwarb, präsentiert Kunst von der Spätgotik bis zur Moderne. Realismus, Impressionismus, Jugendstil mit Bildern von Rottmann, Kobell, Leibl, Corinth, Stuck (›Salome‹), Riemerschmid. Kunstfreunde aus aller Welt pilgern überdies zu den Bildern des **Blauen Reiters** [s. S. 83]: 94 Gemälde, 300 Aquarelle und Zeichnungen allein von Kandinsky, 60 Werke von Klee, Dutzende von Franz Marc, August Macke, und Alexej von Jawlensky.

Was dieses Haus über all dies hinaus attraktiv macht, ist sein Gespür für Zeitgenössisches. Neue Tendenzen werden an qualitätvollen Erwerbungen sichtbar. Genannt seien hier Beuys Installation ›Zeige deine Wunde‹ oder Arbeiten von Johann Adam Pichler, Gerhard Richter und Arnulf Rainer. Der zum Lenbachhaus gehörende **Kunstbau** im U-Bahn-Geschoss Königsplatz präsentiert Wechselausstellungen zur Kunst der Gegenwart.

›Untitled (for Ksenia)‹ von Dan Flavin im Kunstbau des Lenbachhauses

71 Paläontologisches Museum

Ein faszinierender Blick in die fossile Pflanzen- und Tierwelt Bayerns.

Richard-Wagner-Straße 10
Tel. 089/21 80 66 30
www.palmuc.de
Mo–Do 8–16, Fr 8–14 Uhr
U 2 Königsplatz

Der große Bau im Neorenaissancestil ist Anfang des 20. Jh. für eine Mädchenschule errichtet worden und beherbergt seit 1950 einen versteinerten Tierpark und Botanischen Garten. Bekanntestes Stück der vom Dinosaurier bis zur Eiszeitmaus, vom Mammutbaum bis zur Blaualge reichenden Sammlung ist das 1971 im Inn gefundene Skelett eines 10 Mio. Jahre alten *Urelefanten* von 3,20 m Höhe und 1,25 t Gewicht. Der ausgestellte Abguss davon wiegt ›nur‹ 200 kg. Aus Platzgründen können von den rund 1 Mio. Objekten nur 400 ausgestellt werden. Doch sind weitere Exponate im *Museum Mensch und Natur* [Nr. 117] zu sehen.

72 Staatliches Museum Ägyptischer Kunst

5000 Jahre Leben und Kultur am Nil werden den Besuchern mit modernster Technik und grandiosem Konzept nahegebracht.

Arcisstr. 16
(Eingang Gabelsbergerstraße)
Tel. 089/28 92 76 30
www.aegyptisches-museum-muenchen.de
Di 10–20, Mi–So 10–18 Uhr
U 2 Königsplatz

Der Neubau auf der Südseite der Gabelsbergerstraße greift die Proportionen und die horizontale Gliederung der nördlich gegenüberliegenden Alten Pinakothek auf. Der Fassade aus rötlichem Sichtbeton ist im Nordwesten eine Por-

Der Blaue Reiter

Ein Gemälde von Wassily Kandinsky, das den Buchtitel ihres ›Almanach‹ zierte, gab der Künstlergruppe ›Blauer Reiter‹ den Namen. Ihre Protagonisten, Franz Marc, Wassily Kandinsky, Gabriele Münter, Alexej Jawlensky und August Macke, wurden 1911/12 in München mit zwei Ausstellungen bekannt.

Befreiung von Naturnachahmung, Aufbruch zu einer Kunst des Extrakts, des Ausdrucks, der Unendlichkeitssehnsucht war ihr Ziel. Die Leinwände barsten vor Formen und nichtrealistischen Farben: kosmische Visionen, poetische Gespinste, mythische Landschaften, Tiere im Kaleidoskop, suggestive Maskengesichter. Die Öffentlichkeit nahm in den ersten Jahren wenig Notiz, aber die Wirkung auf die Kunst war umstürzend.

Durch den Blauen Reiter geriet München einen kostbaren Augenblick lang zum Zentrum der Moderne. Schon der Erste Weltkrieg bereitete der Gruppe ein Ende, denn Marc und Macke fielen, die Russen Kandinsky und Jawlensky mussten Deutschland verlassen. Der symbolische Name Blauer Reiter aber wurde zum Begriff für eine leuchtende, überaus inspirierende Kunstrevolution.

Heute besitzt die Städtische Galerie im Lenbachhaus eine umfassende Sammlung dieser Werke.

talwand vorgeblendet, eine breite flache Treppe führt hinab zu den unterirdischen Ausstellungsräumen. Das Museum, das zahlreiche, sehr wertvolle Stücke besitzt (u. a. eine Kniefigur des Senenmut, eine Doppelstatue des Niuserre und ein einzigartiges Armband der Königin Amanishakheto), brilliert mit seiner Ausstellungskonzeption. Diese beleuchtet die altägyptische Kultur von allen Seiten und setzt die einzelnen Perspektiven sowohl geografisch als auch phänomenologisch und inhaltlich mittels modernster, aber einfach zu bedienender Technik zueinander in Kontext. So ist die Ausstellung nicht nur sehenswert, sondern auch in höchstem Maße informativ und unterhaltsam – für Erwachsene und Kinder gleichermaßen.

Neben dem Ägyptischen Museum beherbergt das Gebäude die **Hochschule für Film und Fernsehen** (www.hff-muenchen.de), die zum Wintersemester 2011/12 den Betrieb hier aufnahm.

73 Alte Pinakothek

Gemäldegalerie von Weltgeltung: eine der großen Kunst-Pilgerstätten mit Werken Alter Meister.

Barer Straße 27
Tel. 089/23 80 52 16
www.pinakothek.de
Di 10–20, Mi–So 10–18 Uhr
Bis voraussichtlich Ende 2017 temporäre Schließungen aufgrund von Sanierungsarbeiten
U 2 Königsplatz, Tram 27 Pinakotheken

Das Meisterwerk der Proportionskunst, das Klenze 1826–36 im Auftrag König Ludwigs I. in die Kartoffeläcker stellte, ein ungewöhnlich lang gestreckter Bau aus unverputzten Ziegeln, eiferte erstmals nicht der Antike, sondern ganz der italienischen Renaissance nach, wurde seinerseits Vorbild für die Galerien in Rom, Brüssel, Kassel und brachte Klenze sogar die Berufung nach St. Petersburg ein, wo er schließlich die Neue Eremitage für Zar Nikolaus I. errichtete.

Mit notwendigen und umfangreichen Veränderungen ist der Museumsbau nach den schweren Kriegszerstörungen im Jahr 1957 von Döllgast wiederaufgebaut worden, der anstelle der alten Trep-

penführung und der Loggien im Süden eine theatralisch-imponierende Doppeltreppe einfügte.

Die Sammlung Alter Meister in der Pinakothek machte München zur erstrangigen Kunststadt. Mit Passion horteten die Wittelsbacher Gemälde: Wilhelm IV. gab Historienbilder in Auftrag, etwa bei Altdorfer die ›Alexanderschlacht‹, die später als Beute eine Zeit lang in Napoleons Badezimmer hing. Maximilian I., von Dürer begeistert, ließ sich mit den ›Vier Aposteln‹ von den Nürnbergern politisch bestechen. Max Emanuel erwarb Flamen und Niederländer, darunter den Rubens-Nachlass. Karl Theodor ließ die Mannheimer, Max I. Joseph die Zweibrücker und Düsseldorfer Galerie nach München holen: Franzosen, van Dyck, Rembrandt, Rubens. Ludwig I. schließlich kaufte Italiener und machte mit den Sammlungen Boisserée und Oettingen-Wallerstein einen Fischzug speziell an Altniederländern und Altdeutschen und meinte, man solle den Leuten den Preis nicht verraten, Ausgaben für Kunst gälten ihnen stets als Verschwendung.

Schauplatz Alte Pinakothek – Perugino und Botticelli rahmen die ›Vier Apostel‹ Dürers

Zu den Glanzlichtern der Alten Pinakothek gehören im Erdgeschoss eine ›Anbetung des Kindes‹ von Stefan Lochner und Pieter Brueghels ›Schlaraffenland‹. Im Obergeschoss begeistern der ›Dreikönigsaltar‹ des Rogier van der Weyden, von Albrecht Dürer das christusähnliche ›Selbstbildnis im Pelzrock‹ und die ›Vier Apostel‹, ferner Grünewalds ›Die hll. Erasmus und Mauritius‹, eine ›Kreuzigung‹ von Lucas Cranach und die berühmte ›Alexanderschlacht‹ Albrecht Altdorfers.

Die italienische Kunst des 15. und 16. Jh. ist mit berührenden Werken wie Raffaels ›Madonna aus dem Hause Canigiani‹ und Leonardos ›Maria mit dem Kind‹ vertreten. Dramatisches und Tragisches steuern Tintoretto mit ›Vulkan überrascht Venus und Mars‹ und Tizian mit der ›Dornenkrönung Christi‹ bei. Aus dem Atelier des Flamen Rubens kommen Spitzenwerke wie ›Rubens und Isabella Brant in der Geißblattlaube‹, ›Hélène Fourment im Hochzeitsgewand‹, ›Raub der Leukippos-Töchter‹ und ›Höllensturz der Verdammten‹. Unter den Niederländern des 17. Jh. beeindruckt Frans Hals mit dem ›Bildnis des Willem van Heythuysen‹, aber vor allem Rembrandt mit tiefgründigen Gemälden wie ›Opferung Isaaks‹, ›Heilige Familie‹ und ›Kreuzabnahme Christi‹.

Das italienische Barock triumphiert in Tiepolos ›Anbetung der Könige‹, das französische Rokoko in François Bouchers ›Madame Pompadour‹, das spanische 17. Jh. wiederum brilliert mit Velazquez' ›Junger spanischer Edelmann‹.

74 Neue Pinakothek

 Europäische Malerei des 19. Jh. in einem Musterbau der Postmoderne.

Barer Straße 29
Tel. 089/23 80 51 95
www.pinakothek.de
Mi 10–20, Do–Mo 10–18 Uhr
U 2 Königsplatz, Tram 27 Pinakotheken

Der sandsteinverkleidete Bau (1975–81) aus Beton und Granit von Alexander von Brancas, der Museums- und Verwaltungstrakt vereint, zitiert mit seinen Erkern und Fluchttreppchen Mittelalter-Burgen, mit Reihen von Rundbogenfenstern das Gegenüber von Klenze. Wohltuend in Proportion und Lichtwirkung ist das Innere. Die 22 Säle und 10 Kabinette der Neuen Pinakothek beherbergen auf verschiedenen Ebenen rund 550 Bilder und 50 Skulpturen – etwa ein Zehntel des Gesamtbestandes.

Gründer der **Sammlung** und Initiator des ersten Gebäudes der Neuen Pinakothek, das nach schweren Kriegsschäden 1949 abgetragen wurde, war Ludwig I. Seine Privatsammlung umfasste Historienbilder der Münchner Akademie-Maler, aber auch Landschaftsgemälde der damaligen Avantgarde. Glanzlichter setzten nach 1900 die Erwerbungen französischer und deutscher Meister der anbrechenden Moderne. Zur Verdeutlichung der inneren Zusammenhänge der Malerei des 19. Jh. bezieht die heutige Ausstellungskonzeption das endende 18. Jh. mit ein, reicht also von Goya bis Cézanne.

Der Auftakt um 1800 mit Goya, David, Tischbein, den Münchnern Dillis und Kobell, findet im Saal der Engländer von Gainsborough bis Reynolds einen Höhepunkt. Danach folgen die Nazarener in Rom von Cornelius bis Reinhart mit Overbecks Programmbild ›Italia und Germania‹ im Zentrum. Rottmanns glanzvollem Griechenland-Zyklus mit 14 Bildern ist ein Sonderraum gewidmet. Die Hofkunst Ludwigs I. repräsentieren Stielers ›Goethe‹ und Hess' ›Einzug König Ottos in Griechenland‹. Dem deutschen und Wie-

Van Goghs ›Sonnenblumen‹ von 1888 in der Neuen Pinakothek

ner Biedermeier folgen französische und englische Spätromantiker und Realisten: Delacroix, Millet, Daumier, Corot, Constable, Turner. Marées große Malerei ist aufgrund der Verwendung unzulänglicher Farben beinahe verlöscht – trotz aller konservatorischer Bemühungen.

Den Reichtum an deutschem und französischem Symbolismus, Realismus, Impressionismus, Nachimpressionismus mögen Kontraste und Gegenpole verdeutlichen: Hier Feuerbachs ›Medea‹ oder Böcklins ›Pan im Schilf‹, dort Leibls ›Nichte Lina‹ oder Schuchs ›Stillleben mit Spargel‹. Man sieht Stucks ›Sünde‹, Cézannes ›Bahndurchstich‹, Klimts preziöse ›Margarete Stonborough-Wittgenstein‹ sowie van Goghs ›Blick auf Arles‹ als mächtige Auftakte der Moderne.

75 Pinakothek der Moderne

TOP TIPP

Weltweit einzigartig: vier unabhängige Museen von internationalem Rang unter einem Dach.

Barer Straße 40
Tel. 089/23 80 53 60
www.pinakothek.de
Di–So 10–18, Do 10–20 Uhr
U 2 Königsplatz, Tram 27 Pinakotheken

Das schlichte Glas-Beton-Äußere täuscht. Innen tut sich ein großartiges Raum- und Treppengefüge auf, dem eine Zentralsonne leuchtet: die gläsern überkuppelte Rotunde von 30 m Durchmesser, unter der sich alle Wege bündeln oder kreuzen. Sowohl im Erdgeschoss als auch treppauf, treppab umgeben die verschieden großen Räume des hier versammelten Museumsquartetts die Rotunde. Die Zugänge zu den Sälen kreuzt eine quer durch das Haus führende kühne Diagonalpassage. Der ebenso geistreiche wie praktikable Museumsbau ist ein Meisterwerk des Architekten Stephan Braunfels. Er vermittelt auf kurzen Wegen Einblicke in den Dialog der Künste: Malerei, Skulptur, Grafik, Design und Architektur.

Die **Sammlung Moderner Kunst** präsentiert im Obergeschoss Werke des 20. und 21. Jh. Im Westflügel ist die *Klassische Moderne* mit Expressionismus, Kubismus, Bauhaus, Surrealismus und Neuer Sachlichkeit um die überragend vertretenen Glanzlichter Max Beckmann, Pablo Picasso, Paul Klee, Ernst Ludwig Kirchner und Max Ernst versammelt.

Nüchterne Zurückhaltung übt die Glas-Beton-Architektur der Pinakothek der Moderne

Im Ostflügel sorgen Stilturbulenzen von 1950 bis heute für Aufsehen, von Arte Povera über Junge Wilde, Pop, Minimal- und Concept-Art bis zu den Neuen Medien. Man sieht Beuys' 44 Basaltblöcke als Menetekel vom ›**Ende des 20. Jahrhunderts**‹, den eindringlichen Baselitz-Saal, Twomblys Farbwirbel, Flavins Neonröhren, Warhols Pop-Variationen, Jeff Walls Leuchtkastenfotos und viele Video-Installationen.

TOP TIPP

Ein wandfüllendes, leuchtendes ›Inhaltsverzeichnis‹ zieht im Untergeschoss unwiderstehlich in die brillante Design-Präsentation hinein. Die **Neue Sammlung – The International Design Museum Munich** entfaltet ein Feuerwerk an Objekten unseres täglichen Lebens und deren Wandlungen von 1900 bis heute: Automobile von Käfer-Schlichtheit bis Tatra 87-Luxus, wahre Ikonen an Möbeln vom Bauhausschrank bis zum Acrylglas-Disco-Interieur, die ganze Thonet-Palette als walzerleichtes Amphitheater. Fahrräder, Radios, Nähmaschinen, Schreibmaschinen vom Ungetüm bis zur Stromlinienform, endlich der Triumph der Computerwelt. Zudem die Schrumpfkur des Handys vom ›Knochen‹ zum Miniaturalleskönner. Dazu Erlesenes an Keramik, Glas, Metall, Schmuck, Textilien. In zwei Glaspaternostern fahren zudem neueste Design-Kreationen verlockend bunt auf und nieder.

Nur sporadisch können die lichtempfindlichen Zeichnungen und Grafiken ausgestellt werden: So macht die **Staatliche Graphische Sammlung München** in den Sälen des Erdgeschosses ihren Bestand von über 400 000 Blättern in wechselnden Auswahlen zugänglich. Schwerpunkte der viel gerühmten Kollektion, die mit Rarissima von Dürer und Rembrandt aufwarten kann, sind Einblattholzschnitte und Kupferstiche des 15. Jh., italienische Zeichnungen der Renaissance, süddeutsche des 16.–18. Jh., die Grafik der klassischen und der zeitgenössischen Moderne mit Kostbarkeiten von Cézanne, Matisse, Marc, Hockney.

Das **Architekturmuseum der TU München** präsentiert vorzügliche Wechselausstellungen aus seinen Beständen. Sie führen Fachpublikum und interessierte Laien mit Hilfe von Leihgaben zur Architekturgeschichte sowie mit Werkschauen zeitgenössischer Architekten in die spannendsten Themen der Baukunst ein. Dazu zählen Klimadesign, Baurobotik und effizientes Bauen.

Die 25 Tonnen schwere Skulptur ›Large Red Sphere‹ balanciert im Türkentor

76 Museum Brandhorst

Die Stiftung des Sammlerehepaares Brandhorst umfasst über 700 Kunstwerke der Moderne.

Theresienstraße 35 a
Tel. 089/238 05 22 86
www.museum-brandhorst.de
Di–So 10–18, Do 10–20 Uhr
U 2 Königsplatz, Tram 27 Pinakotheken

Der schmale Bau der Architekten Sauerbruch Hutton von 2009 mit seiner mikadostäbchenbunten Fassade birgt wohltuend proportionierte, helle Räume. Von den über 700 gestifteten Gemälden und Objekten nur ein Teil gezeigt. Allein die beiden Säulen der Sammlung, Warhol und Twombly, bleiben konstant. Andy Warhol (1928–87), hochbegabt und hintergründig, dem Profanen wie dem Glamourösen zugeneigt, war der Protagonist der Pop Art, während Cy Twombly (1928–2011) die europäische, insbesonders die mittelmeerische Kultur favorisierte und seine Inspirationen aus deren Mythen und Dichtungen gewann.

Warhol dominiert im Untergeschoss, mit den Ikonen einstiger Fan-Anbetung von Jackie bis Marilyn, von Elvis bis Beuys, aber auch mit seinem ›Abendmahl‹ nach Leonardo und dem erschreckenden letzten Selbstbildnis. Das Obergeschoss gehört allein den beiden Bildfolgen *Twomblys*: der aus 12 Bildern bestehende Zyklus ›Lepanto‹ von 2001, welcher auf die Seeschlacht der Heiligen Liga gegen die Osamanen 1571 Bezug nimmt, und die herrlich flirrenden ›Roses‹ von 2008.

Sigmar Polke spießt drei Köpfe auf Stangen und nennt sie ›Freiheit, Gleichheit, Brüderlichkeit‹, *Damian Hirst* geißelt mit einem gigantischen Pillenschrank die Tablettensucht, *Katharina Fritsch* türmt Madonnen wie Vasen zu Verkaufspyramiden, der Amerikaner *Alex Katz* führt in Gemälden wie ›The black dress‹ elegantblasierte Weltstadt-Coolness vor, und *Ron Mueck* macht eine Kindsgeburt zu einem anrührend tierhaft kreatürlichen Akt. Welch ein Reichtum an Sujets und Stilen innerhalb eines Sammlerlebens.

Als zusätzlicher Ausstellungsbau dient dem Museum Brandhorst das **Türkentor** (April–Okt. 11–17, Nov.–März 12–15 Uhr), letzter erhaltener Rest der 1826 errichteten und im Zweiten Weltkrieg zerstörten Türkenkaserne. Der Torbau birgt ein Werk des US-amerikanischen Künstlers Walter De Maria: die imposante fünf Tonnen schwere Skulptur *Large Red Sphere*, eine Kugel aus poliertem roten Granit.

77 Museum Reich der Kristalle

Funkelnde Mineralien: Genuss für Ästheten wie für Wissenschaftler.

Theresienstraße 41
Tel. 089/21 80 43 12
www.mineralogische-
staatssammlung.de
Di–So 13–17 Uhr
U 2 Königsplatz, Tram 27 Pinakotheken

An den Anfängen der ruhmvollen Geschichte dieser Sammlung stehen der geniale Chemiker und Mineraloge Johann Nepomuk Fuchs und der Mineraloge und Mundartdichter Franz von Kobell, die sie im 19. Jh. betreuten und durch Eingliederung der kostbaren Kollektion der Herzöge von Leuchtenberg zu Weltruf führten. Doch sind 80 Prozent des damaligen Bestands im Zweiten Weltkrieg verloren gegangen. Heute verfügt das Museum über rund 30 000 Exponate.

Die Dauerausstellung *Reich der Kristalle* mit 700 Exemplaren führt Genese, Gesetzmäßigkeit und Gestalt, Eigenschaften, Farbreichtum und Lagerstätten von Mineralien vor und macht mit mineralogischen und kristallografischen Begriffen bekannt.

78 Wittelsbacher Platz

Einer der schönsten Plätze der Stadt, harmonisch und geschlossen, von vornehmer Palastarchitektur gesäumt.

U 3, U 4, U 5, U 6 Odeonsplatz

Der Reiter mit der unnachahmlich lässig vorwärtsdeutenden Rechten ist Kurfürst Maximilian I., samt seines gehorsam trabenden Pferdes ein Meisterwerk klassizistischer Denkmalskunst von Thorwaldsen, gegossen von Stiglmaier, 1839. Der saalartige Platz, von der Brienner Straße tangiert, ist auf drei Seiten von Klenze-Palästen umgeben. Manche von ihnen wurden für Bauspekulanten gebaut, gingen aber bald in Adelsbesitz über und dienen heute als repräsentative Verwaltungs- und Geschäftszentralen.

Baumeister Klenze wohnte an der nördlichen Platzseite inmitten seiner Werke. Sein zurückhaltend gegliedertes Palais mit anmutigen Rundbogenfenstern, 1825 gebaut, gehörte ab 1878 den Prinzen Alfons und Ludwig Ferdinand, den Enkeln Ludwigs I. und wird darum **Palais Ludwig Ferdinand** genannt. Es dient als Zentrale des Siemens-Konzerns.

Einen farbigen Akzent setzt das Museum Brandhorst in der Maxvorstadt

*Reiterdenkmal für den Wittelsbacher
Ludwig I. an der Ludwigstraße*

In den kommenden Jahren wird Siemens
das Areal im rückwärtigen Teil des Platzes
einer Verjüngungskur unterziehen.

Der vornehme Palazzo mit den venezi-
anischen Palladio-Fenstern an der westlichen Platzseite, 1820 ebenfalls von Klenze gebaut, war das **Palais Arco-Zinneberg**
und ist heute ein Geschäftshaus.

Mit einer strahlend weißen Fassade
fällt das Gebäude am nahen Oskar-von-
Miller-Ring 20 auf. Der postmoderne Bau
mit einer sechsgeschossigen Rotunde ist
Sitz der **Siemens Stiftung** und wurde
1997–99 nach Plänen des US-Architekten
Richard Meier errichtet.

79 Odeonsplatz und Ludwigstraße

*Klassizistische Monumentalstraße
als Selbstdarstellung des königlichen
Münchens unter Ludwig I.*

U 3, U 4, U 5, U 6 Odeonsplatz

Gleich nördlich von Theatinerkirche und
Residenz lag um 1800 ein pittoreskes
Durcheinander: Schwabinger Tor, Wall,
Reithalle, Gasthof, Landstraße. Kronprinz
Ludwig plante, hier einen Platz und eine
königliche Auffahrt gegen Norden anzu-
legen. Der weltläufige Architekt Leo von
Klenze, den er 1814 kennengelernt hatte,
nahm das kühne Projekt 1816 in die Hand:
eine lange Straße mit Palais in geschlossener Reihung, ohne Bäume, Gärten, Ein-
fahrten, streng und festlich und im Geist
italienischer Renaissance. Bauträger
sollten zunächst wohlhabende Bürger
sein. Doch als diese ausblieben, ent-
schied sich Ludwig für öffentliche Gebäude. 1827 gab es Streit mit Klenze; da-
raufhin trat Gärtner an seine Stelle.

Klenze baute die Straße beidseitig von
der Odeonsplatz-Erweiterung bis zum
Bayerischen Hauptstaatsarchiv [Nr. 83],
dem damaligen Kriegsministerium, im
Stil der Neorenaissance aus. Gärtner vollendete sie bis 1847 von der *Staatsbibliothek*
[Nr. 84] bis zum *Siegestor* [Nr. 87] im neoromanischen und neobyzantinischen Stil.

Als architektonisch außergewöhnlich
wird sie gerühmt, als urban unlebendig
gescholten, freilich war sie nie als Boulevard gedacht, sondern als Via triumphalis des Königtums. Zwar begann hier des

Bauherrn Niedergang, als das Volk vor der
Ludwigskirche 1848 gegen die Lola-
Montez-Affäre demonstrierte und seinen
Rücktritt forderte. Doch was blieb – und
noch wuchs – ist der Ruhm jener Insti-
tutionen des Geistes, die Ludwig an dieser Straße ansiedelte.

Als Protektor von Religion, Kunst, Poe-
sie und Industrie verewigt den König
denn auch das Reiterdenkmal für **Ludwig I.** am Odeonsplatz. Der Eichstätter
Bildhauer Maximilian Ritter von Wid-
mann (1812–95), der auch Porträtbüsten
für die Walhalla schuf, führte es 1862 nach
Entwürfen Ludwig Schwanthalers aus.

80 Odeon

*Eindrucksvolle Klenze-Architektur:
wiedererstandenes ›Gehäuse‹ für
das Innenministerium.*

Odeonsplatz 3
U 3, U 4, U 5, U 6 Odeonsplatz

Mit Defensionsgeldern, sprich, mit dem
Verteidigungsetat, finanzierte Ludwig I.
nicht ohne Volkswiderstand den Konzertsaal Odeon. Klenze baute ihm 1826–28
einen Säulensaal mit halbrunder Orches-
terapsis von höchster Eleganz und ausgezeichneter Akustik, ausgeschmückt
mit Fresken von Kaulbach, Anschütz und
Eberle. Die Fassade des Musik- und Ball-
hauses gestaltete er spiegelbildlich zum
Leuchtenberg-Palais, sodass die Funktion
äußerlich nicht zu erkennen war. 1951/52
nach Kriegszerstörungen von Wiedemann wiederaufgebaut, wurden die
Mauern des Saales nur noch als Innenhof
hochgezogen. 2007 überdachten die Architekten Ackermann und Partner den
Hof mit einer gittergestützten Glaskons-
truktion. Das Odeon ist mit fast 200 Jahren Münchner Musikgeschichte verbunden. Heute befindet sich hier das Bayerische Innenministerium.

81 Leuchtenberg-Palais

Größtes Adelspalais Münchens und eines der schönsten Werke Klenzes.

Odeonsplatz 4
U 3, U 4, U 5, U 6 Odeonsplatz

Als erster ließ sich im neu angelegten Stadtteil Eugène Beauharnais nieder, Schwiegersohn Max I. Josephs, von dem er zum Herzog von Leuchtenberg erhoben worden war. Später wohnten Prinzregent Luitpold und Kronprinz Rupprecht in dem prunkvollen Palais, das Klenze 1816–21 nach dem Vorbild des Palazzo Farnese in Rom gebaut hatte und das in seiner klassizistisch geprägten Neurenaissance vorbildhaft für den Ludwigstraßen-Stil wurde. Der auf drei Seiten identisch gestaltete Bau mit Innenhof ist heute Sitz des Bayerischen Finanzministeriums.

82 Bazargebäude

Frühes Beispiel eines klassizistischen Geschäftshauses.

Odeonsplatz 6–18
U 3, U 4, U 5, U 6 Odeonsplatz

Der orientalische Name für eine Folge von Läden kam via Paris nach München. Allerdings gleicht dieser ›Bazar‹ mit seiner anmutigen Gliederung in Mittelbau, mit Flügelbauten, Eckpavillons und mit seinen Arkaden zum Hofgarten eher einem Sommerschloss. Klenze baute ihn 1825/26 anstelle eines Turnier- und Reithauses sowie des legendären Biedermeier-Cafés Tambosi, heute wieder an alter Stelle. Auch der bekannteste Münchener Barkeeper, Charles Schumann, betreibt hier seine Schumann's Bar (Odeonsplatz 6/7, www.schumanns.de).

83 Bayerisches Haupt-staatsarchiv

Sehr persönliches, plastisch durch-geformtes und schmuckfreudiges Werk Klenzes.

Ludwigstraße 14, Schönfeldstraße 3–5
U 3, U 4, U 5, U 6 Odeonsplatz
U 3, U 6 Universität

So imponierend der Bau, so geringfügig war die Bestimmung, der Bauherr König Ludwig I. es übergab: Es diente ihm als Kriegsministerium, und für das Militär gab der Herrscher ungern Geld aus. Klenze behauste das Ministerium in einem Palazzo im Stil der Florentiner Renaissance. Nur die graziösen *Trophäenreliefs* (1824–30) in den Bogenzwickeln der Pfeilerarkaden lassen auf seine Bestimmung schließen. Heute gehört das weit-

Figuren antiker Denker zieren den Treppen-aufgang zur Bayerischen Staatsbibliothek

läufige Gebäude an der Ludwig- und Schönfeldstraße (hier mit einer schönen Forumsanlage) dem Hauptstaatsarchiv, dem größten Urkundenarchiv Europas, mit seinen zahlreichen Unterabteilungen.

84 Bayerische Staats-bibliothek

Universalbibliotheken in einem klassizistischen Palastbau von elementarer Monumentalität.

Ludwigstraße 16
Tel. 089/28 63 80
www.bsb-muenchen.de
U 3, U 4, U 5, U 6 Odeonsplatz
U 3, U 6 Universität

Die Staatsbibliothek reizt zu Superlativen: Sie hat einen Bestand von 10 Mio. Bänden, darunter 95 900 *Handschriften* mit Einzel-stücken von unermesslicher Kostbarkeit und eine der umfassendsten *Orient- und*

Ideal zum Sehen und Gesehen werden: Schumann's Bar im Bazargebäude

Ostasiensammlungen Europas mit über 550 000 Bänden sowie 62 000 ›laufenden‹ Zeitschriften in gedruckter bzw. elektronischer Form – die Aufzählung könnte endlos weitergehen.

Dass ihr Schwerpunkt auf der Geistesgeschichte liegt, hat Tradition: Sie ging aus den humanistischen Büchersammlungen Herzog Albrechts V. und Wilhelms V. im 16. Jh. hervor. Die bedeutendsten Zuwächse erhielt sie nach Aufhebung der Klosterbibliotheken durch die Säkularisation. Und seit Ferdinand Marias Zeiten im 17. Jh. müssen von jedem Druckwerk in Bayern Pflichtexemplare abgeliefert werden.

Hans und Sophie Scholl mit Christoph Probst (von links) im Juli 1942

Die Weiße Rose

Am 18. Februar 1943 ist die Universität Ort einer mutigen, Zeichen setzenden Aktion: Die Studenten Hans und Sophie Scholl verteilen auf Treppenstufen und Fenstersimsen Hunderte von Flugblättern, lassen die letzten Stapel von oben in den Lichthof wirbeln. Dabei werden sie vom Hausmeister beobachtet und der Gestapo verraten.

Die Geschwister Scholl führten seit Mai 1942 den Widerstand gegen das Hitler-Regime im Kreis der ›Weißen Rose‹ an und protestierten vor allem mit Flugblättern gegen die nationalsozialistische Gewalt. Zu ihrem engsten Kreis gehörten die Studenten Willi Graf, Christoph Probst und Alexander Schmorell sowie der Musikdozent Kurt Huber. Sie alle wurden 1943 hingerichtet. Im Lichthof der Ludwig-Maximilians-Universität ist die ›Denk-Stätte Weiße Rose‹ untergebracht. Ebenfalls den Mitgliedern der ›Weißen Rose‹ zu Ehren ist der ›Geschwister-Scholl-Preis‹ benannt, der von der Universität alljährlich für außergewöhnliche literarische und wissenschaftliche Leistungen verliehen wird.

Nahe der Universität leuchtet am Haus Türkenstraße 68 allabendlich um 21.20 Uhr eine Minute lang eine Lichtinstallation auf. Sie erinnert an Georg Elser, der schon am 8. November 1939 vergeblich versucht hatte, Hitler mit einer Bombe zu töten.

Der Bücherpalast ist Gärtners erster, recht auftrumpfender Ludwigstraßen-Bau (1832–43). Der Planer benutzte Elemente italienischer Palazzoarchitekturen, um den gewaltigen, 155 m langen Backsteinblock auf hohem Rustikageschoss zu durchgliedern. Auf der Brüstung der Freitreppe sitzen die »vier Heiligen Drei Könige«, wie mancher Münchner sie nennt: *Thukydides, Homer, Aristoteles, Hippokrates* – Nachschöpfungen der von Ludwig Schwanthaler entworfenen Originale. Dem Paradestück der monumentalen *Haupttreppe* im Inneren diente die Scala dei Giganti im Dogenpalast als Vorbild; sie wurde nach dem Krieg ohne die ursprüngliche Deckenmalerei wiederaufgebaut. Den Emporsteigenden empfangen oben die Haus-Herren Albrecht V. und Ludwig I., Marmorfiguren gleichfalls von Ludwig Schwanthaler.

85 St. Ludwig

Eigenwilliger neuromanisch-byzantinischer Bau mit monumentalem Wandgemälde.

Ludwigstraße 20
Tel. 089/28779 90
www.st-ludwig-muenchen.de
U 3, U 6 Universität

Ein ingeniöser Einfall Gärtners, neben den lang gezogenen Block der Staatsbibliothek die vertikale Doppelturm-Fassade der Pfarr- und Universitätskirche (1829–44) zu stellen, mit Freitreppe, Säulenarkaden, Vorhalle – eine gelockerte, helle Architektur, wirkungsvoll in der Frontalansicht zur Schellingstraße und in der Diagonalstellung zur Zweiturmfassade der Theatinerkirche [Nr. 25]. Das Innere ist – besonders bei Sonnenschein – von romantischer und würdevoller Stimmung. Der Nazarener Cornelius malte mit raffaelischen Linien die Fresken: Sein Chorabschlussgemälde ›Das Jüngste Gericht‹ (1836–40) ist nach Michelangelos ›Jüngstem Gericht‹ in Rom das größte

Wandfresko der neueren Kunstgeschichte. Stadtereignis waren hier nach dem Krieg die Predigten des Theologen Romano Guardini (1885–1968), der die christliche Weltanschauung im 20. Jh. nachhaltig prägte.

86 Ludwig-Maximilians-Universität

Romantisch-klassizistische Anlage von urbaner Großzügigkeit für eine bedeutende Stätte deutschen Geisteslebens.

Geschwister-Scholl-Platz,
Professor-Huber-Platz
www.lmu.de
U 3, U 6 Universität

Vor der Universität weitet sich die Ludwigstraße hüben wie drüben zu einem Forum, dem zwei *Schalenbrunnen* nach römischem Petersplatz-Vorbild südliches Flair geben. Die weite Dreiflügelanlage des Hauptgebäudes der Universität am westlichen Forum ist mit Bogenhalle und Rundbogenfenster feierlich neoromanisch gestaltet. Zurückhaltender, strenger wirkt das darauf abgestimmte Gegenüber: südlich das Priesterseminar Georgianum, nördlich das Max-Joseph-Stift für höhere Töchter, das heutige Universitätsgebäude.

Alle Bauten (1835–40) stammen von Gärtner. Erweiterungsbauten entstanden in der Amalienstraße 1909, in der Adalbertstraße 1960. Natürlich gehören der Universität, die 2006 als eine der ersten zur ›Eliteuni‹ geadelt wurde und an der heute rund 47 000 Studierende, davon 15 Prozent aus dem Ausland, eingeschrieben sind, auch eine Fülle von Instituten in der ganzen Stadt.

Ludwig I. hatte die 1472 in Ingolstadt gegründete, später nach Landshut verlegte Universität 1826 nach München geholt. Große Gelehrte haben sie berühmt gemacht: die Physiker Fraunhofer und Röntgen, der Hygieniker Pettenkofer, die Mediziner Ringseis und Sauerbruch, die Chemiker Liebig und Wieland, der Botaniker Martius, der Mineraloge Kobell, der Jurist Feuerbach, die Philosophen und Kulturhistoriker Schelling und Görres, die Theologen Baader und Guardini, der Soziologe Max Weber, der Orientalist Bodenstedt und die Kunsthistoriker Wölfflin, Pinder und Jantzen.

Das Forum vor der Ludwig-Maximilians-Universität mit dem zweistöckigen Schalenbrunnen

87 Siegestor

Feierliches Entrée in das klassizistische München, architektonischer Höhepunkt des Universitätsforums.

U 3, U 6 Universität

Die Bogenarchitekturen von Feldherrnhalle und Siegestor öffnen und schließen die Via triumphalis. Doch wirkte hier kein kriegerischer Geist, eher zeitlose, antikisch formulierte Idealität und überlegene Stadtbaukunst. Dem Konstantinsbogen in Rom nachgebildet, ist dieses dreibogige Triumphtor, Monument für das bayerische Heer, bekrönt von einer *Bavaria mit Löwenquadriga*, die den Soldaten stadtauswärts entgegenschreitet, und geschmückt mit *Reliefs* von Kampfszenen sowie *Medaillons* mit Allegorien der bayerischen Provinzen. Das Tor hat Gärtner 1843 begonnen und sein Schüler Metzger 1850 vollendet; den bildhauerischen Schmuck hat Martin von Wagner entworfen, die Quadriga Dietz 1972 restauriert. Die Inschrift auf der Südseite verfasste der Münchner Universitätsprofessor Hanns Braun nach dem Zweiten Weltkrieg: »Dem Sieg geweiht, im Krieg zerstört, zum Frieden mahnend«.

Nördlich des Siegestores beginnt die **Leopoldstraße**, auf deren Ostseite der weiße *Walking Man* auffällt. Die 17 m hohe Skulptur eines laufenden Mannes steht vor der Hauptverwaltung eines Versicherungskonzerns. Geschäfte, Eiscafés und Restaurants ziehen sich von hier die Leopoldstraße entlang bis zur Münchner Freiheit. Die Straße ist bei Flaneuren und Shoppern beliebt und dient im Sommer als Schauplatz großer Stra-

ßenfeste. Beim Spaziergang sollte man auch die Seitenstraßen nicht außer Acht lassen – insbesondere Hohenzollern- und Feilitzschstraße – bieten vielfältige Einkaufs- und Ausgehmöglichkeiten.

Das Siegestor ist von Norden her ein glorreiches Entrée zur Innenstadt

88 Akademie der Bildenden Künste

Traditionsreiche Kunstschule in palastartigem Gründerzeitbau.

Akademiestraße 2–4
www.adbk.de
U 3, U 6 Universität

Die pompöse Dreiflügel-Anlage, die mit Freitreppe, Säulenbalkon, Reiterstandbildern von Kastor und Pollux ganz auf Fassadenwirkung angelegt ist, baute Neureuther 1876–85 für die bis dahin

Der 2005 eingeweihte Erweiterungsbau der Akademie der Bildenden Künste

nicht fest behauste Akademie, die 1808 gegründet worden war. Kein Geringerer als der Philosoph Schelling hatte ihr als Generalsekretär ihr Konzept gegeben. Ihre bewegte Geschichte kann hier nur durch eine Aufzählung berühmter Namen angedeutet werden: Im 19. Jh. hießen die Direktoren Cornelius, Gärtner, Kaulbach, Piloty, die Lehrer Hess, Dillis, Karl von Fischer, Schnorr von Carolsfeld, Ziebland, Schwind, die Schüler Makart, Defregger, Kobell, Leibl, Lenbach, Corinth, Stuck, Hölzel. Kampfplatz zwischen Tradition und Moderne, sammelte sich hier nach der Wende vom 19. zum 20. Jh. die Spitze der Avantgarde. Klee, Kandinsky, Marc, Jawlensky, Kanoldt, De Chirico waren Schüler von Stuck, Herterich, Diez. Nach der Hakenkreuz-Zeit mit Ziegler und Thorak als Protagonisten, standen Professoren wie Henselmann, Caspar,

Preetorius und Geiger am Neubeginn. Nestler, Dahmen, Zimmermann, Frutrunk u. a. waren die Lehrer der politisch bewegten 1960er- und 1970er-Jahre.

Dem prächtig restaurierten, jedoch längst zu klein gewordenen Hauptgebäude wurde 2005 ein Erweiterungsbau von auffallender Modernität von dem Architektenteam Coop Himmelb(l)au zur Seite gestellt. Ermöglicht wurden der Neubau und die Restaurierung des Altbaus durch die vom damaligen Rektor Ben Willikens gegründete Stiftung der Kunstakademie München. Das skulpturale Ensemble besteht aus mehreren ineinander verschränkten Baukörpern, einer gläsernen Fassade und einem überdachten Innenhof.

Schwabings große Zeit

Der Mythos Schwabing entstand um die Wende des 19. zum 20. Jh., als die Kunstakademie vor Talenten überquoll und sich alle, alle in ›Nestnähe‹ niederließen. Wo schlug das Herz von Bohème-Schwabing? An allen Ecken und Enden. Zum Beispiel im Café Stefanie, Ecke Amalien-/Theresienstraße, das vor lauter Mühsams, Klabunds, Däublers, Brechts ›Café Größenwahn‹ genannt wurde. Oder in der Türkenstraße, wo die Elf Scharfrichter in roten Talaren die Spießer exekutierten und ein Stück weiter die Simpl-Wirtin Kathi Kobus im Bauerndirndl die Gäste traktierte. In der Kaulbachstraße in der Redaktion des frechen ›Simplicissimus‹ so gut wie in der hochedlen ›Insel‹-Redaktion am Boulevard Leopold. In die Römerstraße zog es die Jünger des weihevollen Dichters Stefan George, den die berühmte Schwabinger Gräfin, Franziska Reventlow, ›Weihenstephan‹ nannte (Fremden ins Ohr: so heißt hier ein stinkerter Kas). Klee, Kubin, Rilke wohnten am Englischen Garten – zeitweise, denn alle zogen unablässig um und hin und her. Haften blieben sie nur bei Atelierfesten, die auf die Nacht vom Dienstag zum Donnerstag zu fallen pflegten. Nein, das Schwabing als Zustand, als ›Wahnmoching‹, als Traumstadt gibt es nicht mehr. Aber immer noch dauern die Nächte dort länger, sind die Leute lustiger, die Lokale schräger, die Geschäfte kunterbunter.

Nicht ungefährlich, aber umso spannender – Surfen im Wildwasser des Eisbaches

89 Englischer Garten

Der beliebte Park, einer der frühesten englischen Landschaftsgärten, zählt zu den ausgedehntesten Großstadt-Grünanlagen des Kontinents.

U 3, U 6 Universität oder Giselastraße

Den Englischen Garten verdankt München einem Amerikaner: Benjamin Thompson, alias Graf Rumford (1753–1814), Farmerssohn, Physiker, Sozialreformer und Kriegsminister Bayerns. Als Kriegsminister ließ er ein Stück des nördlichen Sumpfgebiets an der Isar in Militärgärten umwandeln, als Sozialreformer kam ihm dabei die Idee, Kurfürst Karl Theodor bei dieser Gelegenheit gleich einen Volkspark abzuluchsen. Das geschah nicht zufällig im Jahr 1789. Die Anlage des großen Gartenkünstlers Friedrich Ludwig von Sckell (1750–1823), war 1808 vollendet. Sie diente im aufklärerischen Geist sowohl der Erholung und Annäherung aller Schichten als auch der landwirtschaftlichen Belehrung und Nutzung. Dafür wurden Musterbetriebe wie Baumschule und Veterinärschule eingerichtet.

Mit einer Fläche von heute 374 ha reicht der Englische Garten von der Prinzregentenstraße bis Freimann, östlich begleitet von der Isar, durchzogen von Wasserläufen und nach englischer Art durchsetzt mit Denkmälern und Pavillonbauten als Staffage und Blickpunkt. Sein Herz ist der **Kleinhesseloher See**, rundum Tummelplatz von Verlustierungen aller Art. Allseits beliebt ist vor allem das Restaurant *Seehaus*, 1984 von Hürlimann und Wiedemann neu erstellt. Wenn die Münchner am Ende eines langen Winters die ersten Sonnenstrahlen genießen wollen, dann kommen sie bevorzugt in den zum Seehaus gehörenden Biergarten.

Einer der beliebtesten Treffpunkte Münchens ist der Chinesische Turm im Englischen Garten

Im *Japanischen Teehaus Kanshoan,* das Mitsuo Nomura 1972 errichtete, finden von April bis Oktober an jedem zweiten und vierten Wochenende Vorführungen japanischer Teezeremonien statt (Tel. 089/22 43 19, Sa/So 14, 15, 16, 17 Uhr).

Daneben gibt es einige sehenswerte Bauten und Denkmäler: das *Rumford-Denkmal* (F. J. Schwanthaler, 1796); der *Monopteros,* 16 m hoher klassizistischer Rundtempel mit schönem Blick auf die Stadt (Klenze, 1838); das *Rumfordhaus,* als Offizierskasino im englischen Kolonialstil errichtet (Lechner, 1791); das *Sckell-Denkmal* (Entwurf Klenze, Ausführung Bandel, 1824); das *Werneck-Denkmal* (Entwurf von Klenze, 1838) für den Nachfolger Rumfords als Leiter des Gartenwesens.

Den 25 m hohen *Chinesischen Turm* baute Joseph Frey 1760 als fünfstöckige hölzerne Aussichtspagode nach dem Vorbild der doppelt so hohen großen Pagode in Kew Garden. Nach mehreren Feuern wurde er zuletzt 1952 originalgetreu rekonstruiert. Zu seinen Füßen liegt ein turbulenter Biergarten.

Der Nordteil des Englischen Gartens mit majestätischen Bäumen und weiten Wiesen liegt jenseits des am Seehaus vorbeiführenden Isarrings und ist bedeutend ruhiger als der Süden. Am Schwabinger Bach entlang erreicht man nach 4 km das Restaurant *Aumeister* mit Biergarten, benannt nach dem ›Au-Jägermeister‹, dem das Revier in den Isarauen unterstellt war. Nördlich davon beginnt das *Landschaftsschutzgebiet Obere und Mittlere Isarau,* durch das man mit dem Fahrrad, immer am Fluss entlang, bis ins 30 km entfernte Freising gelangt.

▶ **Reise-Video**
Englischer Garten
QR-Code scannen oder
dem Link folgen:
www.adac.de/rf0340

*Idylle im Englischen Garten – das Tempel-
chen Monopteros im Herbst*

90 Jugendstil-Wohnhaus

*Viel bewunderte farbenfrohe
Fassade.*

Ainmillerstraße 22
U 3, U 6 Giselastraße

Eine Fassade müsse »wie ein Edelstein
am Gewand einer Dame« sein, meinten
die Architekten Helbig und Haiger – sie
dachten dabei offenbar an einen höchst
auffälligen Schmuck. So prunkt ihre
Fassade mit reicher Gliederung durch
Wandpfeiler und Rundbogen, üppigem
Blumen- und Figurenornament, starker
Farbigkeit (1899/1900; nach mehreren
Restaurierungen 1982 in originaler Farbigkeit wiederhergestellt). Edler sind die
Jugendstilfassaden von Nr. 20, 33, 34 (hier
wohnte Rilke), 35 und 37. Neobarockfas-
saden haben die Nr. 7, 9, 13, 17. Beachtens-
werte Mietshäuser des 19. Jh. stehen in
Schwabing außerdem an Martius-, Franz-
Joseph-, Elisabeth- und deren Nebenstra-
ßen. Der Flaneur stößt in dieser Gegend
auch immer wieder auf hübsche Geschäfte und angenehme Lokale.

*Schmucker Blickfang – ein prachtvolles
Jugendstil-Haus in der Ainmillerstraße*

Die Prinzregentenstraße –
Park Avenue unterm Friedensengel

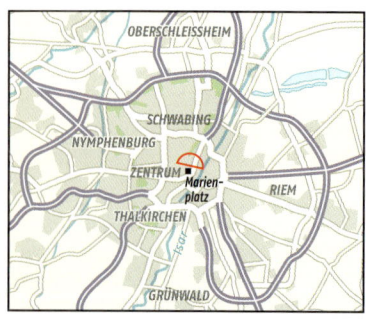

Diese letzte wittelsbachische Straßenschöpfung Münchens wurde in betontem Gegensatz zu den anderen königlichen Straßenanlagen als naturnahe, lockere Park-Avenue konzipiert, wenn auch nicht ganz konsequent verwirklicht. Ihr Bauherr war der redliche Regent und geschmackssichere Grandseigneur Prinzregent Luitpold, unter dessen Ägide um 1900 »München leuchtete«, wie Thomas Mann – allerdings ironisch – apostrophierte.

Auftakt der Alleestraße zum Isarhochufer ist das **Prinz-Carl-Palais**, Abschluss das **Prinzregententheater**, heiter-festlicher Höhepunkt die Gartenterrasse mit dem **Friedensengel**. Da man damals Patriotismus pflegte, sollte das **Bayerische Nationalmuseum** altdeutsch wirken. Der weit weniger naive Patriotismus der Hitlerzeit hat den Beginn der Straße mit dem **Haus der Kunst** – damals noch ›Haus der Deutschen Kunst‹ – verdorben, die Gegenwart das Prinz-Carl-Palais durch eine brutale Querschneise und eine gähnende Tunnelschlucht isoliert. Von Museen locker gesäumt, gehört sie ungeachtet dessen zu den Prachtmeilen der Stadt. Rundum, in den Stadtteilen Lehel und Bogenhausen, sind u. a. zwei feine Rokokokirchen zu bewundern.

91 Prinz-Carl-Palais

Edelster Bau des Münchner Frühklassizismus und einziges fast original erhaltenes Werk des großartigen Architekten Fischer.

Königinstraße 1
U 3, U 6 Odeonsplatz

Der Kubus mit prominentem Säulenportikus und Dreiecksgiebel an der kraftvoll-noblen Hauptfront, Blickpunkt der Prinzregentenstraße nach Westen, ist ein Meisterwerk des Klassizismus: der erste Bau Karl von Fischers für München, 1804–06 ausgeführt. Den Charakter einer palladianischen Gartenvilla hat ihm die moderne Straßenführung leider geraubt. Die hervorragende Innenausstattung schuf Jean-Baptiste Métivier.

Das Palais gehörte zuerst dem Minister Pierre de Salabert, dann dem Prinzen Carl, Bruder Ludwigs I. Im offiziellen Sitz der bayerischen Ministerpräsidenten werden heute jene Staatsgäste empfangen, für die die Räumlichkeiten der Staatskanzlei zu bescheiden sind.

92 Haus der Kunst

Hitlerzeit-Kultbau mit Ausstellungsfunktion. Schauplatz großräumiger Wechselausstellungen.

Prinzregentenstraße 1
Tel. 089/21 12 71 13
www.hausderkunst.de
Fr–Mi 10–20, Do 10–22 Uhr
Tram 17 oder Bus 100 Haus der Kunst/Nationalmuseum

Viele denkwürdige Ausstellungen internationaler Kunst haben seit 1950 in diesem Haus stattgefunden, das von Paul Ludwig Troost 1932 entworfen und bis 1937 für Hitler ausgeführt wurde. Schnell bekam es den Spitznamen ›Weißwurstallee‹. Denn die öde Säulenreihung des massigen Baus versucht zwar, den Münchner Klassizismus nachzuempfinden, symbolisiert aber eher die Großmannssucht des Auftraggebers, der auch einen Luftschutzbunker einbauen ließ. Welch ein Omen, dass bei der Grundsteinlegung durch Hitler schon nach dem ersten Schlag der Hammer abbrach.

Arbeiten der japanischen Künstlerin Yayoi Kusama im Haus der Kunst

Das Haus der Kunst ist Schauplatz hochkarätiger Wechselausstellungen zur internationalen Kunstszene des 21. Jh. Okwui Enwezor, seit 2011 Direktor des Hauses, spürt mit international ausgerichteten Konzepten den Strömungen der zeitgenössischen Kunst nach. Das Spektrum umfasst neben Malerei und Skulptur große Rauminstallationen, Land Art und Medienkunst. Schwerpunkte liegen auch auf Forschung und Wissensvermittlung.

Treffpunkt von Fußballspielern und anderen Promis ist die Nobeldiskothek **P1** (www.p1-club.de) im Souterrain.

Das Prinz-Carl-Palais gehört zu den repräsentativsten Adressen, die Bayern zu bieten hat

›Regenbogenschüsselchen‹ werden die keltischen Goldmünzen wegen ihrer Form genannt

93 Archäologische Staatssammlung – Museum für Vor- und Frühgeschichte

Faszinierende Begegnung mit Kelten, Römern und Germanen: hervorragend dargebotene Sammlungen.

Lerchenfeldstraße 2
Tel. 089/211 24 02
www.archaeologie-bayern.de
Di–So 9.30–17 Uhr
Tram 17 oder Bus 100 Haus der Kunst/
Nationalmuseum

Ein römischer Bürger liebte eine Sklavin aus Happing bei Rosenheim, ließ sie frei, heiratete sie, verlor sie aber an den Tod: Ein *Grabstein* erzählt diese Liebesge-

schichte. Doch nicht Venus, sondern Merkur war der Lieblingsgott im Bayern der Römerzeit – so zeigen es *Weihesteine*. Wie Marc Aurels Legionäre in Regensburg sich kleideten, badeten, tafelten, welche chirurgischen Instrumente ein keltischer Arzt in Obermenzing lange vor der Zeitenwende benutzte, wie sich bajuwarische Frauen der Merowingerzeit schmückten oder, dass es schon im 2. Jh. bezaubernden Kitsch gab, beispielsweise eine *Bronzelampe* in Form eines sandalenbekleideten Fußes: Solcherlei Menschliches aus frühesten Tagen illustriert diese Sammlung mit Fundstücken, die von rund 100 000 v. Chr. bis 800 n. Chr. reichen. Mit viel Platz ausgebreitet, angestrahlt und erklärt, entfalten die Dinge Beredsamkeit und Magie, ob Regenbogenschüsselchen, Chorschranke, Mosaikfußboden, Einbaum oder Moorleiche.

Der aparte Kuben-Bau von 1976 aus rostrot korrodiertem Stahl und Glas ist thematisch dreigeteilt, in die Abteilungen Vorgeschichte, Römerzeit und Mittelalter. Zugänglich ist allerdings nur die Schau über die Ära des Imperium Romanum. Auf einer Fläche von 300 m² sind bedeutende Fundstücke aus ganz Bayern ausgestellt. In den Abteilungen Vorgeschichte, Mittelalter und Neuzeit, der Mittelmeersammlung und Numismatik werden Renovierungsarbeiten durchgeführt.

Eine Bügelfibel aus Wittislingen, 7. Jh., Damenschmuck der Merowingerzeit

94 Bayerisches Nationalmuseum

Kunst und Kunsthandwerk, in modernen ›Erlebnisräumen‹ präsentiert: Bayern in Epochen.

Prinzregentenstraße 3
Tel. 089/211 24 01
www.bayerisches-nationalmuseum.de
Di–So 10–17, Do bis 20 Uhr
Familienführung So 11, Do 18 Uhr
U 4, U 5 Lehel,
Tram 17 oder Bus 100 Haus der Kunst/Nationalmuseum

Für die umfangreiche Sammlung des bereits 1855 gegründeten Bayerischen Nationalmuseums errichtete Gabriel von Seidl ein maßgeschneidertes Gebäude, das 1900 eingeweiht wurde. Seine Architektur verschmolz heterogene Bauteile in ›altdeutsch‹ nachempfundenen Stilen von Romanik, Gotik, Renaissance und Barock zu einem harmonischen Ensemble. Das **Reiterdenkmal** für Prinzregent Luitpold vor dem Museumsgebäude ist ein Werk Hildebrands von 1913.

Ausstatter Rudolf von Seitz plante die Räume nach den Dimensionen der zu präsentierenden originalen Decken, Vertäfelungen, Portale und sogar einer kompletten Zunftstube. Seit Jahren bringt eine Generalsanierung das Gebäude in mehreren Bauabschnitten museumstechnisch auf den neuesten Stand. Im Westflügel sollen im Herbst 2014 die ersten Räume wieder zugänglich sein.

Ausgewählte Exponate aus dem Bestand von 800 000 Objekten werden in sinnfälligen Rauminszenierungen einer Epoche, einer Herrscher- oder Künstlerpersönlichkeit präsentiert.

Im Erdgeschoss überwältigt nach dem *Frühmittelalter* speziell mit wundervollen Elfenbeinarbeiten die *Gotik* mit Spitzenwerken der Skulptur von der Seeoner Madonna bis zu Arbeiten Multschers, Grassers, Riemenschneiders, Leinbergers, Altartafeln von Polack oder Wolf Huber sowie einer nachgebauten abgedunkelten Kapelle mit Glasmalereien. In den *Renaissance-Räumen* prunkt als spektakulärstes Exponat der herrliche ›Mohrenkopf-Pokal‹ (um 1615) von Christoph Jamnitzer. Renaissance-Herzog Albrecht V. ist von Brüsseler Tapisserien, dem Sandtner-Stadtmodell Münchens und Gegenständen aus seiner Kunstkammer umgeben.

Entartete Kunst

Während im Sommer 1937 im neu eröffneten ›Haus der Deutschen Kunst‹ hehre Muskelpakete und züchtige Heldengebärerinnen nackend die Säle füllten und beim Festzug zum ›Tag der Deutschen Kunst‹ der Germanen-Kitsch blühte, hingen im nahe gelegenen Galeriegebäude am Hofgarten unter dem Titel ›Entartete Kunst‹ Meisterwerke von Beckmann, Liebermann, Corinth, Kandinsky, Marc und den Expressionisten unter Schmähparolen wie »So schauten kranke Geister die Natur«, »Offenbarung der jüdischen Rassenseele« oder »Verhöhnung der deutschen Frau. Ideal: Kretin und Hure«. Die absichtlich chaotisch gehängte Ausstellung, die später durch ganz Deutschland wanderte (2 Millionen Besucher hatte sie allein in München!), umfasste 300 Gemälde, 25 Skulpturen und 400 Grafiken, die die Nazis aus deutschen Museen beschlagnahmt hatten. 16 000 Werke folgten. Eine Vielzahl davon wurde zwecks Devisenbeschaffung an Privatpersonen verkauft

Gewaltig war der Ansturm auf die Ausstellung ›Entartete Kunst‹ im Juli 1937

und konnte dadurch gerettet werden. Die als entartet verfemten Künstler erhielten allesamt Mal- und Ausstellungsverbot, wurden ihres Lehramts enthoben, emigrierten oder tauchten in die Innere Emigration ab. Zahlreiche jüdische Künstler kamen im KZ ums Leben.

Das Denkmal des Prinzregenten hat das Bayerische Nationalmuseum stets im Blick

Zu den Schätzen zählt die gotische Madonna mit Kind des Meisters von Seeon (um 1430)

Kriegs- und Kunst-Fürst Maximilian I. behagt es inmitten seiner Prunkwaffen, Peter Candids Gemälden sowie Hubert Gerhards und Hans Krumpers Bronzen, indes der Rokoko-Grande Max Emanuel sich in Sonnenkönigsattitüde in seinen eigenen Denkmälern bespiegelt. Die reiche Ignaz-Günther-Präsentation ist an Eleganz nicht zu übertreffen.

Das Untergeschoss beglückt Kinder wie Erwachsene mit der großartigen *Krippensammlung* (Nov.–Febr. Di–So 10–17, Do bis 20 Uhr, sonst auf Anfrage, Tel. 089/21 12 42 27). Auf 60 Schaukästen sind Preziosen aus ganz Europa verteilt. Daneben sind Möbel aus Bayern und Hafnergeschirr ausgestellt. Im Untergeschoss befinden sich zudem ein elegantes Restaurant (www.bnmrestaurant.de, Di–Sa 12–14.30 und ab 18 Uhr) sowie das Museumscafé (Di–So 10–17, Do bis 18 Uhr), das schöne Plätze im Museumsgarten bietet.

Wer *Hofleben* sehen will, wird im Obergeschoss an eine Tafel mit einem Rokoko-Silberservice Augsburger Provenienz für 30 Personen geladen und kann ein Cuvilliés-Kabinett bewundern. Ganze Raumfluchten sind dem Nymphenburger und Frankenthaler Porzellan, Musikinstrumenten sowie höfischen Spielen gewidmet.

In der Rüstkammer sind Hellebarden und Schwerter aufgereiht, in der Mitte des Raumes stehen mehrere vollständige Ritterrüstungen. Einen speparaten Zugang (Prinzregenten/Ecke Lerchenfeldstraße) hat die **Sammlung Bollert**. Deren Bildwerke des Spätmittelalters stammen vor allem aus dem süddeutschen und niederländischen Raum mit Meisterwerken von Riemenschneider (Relief einer Fußwaschung vom Münnerstadter Altar), Lederer und dem Veit-Stoß-Umkreis, sowie von namenlosen, aber nicht minder talentierten Künstlern.

Süddeutsche Harnische und Langwaffen des 16. Jh. beeindrucken im Rittersaal

Die Klosterkirche St. Anna im Lehel stiftete Kurfürst Karl Albrecht im Jahr 1727

95 Klosterkirche St. Anna

Erste Rokokokirche Münchens und Altbayerns. Bedeutendes Frühwerk Fischers mit Asam- und Straub-Ausstattung. Überzeugende Rekonstruktion des Raumeindrucks.

Sankt-Anna-Platz 21
U 4, U 5 Lehel

Mit diesem Kirchenbau wurde die Geburt Max III. Josephs, des ›Vielgeliebten‹, bejubelt! In seinem Geburtsjahr 1727 begonnen, 1733 vollendet, gab sie dem Rokoko den Auftakt: statt gerader Wände und rechter Winkel im Inneren nun Raumöffnungen und Raumverschleifungen, geschmeidige Durchdringung von Längs- und Zentralraum zu bewegtem Oval. Der Oberpfälzer J. M. Fischer hatte sich für seine neue Bauidee Anregungen aus Österreich und Böhmen geholt. Dazu malte

C. D. Asam ein lichtes Deckenfresko der *Glorie der heiligen Anna*, das den Himmel einlässt, schufen E. Q. Asam und Straub Skulpturen und Stuck von großer Eleganz.

Blendend schön sind das Tabernakel mit den *Anbetungsengeln* von Straub und die Kanzel mit der Figur Christi als Weltenrichter aus Straubs Werkstatt. Von C. D. Asams *Altargemälden* konnten nur jene der vorderen Seitenaltäre nach Bombenschäden des Zweiten Weltkrieges gerettet werden: rechts der ›hl. Hieronymus‹, links die ›hl. Paula und ihre Tochter Eustochium‹.

Die anderen Altargemälde und Skulpturen sind rekonstruiert oder renoviert. Die schlanke Rokoko-Fassade der Kirche, ebenfalls eine Nachbildung Schleichs, tritt nur leicht aus dem Klosterbau hervor, der ursprünglich für die Hieronymitaner errichtet wurde und seit 1827 den Franziskanern gehört.

96 Pfarrkirche St. Anna

*Romantische rheinische
Architekturfantasie.*

Sankt-Anna-Platz 5
U 4, U 5 Lehel

Nicht die präzise Anmut der eher beiseite stehenden Klosterkirche, sondern die Wucht der neoromanischen Pfarrkirche (1887–92) beherrscht den Sankt-Anna-Platz. Gabriel von Seidl nahm hier an romanischen Basiliken des Rheinlands Maß. Die *Fresken* malten R. von Seitz (Apsis) und Becker-Gundahl (Querhaus) vor und nach der Wende vom 19. zum 20. Jh. Der *Apokalyptische Christus* mit Bogen und Ölzweig über dem Westportal von F. von Miller (1910) verdient als ikonografisch ausgefallene Darstellung Beachtung.

97 Sammlung Schack

Privatgalerie des 19. Jh. mit einer der größten Romantiker-Sammlungen.

Prinzregentenstraße 9
Tel. 089/23 80 52 24
www.sammlungschack.de
Mi–So 10–18, jeden 1. und 3. Mi im Monat Abendöffnung bis 20 Uhr
Bus 100 Reitmorstraße

Das 1907/08 von Littmann geschaffene Haus mit der neoklassizistischen Fassade ist ein Geschenk Kaiser Wilhelms II. an die Stadt München. Die Schätze des Hauses aber sind dem Grafen Schack (1815–1894), zu verdanken, einem weit gereisten Weltmann und Sammler. Er war ein passionierter Förderer, Freund, oft Retter vieler Münchner Künstler, so Feuerbachs, Böcklins, Lenbachs und Marées', die auf dem Kunstmarkt nur geringe Chancen hatten.

Zum Erben seiner Sammlung, die in seinem Palais in der Brienner Straße hing, setzte er den Kaiser ein, der sie freundlicherweise in München beließ. Hier hängen die Bilder Schacks auf leuchtend blauen und roten Wänden und entfalten so ihre ganze Wirkung. Unter den 270 Werken der deutschen Malerei der Früh- und Spätromantik, des Klassizismus und des Realismus haben Lenbach, Böcklin, Feuerbach, Schwind und Spitzweg den Hauptanteil. Populäre Gemälde wie Lenbachs ›Hirtenknabe‹, Böcklins ›Villa am Meer‹ oder Spitzwegs ›Abschied‹ sind seit je die Attraktionen der Sammlung Schack. Doch sollten auch weniger bekannte, delikate Werke von Dillis, Klenze, Schleich, Morgenstern in Augenschein genommen werden. Interessant sind zudem die Kopien alter Meister von der Hand junger Meister, die diesen Aufträgen Schacks ihre Italien- und Spanienreisen verdankten. Im 19. Jh. gehörte eine Grand Tour zum Pflichtprogramm eines jeden angehenden Künstlers.

Zur Sammlung Schack gehört die ›Villa am Meer‹ des Schweizer Symbolisten Arnold Böcklin

Zur Feier von 25 Jahren ohne Krieg wurde 1896 der Friedensengel errichtet

98 Friedensengel

Gelungene naturverbundene Anlage. Point de Vue der Prinzregentenstraße und eines der besten Denkmäler des Historismus.

Europaplatz 1
www.schloesser.bayern.de
U 4 Prinzregentenplatz
oder U 4, U 5 Max-Weber-Platz

Mit dieser dekorativen Anlage von Brücke, Terrasse und Denkmal ist es souverän geglückt, die Isarlandschaft künstlerisch in die Stadt einzubinden. Auftakt ist der hellgraue Stein- und Stahlgelenkbau der **Luitpoldbrücke** (Theodor Fischer, 1900), deren liegende Rampenfiguren Bayerns Stämme Altbayern, Schwaben, Franken und Pfalz personifizieren. Dahinter steigt die **Prinzregententerrasse** mit Springbrunnen, Stützwandung und doppelter Freitreppe auf, eine ›römische‹ Idee Möhls und vermutlich Hildebrands von 1891. Das bekrönende Friedensdenkmal, im Volksmund nur **Friedensengel** genannt, entstand erst 1896–99 (Düll, Heilmaier, Pezold) in Anlehnung an klassische Vorbilder: der *Tempel* nach der Korenhalle des Erechtheion auf der Athener Akropolis und der *Engel* nach einer in Pompeji gefundenen Statue einer Siegesgöttin.

Das Denkmal erinnert an 25 Friedensjahre nach dem Krieg von 1870/71. So zeigen die *Reliefmedaillons* an den Pfeilern der Halle die Porträts der Kaiser Wilhelm I., Friedrich III. und Wilhelm II., der Wittelsbacher Ludwig II., Otto und Luitpold, des Kanzlers Bismarck und der Generäle Moltke, Roon, von der Tann, Hartmann und Pranckh. Die *Goldmosaiken* in der Halle, bereits im Sezessionsstil gehalten, allegorisieren Frieden, Krieg, Sieg und Segen der Kultur.

99 Museum Villa Stuck

Im Fin de Siècle luxuriöse Künstlerresidenz, heute Museum und Wechselausstellungen zur Kunst des 20./21. Jh.

Prinzregentenstraße 60
Tel. 089/455 55 10
www.villastuck.de
Di–So 11–18, 1. Fr/Monat bis 22 Uhr
U 4, U 5 Max-Weber-Platz
U 4 Prinzregentenplatz

Die prunkvolle Fassade der Villa Stuck

Märchenhaft wie das Haus ist die Karriere seines Schöpfers, eines Müllerssohnes aus Niederbayern, schön wie ein Römer, hochtalentiert, früh von Erfolg verwöhnt, geadelt und avanciert zum Malerfürsten Münchens: Franz von Stuck (1863–1928). Er entwarf die ganze Villa samt Innenausstattung selbst, ein opulentes *Hauptgebäude* (1897/98) und einen zurückhaltenderen *Atelierbau* (1913/14) in außergewöhnlicher Verschmelzung von Klassizismus und Jugendstil, damals genauso revolutionär wie die Speer schleudernde *Amazone* vor dem Eingang.

Salons und Kabinette prunken mit Kassettendecken, farbigen Wandvertäfelungen, Marmorrahmungen, Sternenplafonds, Goldmosaiken, Wandmalereien à la Pompeji, antikisierenden Reliefs und

Empfangssalon der Villa Stuck, einst Residenz des Künstlerfürsten Franz von Stuck

Das im Stil des Neoklassizismus erbaute Prinzregententheater, Bühne für Theater und Musik

Friesen, Kopien berühmter Skulpturen der Antike und Renaissance und natürlich den Gemälden Stucks, darunter einer Fassung jener schwül-erotischen *Sünde*, die eine ganze Generation verwirrt hat. Das Ausstellungshaus links von Vestibül und Villa ist ein ideales Terrain für Wechselausstellungen großen Stils, sei es für alle Spielarten der Art Nouveau, sei es für die internationale Moderne.

100 Prinzregententheater

Interessantes Festspielhaus der Prinzregentenzeit nach Bayreuther Vorbild: Geburtsstätte der Münchner Opern-Festspiele.

Prinzregentenplatz 12
Tel. 089/21 85 02
www.prinzregententheater.de
U 4 Prinzregentenplatz

Ein imposantes Festspielhaus sollte Semper am Isarhochufer für Wagner bauen, durch eine Prachtstraße verbunden mit der Residenz und der Wohnung des Komponisten in der Brienner Straße – so erdachte es Ludwig II. Und Wagner wünschte sich ein demokratisches Theater ohne

Ränge und Vestibül. Diese Träume reiften in Bayreuth. Aber Intendant Possart regte sie später, um 1900, nochmals in München an, und Littmann verwirklichte sie 1901 im Prinzregententheater, freilich in vereinfachter Form. Hinter seine neoklassizistische Fassade baute er einen amphitheatralisch steil ansteigenden Zuschauerraum, in Deutschland eine Rarität, mit extravaganter Grotesken-Ornamentik im Neorenaissancestil, typisch für die Prinzregentenzeit.

Die Eröffnung mit den ›Meistersingern‹ 1901 war programmatisch: Wagner-Festspiele mit großer Besetzung wurden die Spezialität des Theaters und begründeten die Tradition der Münchner Opern-Festspiele. 1917 dirigierte Bruno Walter die Uraufführung von Pfitzners ›Palestrina‹. Im Schauspiel wagte man Premieren von Wedekinds ›Herakles‹, 1919, oder Hofmannsthals ›Turm‹, 1928. Nach dem Krieg beherbergte das Haus bis 1963 die Staatsoper und machte 1948 durch den ersten Theaterskandal der Nachkriegszeit bei der Uraufführung von Egks ›Abraxas‹ von sich reden. Was nicht hinderte, dass die Moderne von Strawinsky bis Orff ins Repertoire einzog. Heute werden hier alle musischen Kunstrichtungen von Flamenco bis Gesang, aber auch Theater und Bälle veranstaltet, außerdem zeigen die Schüler der *Bayerischen Theaterakademie August Everding* in einem eigenen Saal ihr Können.

101 Hildebrandhaus

Künstlerwohnsitz des 19. Jh., heute Nebenabteilung der Stadtbibliothek.
Maria-Theresia-Straße 23
Tel. 089/419 47 20
www.monacensia.net
Mo–Mi, Fr 10.30–18, Do 10.30–19 Uhr
U 4, U 5 Max-Weber-Platz, Tram 18
Holbeinstraße, Bus 100 Friedensengel

Wie Stucks und Lenbachs Villen, war das Wohn- und Atelierhaus Adolf von Hildebrands (1847–1921) ein lebhafter Künstlertreffpunkt in der Luitpold- und Rupprecht-Zeit. Der große Bildhauer, der das Münchner Stadtbild maßgeblich prägte, ließ sein Haus 1897/98 nach eigenem Entwurf in der Art süddeutscher Barock-Landvillen als Dreiflügelanlage mit rundem Treppenturm zur Gartenseite und mit Mansarddach bauen. Im Garten und im Inneren sind noch Originalwerke Hildebrands zu sehen. Bis 2015 sind bei geöffnetem Haus Restaurierungen im Gange.

Wer sich für die Geschichte Münchens interessiert, besucht die **Monacensia**. Die Bibliothek umfasst etwa 136 000 Medien, darunter Zeitschriften, Karten, Pläne zur Stadtgeschichte. Das Literaturarchiv bewahrt Autografen, Manuskripte und Nachlässe von Dichtern, Künstlern und Wissenschaftlern der Region München, u. a. von Ludwig Thoma, Ludwig Ganghofer, Klaus Mann, Annette Kolb und Herbert Rosendorfer. Wegen Sanierungsarbeiten hat die Bibliothek bis Ende 2015 ein Interimsquartier in der Stadtbibliothek am Gasteig bezogen. Das Archiv ist für diese Zeit in der Watzmannstraße 1a untergekommen.

102 St. Georg

Reizvolle Rokoko-Dorfkirche mit Werken Günthers und Straubs, stimmungsvoller Prominenten-Friedhof.
Bogenhauser Kirchplatz 1
www.erzbistum-muenchen.de
Tram 16 Sternwartstraße,
Tram 18 Mauerkircherstraße

Dorfstimmung mitten in München: ein ländliches Zwiebelkuppelkirchlein, ein Friedhof mit Schmiedeeisen-Kreuzen und einfachen Grabsteinen. Aber die Namen überraschen: Rainer Werner Fassbinder, Walter Sedlmayr, Liesl Karlstadt, Gustl Waldau, Oskar Maria Graf, Annette Kolb, Erich Kästner, Helmut Fischer und Bernd Eichinger. Ein Ehrenepitaph erinnert an vier Opfer des Nazi-Regimes, darunter der Widerstandskämpfer des Kreisauer Kreises, Pater Alfred Delp, Rektor von St. Georg, der 1945 wegen Hoch- und Landesverrats gehängt wurde.

Uralt ist die Siedlung Bogenhausen, aus romanischer Zeit stammt die erste Kirche. Ein Baumeister aus dem Fischer-Umkreis, Trischberger oder Gießl, schuf 1768 einen Neubau. Straubs *Hochaltar* mit der Reiterfigur Georgs ist der späteste Barock-Bühnenaltar (1770), die Kanzel mit dem koketten Engel und der emphatische *St. Korbinian* am rechten Seitenaltar sind letzte Werke Günthers von 1773, der gemalte Stuck endendes Rokoko. Die meisten anderen Figuren und das Törring-Epitaph kommen aus Straubs und Günthers Werkstätten. Die *Deckenfresken* sind von Zimmermann-Schüler Helterhof.

St. Georg in Bogenhausen strahlt den Charme einer bayerischen Dorfkirche aus

Maximilianstraße und Haidhausen –
Luxus und schöne Künste an der Isar

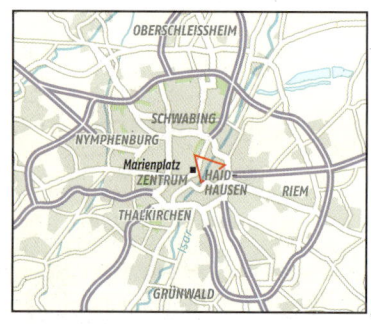

König Max II. war zwar ganz den Wissenschaften zugetan, zollte aber auch der wittelsbachischen Ästhetisierung des Königtums seinen Tribut vor allem mit der **Maximilianstraße** (1852–75). Ihre Spitzbogenfronten, hauptsächlich von Elementen der englischen Gotik und italienischen Arkadenarchitektur bestimmt, mit Glas- und Eisenkonstruktionen auch dem Zeitgeist verpflichtet, nennt die Kunstgeschichte Maximilianstil. Mit den **Maximilianhöfen** [s. S. 33] am Marstallplatz wurde diesem Stil inzwischen modische Glasarchitektur zur Seite gestellt – die Boutiquen sind dort jedoch nicht minder mondän. Halb weltstädtische Flanierstraße, halb Schaustraße mit Forum und Grünanlagen, mündet sie hinter der

Isarbrücke in den hoch ragenden Kulissenbau des Bayerischen Landtags, *Maximilianeum* genannt. Man hat sie nicht ganz zu Unrecht als fassadenhaft beschrieben, gleichwohl wirken ihre rhythmischen Reihungen stimmungsvoll. Für urbane Lebendigkeit sorgen luxuriöse Geschäfte, Kunstgalerien, Cafés, Theater, dazu Globetrotter, die vor dem Hotel **Vier Jahreszeiten** vorfahren, Schauspieler, die zur Probe gehen, Opernfans, die für Karten Schlange stehen. Paukenschläge wie in der Oper gibt es freilich auch etwas südlich in Haidhausen, im **Gasteig**. Und das **Deutsche Museum** in derselben Gegend ist ein einziges Fest für Technikfans.

Das Nobel-Hotel Vier Jahreszeiten Kempinski an der Maximilianstraße

103 Münchner Kammerspiele

Eines der wenigen erhaltenen Jugendstil-Theater Deutschlands. Bühne mit großer Avantgarde-Tradition.

Maximilianstraße 28
Tel. 089/23 39 66 00
www.muenchner-kammerspiele.de
S 1, S 2, S 3, S 4, S 6, S 7, S 8 Marienplatz
U 3, U 6 Marienplatz

Im Zuschauerraum kein Kronleuchter, sondern Lämpchen wie Blüten, und allenthalben weichlinige Pflanzen- oder Blattmotive, vom Balkongitter bis zur Türklinke: Das Gebäude ist ein stilreines Jugendstil-Theater, 1900/01 von Littmann gebaut und vom Protagonisten dieses Stils in München, Richard Riemerschmid, ausgestaltet. Die Münchner Kammerspiele [s. auch S. 116] eröffneten am 11. Oktober 1912 die erste Spielzeit mit ›Das Leben des Menschen‹ von Leonid Andrejew. Aber so richtig in Fahrt kamen sie erst, als sie unter dem großen Otto Falckenberg 1926 von der Augustenstraße hierher übersiedelten. Zur Eröffnung spielte man ›Dantons Tod‹ von Büchner. Heute leitet Johan Simons das Theater mit dem **Schauspielhaus** (720 Plätze) und seinen Dependancen **Spielhalle** (Falckenbergstraße 1) und **Werkraum** (Hildegardstraße 1). Zu den Bühnenstars der Kammerspiele zählen Wiebke Puls und Annette Paulmann, Stefan Merki, Walter Hess und Thomas Schmauser.

104 Regierung von Oberbayern

Musterbeispiel des Maximilianstils.

Maximilianstraße 39
www.regierung.oberbayern.bayern.de
Mo–Do 8–16, Fr 8–14 Uhr
U 4, U 5 Lehel,
S 1, S 2, S 3, S 4, S 6, S 7, S 8 Isartor·

Eine wahre Kathedrale für die Regierung des Bezirks Oberbayern baute Friedrich Bürklein 1856–64 an die Nordseite des Forumsplatzes. Die breit gelagerte, doch durch vertikale Blendordnungen, Kathedralfenster, Arkaden graziös durchkomponierte Fassade ist 180 m lang und bis zu 29 m hoch. Für den Bau nutzte der Meister Eisenkonstruktion, Terrakottasteine und Glasflächen in gotisierender Manier.

Kettenkarussell ist nicht für jeden geeignet – Tennessee Williams' ›Orpheus steigt herab‹

Der Geist der Münchner Kammerspiele

Dieser in den 1920er-Jahren sprichwörtlich gewordene Geist von Otto Falckenbergs Gnaden war ein Avantgarde-Lümmel. Er zog mit der Marseillaise mitten in der Nacht lärmend in die Maximilianstraße ein und boxte, ungeachtet des Kritiker-Terrors, Brecht, Billinger, Bruckner und Kaiser durch. Es spielten Horwitz, Waldau, Balser, Ginsberg, die Bergner, die Gold, die Giehse und die Flickenschildt.

Nur Berliner Theater konnte ebenso aufregend sein. Nach dem Zweiten Weltkrieg wurde diese Tradition unter den großen Intendanten Schweikart und Everding fortgesetzt. Ereignisse wie Kortners ›Godot‹-Inszenierung (1954), Brechts ›Der gute Mensch von Sezuan‹ unter Brechts eigener Regieberatung 1955, Schweikarts Inszenierung der ›Hexenjagd‹ von Miller (1955) und viele andere machten Theatergeschichte. Später wurden Böll, Kroetz, Tabori, Botho Strauß hier uraufgeführt, bewegten die Niklisch, die Wimmer und Peter Lühr das Publikum. Heute ist der einstige Avantgarde-Lümmel Kammerspiele zu Everybody's Darling geworden.

Immer flexibel bleiben – der ›Satansbraten‹ ganz im Sinne von Rainer Werner Fassbinder

105 Staatliches Museum für Völkerkunde

Wechselnde Sonderschauen sowie die Dauerausstellungen Afrika, Ostasien, Indien und Amerika bringen fremde Kulturen nahe.

Maximilianstraße 42
Tel. 089/210 13 61 00
www.voelkerkundemuseum-
muenchen.de
Di–So 9.30–17.30 Uhr
U 4, U 5 Lehel
S 1, S 2, S 3, S 4, S 6, S 7, S 8 Isartor

Die Aufschrift ›Meinem Volk zu Ehr und Vorbild‹ bezieht sich freilich nicht auf seine heutigen exotischen Schätze, sondern auf die ursprüngliche Bestimmung des Baus als Bayerisches Nationalmuseum, das dem Kunstgewerbe Vorbilder bereitstellen wollte. Riedel errichtete den Bau als Pendant zum Regierungsgebäude 1859–65 in den Formen des englischen spätgotischen Perpendicular-Stils.

Seit 1926 ist das Museum für Völkerkunde hier beheimatet: Seine Geschichte beginnt schon in der Renaissance mit der ›Wunderkammer‹ der Wittelsbacher, die noch Rhinozeros-Hörner und erlesenes China-Porzellan traulich vereinte. Die Gründung eines ausdrücklich außereuropäischen ethnografischen Museums erfolgte 1868. Aufregende Sammlungen berühmter Entdeckungsreisender fanden ihren Weg nach München: Nachlass-Teile von James Cook, Expeditions-Ausbeuten des Russen Krusenstern in Alaska und Sibirien, der beiden Münchner Naturwissenschaftler Spix und Martius am Amazonas, der bayerischen Brüder Adolph, Hermann und Robert Schlagintweit in den Himalajaländern oder der weltreisenden Prinzessin Therese von Bayern in Südamerika, die Sammlungen arktischer und subarktischer Objekte des Herzogs Maximilian von Leuchtenberg oder indischer Kleinkunst der Missionarin Xaveria Berger, Oberin der Nymphenburger Englischen Fräulein. Im 20. Jh. waren es dann die Direktoren des Museums, die gezielte Forschungs- und Erwerbungsreisen unternahmen.

Rund 150 000 Exotica sind heute der immense Gesamtbestand mit Schwerpunkten auf Afrika, Nord-, Mittel- und Südamerika, Ozeanien sowie Süd-, Südost- und Ostasien. Natürlich kann die Dauerausstellung nur Teilgebiete dieser Schätze zeigen, deren Vielfalt vom afri-

Maximilianhöfe mit Probebühne der Staatsoper und neuerrichtetem Bürkleinbau

Faszinierend ist die Afrika-Sammlung im Staatlichen Museum für Völkerkunde

kanischen Pfeifenkopf bis zum bemalten, 5 m hohen Indianer-Tipi, von der persischen Miniatur bis zum grönländischen Kajak, von der brasilianischen Kopftrophäe bis zur Buddhastatue reicht, also stets Alltagsgegenstände und hohe Kunst zum Gesamtbild einer Kultur vereint. Die Münchner Expressionisten des

Zeugnis des indischen Rinderkults: Nandi-Statue als Begleiter des Gottes Shiva

›Blauen Reiter‹, Kandinsky, Marc, Klee u. a., waren die ersten und nicht die letzten Künstler des 20. Jh., die sich von diesen Dingen unmittelbare Anregungen holten.

106 Max-II.-Denkmal

Aufwendiges Denkmal für den bescheidenen König, der – nach eigenen Worten – lieber Professor geworden wäre.

Rondell der Maximilianstraße
U 4, U 5 Lehel

Überlebensgroß blickt der Bauherr als Bronzestandbild auf seine Straße, zu Füßen die allegorischen *Sitzfiguren* der vier Herrschertugenden und vier *Putti* mit Wappen der bayerischen Stämme Bayern, Schwaben, Franken, Pfälzer. Max Zwo nennen die Münchner das pathetische Denkmal lapidar, das Zumbusch entwarf und Miller 1875 goss.

In der Parkanlage sind zahlreiche weitere Denkmäler versammelt, die Nordseite bevölkern General Graf Deroy (von Halbig), der Physiker und Philanthrop Graf Rumford (von Zumbusch) auf der Südseite stehen der Physiker Joseph Fraunhofer (von Halbig) und der Philosoph Friedrich Wilhelm von Schelling (von Brugger).

107 Maximilianeum

*Pathetische Kulissenarchitektur
mit großartiger Fernwirkung.
Sitz des Bayerischen Landtags.*

Max-Planck-Straße 1
Führungen Tel. 089/41 26 27 05, mehrere Monate im Voraus anmelden
www.landtag-bayern.de
U 4, U 5 Max-Weber-Platz

Der große Nationalbau auf der Isarhöhe, den sich Max II. als Höhepunkt seiner Straße wünschte, geriet zu einer romantischen Schau-Architektur, die aus der Ferne unwirklich entrückt wirkt, komponiert aus Mittelbau und flankierenden Galerietrakten, Türmen und Arkadenreihungen, geschmückt mit Büsten, Statuen und einem Mosaik (früher Piloty-Malerei). Während der langen Bauzeit (1857–74) musste Bürklein die vorgesehenen Spitzbogen zu Rundbogen, die Neogotik also zur Neorenaissance abändern; zwei Jahre vor Vollendung starb er.

Seit 1876 hat die Stiftung Maximilianeum für begabte Studenten aus Bayern hier ihre Residenz, heute im rückwärtigen Erweiterungsbau; seit 1949 ist der vordere Teil Sitz des Bayerischen Landtags. Von der ursprünglichen Ausstattung haben sich *Fresken* mit historischen Themen von F. und W. Kaulbach, Seibertz und Kreling erhalten.

Das ›Maxmonument‹ zeigt den König im Krönungsornat

Zwei Wege führen ins Maximilianeum – die Wahl in den Landtag oder die Abitur-Note 1,0

Wie eine Blüte entfaltet sich der große Konzertsaal der Philharmonie im Gasteig

Vor dem Hintergrund des Maximilianeums nimmt sich die steinerne *Pallas Athena* (Drexler, 1906) auf der **Maximiliansbrücke** imponierend aus. Schön ist die Jugendstilornamentik des Steingeländers der Brücke, die Zenetti 1864 erbaut und Thiersch 1905 erneuert hat. Das steinige Gelände am Ostufer der Isar, das Bürklein beim Bau des Maximilianeums so viele Schwierigkeiten bereitet hatte, gestaltete Karl Effner damals zu einem Landschaftsgarten um. Seit 1967 steht hier in den **Maximiliansanlagen** Rückels effektvolles *Denkmal für Ludwig II.* zum Andenken an des Königs Festspielhaus-Projekt, das in dieser Gegend seinen Standort haben sollte.

108 St. Lukas

Historistischer Kirchenbau von eindrucksvoller Wirkung.

Mariannenplatz 3
www.sanktlukas.de
S 1, S 2, S 3, S 4, S 6, S 7, S 8 Isartor

Das Äußere des wuchtigen Baus (Albert Schmidt, 1892–97) mit übereck gestellten Türmen am linken Isarufer bietet sich romanisch mit mächtiger ›Renaissance‹-Kuppel dar, der Innenraum mutet frühgotisch an, das Ganze vereint Zentralraum mit Kreuzanlage: Die historischen Stilkopien fügen sich zur repräsentativen Bildungsarchitektur des endenden 19. Jh. Die evangelische Kirche ist auch beliebt als Konzertsaal für Kirchenmusik, der Chor hat aktuell ca. 80 Mitglieder.

109 St. Nikolai am Gasteig

Anheimelndes Kirchenensemble gegenüber dem Gasteig.

Innere Wiener Straße 1
www.sjb-haidhausen.de
S 1, S 2, S 3, S 4, S 6, S 7, S 8 Rosenheimer Platz

Das dörflich wirkende St. Nikolai war die Kirche des weit vor den Toren der Stadt gelegenen, längst abgerissenen Leprosenhauses. Mit Renaissancerahmenstuck, Frühbarockaltar und Barockgemälden bietet sie sich heute schön restauriert dar. Die daneben liegende, nach Vorbild ihrer Namensgeberin mit Umgang versehene

Altöttinger Kapelle entstand 1820 und hat erst 1926 ihr heutiges Aussehen erhalten. Die Kreuzigungsgruppe davor gehörte einst zu einem – gegenüber gelegenen – Kalvarienberg an der Salzstraße: Maria und Johannes sind Barockfiguren (1721) von Luidl, das Bronzekruzifix (1959) stammt von Panzer.

110 Gasteig

Moderner Musentempel für alle Künste und besonders für Musikveranstaltungen.

Rosenheimer Straße 5
Tel. 089/48 09 80
www.gasteig.de
S 1, S 2, S 3, S 4, S 6, S 7, S 8 Rosenheimer Platz

Wo einst die Salzstraße den ›gachen Steig‹ (steilen Steig) herunterkam und der Mautner saß, wuchtet sich seit 1985 eine ziegelrote Festung empor, die nicht ahnen lässt, dass sie (unter anderem) der Vokal- und Instrumentalmusik dient. Denn die polygonale ›Apsis‹, die da am

Isarhochufer einschüchternd in den Himmel ragt, fasst die aufsteigenden Ränge der Philharmonie mitsamt Foyers und Treppenturm, gefügt – wie der ganze Bau – aus Sichtbeton, Glaselementen und Backsteinfurnieren, die ausgiebig Dombaumeister Jörg von Halsbach zitieren.

Innen wirkt der Konzertsaal der **Philharmonie**, eine Muschel aus Holz, trotz seiner Fassungskraft von 2500 Personen nicht einschüchternd, sondern heiter-harmonisch – einzig klarer Raum im Labyrinth dieses Hauses (Architekten: Raue, Rollenhagen, Lindemann, Großmann).

Bewegte Wege – der Gasteig ist seit Jahrzehnten ein vitales Zentrum der Kultur und Künste

Die weitläufige, mit Treppen und Rampen über dem Rosenheimer Berg gebaute Anlage, um das *Celibidache-Forum* unter freiem Himmel gruppiert, beherbergt außer der Philharmonie den *Carl-Orff-Saal* mit Bühne, das *Studio-Theater Black Box*, die *Hochschule für Musik und Theater* mit Kleinem Konzertsaal und Unterrichtsräumen, die *Volkshochschule* sowie die **Münchner Stadtbibliothek** [s. S. 174]. Die seit 1843 bestehende Bibliothek, Zentrum von 26 Stadtteilbüchereien, hat einen Bestand von etwa 1,3 Mio. Medien: darunter Bücher, Zeitschriften, CDs, DVDs, Tonträger und Noten. Ihre Handbibliothek stellt 250 000 ›entleihbare Medien‹, ihr Zeitschriftensaal etwa 1760 Zeitschriften und 83 Tages- und Wochenzeitungen zur Verfügung.

111 Üblacker-Häusl und Kriechbaumhof

Altmünchner Sozialbauten.
Preysingstraße 58 und 71
Üblacker-Häusl: Tel. 089/48076 79
www.freunde-haidhausens.de
Mi/Do 17–19, Fr, So 10–12 Uhr (außerhalb der bayerischen Ferien)
U 4, U 5 Max-Weber-Platz

Die am Beginn so gediegene Preysingstraße endet in alten, eingeschossigen

Das Müllersche Volksbad an der Isar ist außen wie innen das schönste Bad Münchens

Häuschen mit Gaubendächern. Tagelöhner, die sich den Zuzug nach München nicht leisten konnten, durften im 18. Jh. hier, außerhalb der damaligen Stadtgrenzen, auf nicht eigenem Grund Herbergen errichten. Im einstigen Glasscherbenviertel Haidhausen gibt es noch einige dieser Häuser, die meist von mehreren Familien bewohnt wurden. In dem restaurierten und mit altem Mobiliar ausgestatteten Üblacker-Häusl ist ein kleines **Herbergenmuseum** als Teil des Münchner Stadtmuseums eingerichtet worden. Auch Wechselausstellungen finden in dem über 200 Jahre alten Gebäude statt.

Gegenüber steht der **Kriechbaumhof**, der an seinem ursprünglichen Standort 1978 abgetragen und hierher versetzt wurde. Er ist letztes, fast 300 Jahre altes Beispiel der im Krieg untergegangenen Vorstadt-Holzarchitektur der Auer und Haidhauser Herbergen. Außentreppen und Laubengänge entstanden damals aus schierer Raumnot. Heute ist er die Heimstatt der Jugend der 26 Münchner Sektionen im Deutschen Alpenverein. Die Idylle mitten in der Stadt kann auch für Seminare, Treffen und Veranstaltungen gemietet werden.

112 Müllersches Volksbad

Seltenes Jugendstil-Bad, zur Zeit seines Entstehens das modernste Hallenbad in Europa.

Rosenheimer Straße 1
Tel. 018 01/79 62 23
www.swm.de
tgl. 7.30–23 Uhr, Mo Große Halle nur bis 17 Uhr
S 1, S 2, S 3, S 4, S 6, S 7, S 8 Rosenheimer Platz oder Isartor

Vom ersten fürstlichen Hallenbad in München in der Badenburg (im Nymphenburger Schlosspark) bis zu diesem ersten öffentlichen währte es 180 Jahre. Spendiert von dem Münchner Bürger Karl Müller, gebaut von Hocheder 1897–1901, lässt es an opulenter Ausstattung aber auch nichts zu wünschen übrig. Zu Recht berühmt ist sein plastischer Stuck mit Sonnen- und Wassergetier-Motiven in den beiden Schwimmhallen, der geschmackvoll und überflusslos Neobarock mit Jugendstil verbindet. Über dem Warmwasserbecken im Bereich der irisch-römischen Sauna wölbt sich eine prächtige Kuppel. Kraftvoller Jugendstil prägt auch den breit am Isarufer neben der Ludwigsbrücke lagernden Baukörper mit seinem originellen Turm.

113 Ludwigsbrücke und Vater-Rhein-Brunnen

›Geburtsstätte‹ Münchens.

S 1, S 2, S 3, S 4, S 6, S 7, S 8 Rosenheimer Platz oder Isartor

Mit diesem Isarübergang in die Au und nach Haidhausen beginnt die Geschichte Münchens. Heinrich der Löwe legte ihn 1158 wahrscheinlich an dieser Stelle an und gründete zugleich Markt und Münze, nachdem er mit einem Handstreich die Priorität Oberföhrings und damit des Bischofs von Freising ausgeschaltet hatte.

Die heutige Brücke, die natürlich viele Vorgängerinnen hatte, wurde 1935 aus Beton gebaut. Die allegorischen Sitzfiguren ›Floßfahrt‹ und ›Industrie‹ stammen von 1892 (Eberle und Kaufmann), ›Kunst‹ von 1979 (Elmar Dietz).

Auf der Kalkinsel in der Isar, von der Brücke aus begehbar, steht in einer Gartenanlage der **Vater-Rhein-Brunnen**, ein Werk Adolf von Hildebrands, 1902 für Straßburg geschaffen. Als es 1919 dort abgebrochen wurde, gelangte die hervorragende, klassisch aufgefasste Bronzefigur des Vaters Rhein nach München und wurde hier in einer Nachbildung der ursprünglichen Brunnenanlage aufgestellt.

Die einstige Herrenschwimmhalle im Müllerschen Volksbad ist heute für alle da

Von der Isar umflossen liegt das Deutsche Museum an der Ludwigsbrücke

114 Deutsches Museum

Eines der bedeutendsten technischen Museen Europas mit rund 1,3 Millionen Besuchern jährlich: ein Schatzhaus des Erfindergeistes.

Museumsinsel 1
Tel. 089/217 91
www.deutsches-museum.de
tgl. 9–17 Uhr, einzelne Abteilungen sind wegen Umbau zeitweise geschl.
S 1, S 2, S 3, S 4, S 6, S 7, S 8 Isartor

Die Grundsteinlegung fand im Jahre 1906 noch zu Kaisers und Königs Zeiten statt, die Einweihung des Museumsgebäudes feierte – mit ebenfalls nicht geringem Pomp – die junge Weimarer Republik 1925. Nach dem Willen des Initiators Oskar von Miller, der die Spenden dazu in ganz Deutschland erbettelte, sollte das im Jahr 1903 gegründete ›Museum von Meisterwerken der Naturwissenschaft und Technik‹ ein Museum zum Anfassen werden. Das war damals eine unerhörte Neuerung: Maschinen sollten laufen, Räder sich drehen, physikalische Versuche nachvollzogen und beispielsweise Elektrizität wirklich ›verspürt‹ werden können. Die Idee zündete: Heute ist die technische Wunderkammer das meistbesuchte Museum Deutschlands. Um die wertvollen Bestände auf der Museumsinsel zu erhalten, wird das Haus derzeit ›fit‹ für die Zukunft gemacht. Noch bis

Eine der meistbesuchten Hallen des Deutschen Museums beherbergt die Flugzeugschau

2025 werden die Räumlichkeiten restauriert und die Ausstellungspräsentationen modernisiert. Zudem sollen ein neuer Haupteingang und ein modernes Planetarium entstehen. Deshalb sind einzelne Abteilungen zeitweise nicht zugänglich.

Kern der Gesamtanlage ist der *Sammlungsbau* mit dem Meteorologischen Turm. Er wurde 1908–14 nach dem Entwurf Gabriel von Seidls in zurückhaltend monumentalen, barock-klassizierenden Formen errichtet. Die bereits im ersten Konzept vorgesehene Ergänzung mit *Bibliotheksbau* (Eröffnung 1932) und *Kongresssaal* (1935) baute G. Bestelmeyer in einem für die 1930er-Jahre typischen Neoklassizismus. 1982 kam eine *Luft- und Raumfahrthalle* dazu, die 1992 durch eine Flugwerft in Oberschleißheim [s. S. 148] ergänzt wurde. Eine weitere Dependance bildet das 2003 eröffnete Verkehrszentrum [Nr. 62] in den denkmalgeschützten Hallen der alten Messe Münchens auf der Theresienhöhe.

Allein im Hauptbau umfasst die Superschau historisch bedeutender Exponate eine Fläche von 45 000 m²: Um allen Objekten auf dem kilometerlangen Führungsweg die gleiche kurze Aufmerksamkeit zu schenken, müsste man mehr als einen Monat hier verbringen. So wird denn jeder aus dem Großangebot der Sammlungen nach seinen Interessen seine Wahl treffen. Sei es, dass er mit dem *Foucaultschen Pendel* den Beweis für die Erddrehung beobachtet, sich demonstrieren lässt, wie man im *Faradayschen Käfig* eine Wechselspannung von 200 000 Volt schadlos übersteht, auf dem *Brückendeck* eines Salondampfers das Ruder bedient oder den *Arbeitstisch Otto Hahns* mit einer geradezu primitiv anmutenden Versuchsanordnung bestaunt, mit der Hahn 1938 die erste Kernspaltung gelang.

Neben den klassischen Abteilungen wie *Kraftmaschinen*, *Physik*, *Chemie*, *Starkstromtechnik* oder der schönen – die Grenze zur Kunst überschreitenden – *Musikinstrumentensammlung* sind, dem technischen Fortschritt entsprechend, auch die Entwicklungen in *Raumfahrt*, *Atom- und Kernphysik*, *Elektronik*, *Automations-*, *Computer-*, *Foto- und Film-* sowie *Nachrichtentechnik* anschaulich dargestellt.

Im Planetarium werden selbst die fernsten Galaxien an die Kuppel geworfen

Modern und multimedial zeigt sich die *Pharmazieabteilung* mit begehbarer, menschlicher Zelle. Das Zentrum Neue Technologien (ZNT) hat den Schwerpunkt *Nano-* und *Biotechnologie*. Darüber hinaus präsentiert das Museum aktuelle Themen aus Naturwissenschaft und Technik. Natürlich üben das naturgetreu eingerichtete *Bergwerk* oder die riesigen Hallen mit Schiffen, Wetterballons und dem Lilienthal-Segelapparat ebenfalls große Anziehungskraft aus. Speziell kleinere Kinder von drei bis sieben Jahren begeistert die Abteilung *Kinderreich*. Dort werden Technik und ihr Einfluss auf Mensch und Umwelt kindgerecht vermittelt, die Kleinen können Wasser pumpen und ein Feuerwehrauto erkunden.

Zudem bergen Studiensammlungen Spezialitäten von Handschriften bis Gedenkmünzen und umfassen vom Luft- und Raumfahrt- bis zum Film- und Schallarchiv alle denkbaren Gebiete der Technik-Geschichte. Das *Planetarium* ist wegen Umbauarbeiten geschlossen. Der Zeiss-Projektor, der einen prächtigen Sternen-Nachthimmel erzeugt hat, wird nach 25 Dienstjahren ausgetauscht. Die Wiedereröffnung ist im Herbst 2014 geplant.

▶ **Reise-Video**
Deutsches Museum
QR-Code scannen oder
dem Link folgen:
www.adac.de/rf0339

Tief unter die Erde entführt die Bergwerksausstellung des Deutschen Museums ihre Besucher

Von Nymphenburg bis Blutenburg – eine Lustlandschaft

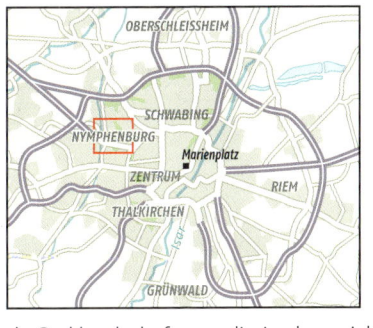

Kurfürst Max Emanuel tobte seine Verschwendungssucht an **Nymphenburg** aus, Herzog Sigismund spann seine Grillen in **Blutenburg**, wohlan, *ihre* Lust dient nun unserer. Denn die Sommerresidenz Nymphenburg geriet zu einer der strahlendsten Barockschöpfungen Europas und das Jagdschlösschen Blutenburg zu einer verwobenen spätgotischen Idylle. Aber nicht nur die Schlösser bezaubern, dazwischen dehnt sich eine berückende Parklandschaft aus, die in den reichen, 20 ha großen **Botanischen Garten** übergeht: Augenweide also von Schönheitengalerie bis Sukkulenten.

115 Pfarrkirche Herz Jesu

Moderner Kirchenbau mit Licht- und Konstruktionsfinessen.

Lachnerstraße 8
www.herzjesu-muenchen.de
U 1, U 7 Rotkreuzplatz

Glasflächen, Stahltragwerke und Holzlamellenwände formieren den streng rechtwinkligen Raum dieser bildkargen, von den Architekten Allmann, Sattler und Wappner entworfenen und 1997–2000 errichteten katholischen Kirche, deren symbolisches Programm behutsam erschlossen werden will. Die Altarrückwand ist ein goldenes Metallgewebe mit nur zarttonig hervorgehobenem Kreuz. Die Kreuzwegsstationen werden als Fotos der Via dolorosa in Lichtkästen, die Wundmale Christi durch blutrote Lichter im Fußboden imaginiert. An Festtagen tut sich ein monumentales Portal aus blauen Glastäfelchen auf, die mit Bibeltexten in einer von Alexander Beleschenko gestalteten Fantasieschrift imprägniert sind: ein Lichtwunder! Die auch progressiven Konzerte sind beliebt.

Mut zu Neuem bewies die Erzdiözese München beim Bau der Pfarrkirche Herz Jesu

116 Schloss Nymphenburg

Barocke Schlossanlage, umgeben von einer traumhaften Gartenanlage. Innenräume vom Hochbarock bis zum Klassizismus. Geburtsstätte des Märchenkönigs Ludwig II. und Schönheitengalerie Ludwigs I.

Tel. 089/17 90 80
www.schloss-nymphenburg.de
April–15. Okt. tgl. 9–18 Uhr,
16. Okt.–März tgl. 10–16 Uhr
Schlosspark: Jan., Febr., Nov. tgl. 6.30–18, März tgl. 6–18.30, April, Sept. tgl. 6–20.30, Mai–Aug. tgl. 6–21.30, Okt. tgl. 6–19, Dez. tgl. 6.30–17 Uhr
Tram 17 Schloss Nymphenburg
Bus 51 Schloss Nymphenburg

Nymphenburg war Kurfürst Ferdinand Marias Geschenk an seine Frau Henriette Adelaide zur Geburt des Thronfolgers: Auftakt zu einer strahlenden Barockschöpfung, die dann der Thronfolger selbst, Max Emanuel, ins Werk setzte. Er ließ die Landvilla seiner Mutter durch symmetrische Anbauten zu einer weitläufig und sehr anmutig ausgebreiteten Schlossanlage mit Gartenlandschaft und Parkburgen erweitern. Angetrieben von der Bauleidenschaft des politisch gescheiterten Fürsten, arbeiteten seine aus

Schloss Nymphenburg – der Mittelbau und die Galerien vom Schlosspark aus gesehen

Frankreich mitgebrachten oder dort geschulten Hofkünstler ab 1715 fieberhaft zugleich an Nymphenburg wie Schleißheim: Baumeister Effner, die Bildhauer De Groff und Dubut, der Kunstschreiner Pichler, der Freskant Amigoni, der Gartenarchitekt Girard und andere mehr.

Der Ursprungsbau von Barelli und Zuccalli (1664 –74) ist der später von Effner neu gestaltete würfelförmige *Mitteltrakt* mit Freitreppe. Beidseitig folgten 1704 die *Galerien*, ab 1715 die vier übereck gestellten *Pavillons*, dann der *Marstall* im Süden, die *Orangerie* und das *Kloster* im Norden. In einem Halbkreis von 500 m Durchmesser, rund um Garten- und Wasserkünste, entstand zur Stadtseite hin zwischen 1729 und 1758 ein **Rondell** mit je fünf Kavaliershäusern auf beiden Seiten. Eine großzügigere Baugeste für die höheren Hofbediensteten war wirklich nicht denkbar.

Herz und Höhepunkt der Interieurs ist der rokokoüppige **Steinerne Saal** [1], der in seinem Hauptfresko ›Nymphen huldigen der Göttin Flora‹ den Geist des Ortes feiert, umschäumt von Zimmermanns

Ein Glanzlicht des Rokoko ist der Steinerne Saal von Nymphenburg

In seiner Schönheitengalerie versammelte Ludwig I. Porträts gut aussehender Untertaninnen

Stuckdekor im Hauptteil, Feichtmayers im Emporenteil (1757). Bewundernswertes sieht man auch in den nördlichen Räumen: die weiß-goldenen **Holzvertäfelungen Pichlers** [2], **Brüsseler Wandteppiche** [3], die **Kleine Schönheitengalerie** [4] Max Emanuels mit neun Porträts von Hofdamen des Sonnenkönigs von Gobert, das **Drechselkabinett** [5] Max Emanuels oder in der Nördlichen Galerie die **Große Schönheitengalerie** [6] des Kurfürsten mit fünf einander auffallend gleichenden Damen, die Gobert nach der Tochter Ludwigs XIV. im ersten Bild ›normieren‹ musste. Es schließen sich **Wappenzimmer** [7] und **Karl-Theodor-Zimmer** [8] an, sowie über die gesamte Ganglänge die **Veduten von Beich** [9].

In den südlichen Räumen mit **Deckengemälden von Triva** im **Ersten Vorzimmer** [10], im **Zweiten Vorzimmer** [11] und im **Schlafzimmer** [12], dem **Chinesischen Lackkabinett** [13] mit Lackmalereien von Hörringer und mit Feichtmayer-Stuck sowie **Schlossansichten von Beich** [14] in der *Südlichen Galerie* hat natürlich die

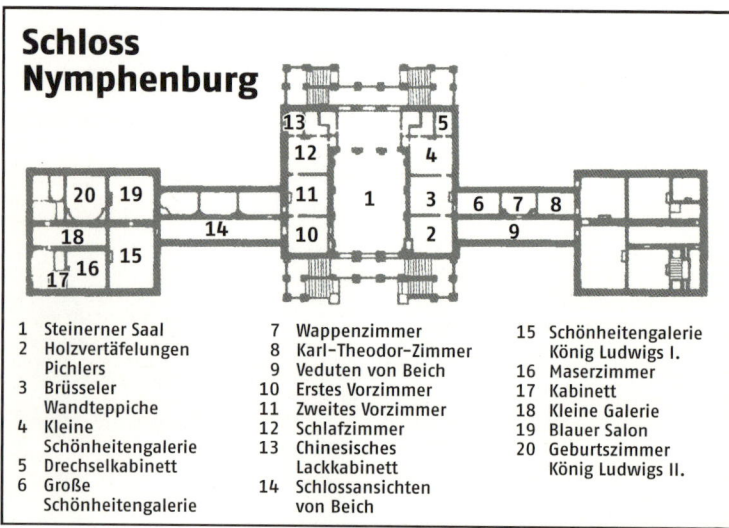

1 Steinerner Saal	7 Wappenzimmer	15 Schönheitengalerie König Ludwigs I.
2 Holzvertäfelungen Pichlers	8 Karl-Theodor-Zimmer	16 Maserzimmer
3 Brüsseler Wandteppiche	9 Veduten von Beich	17 Kabinett
4 Kleine Schönheitengalerie	10 Erstes Vorzimmer	18 Kleine Galerie
5 Drechselkabinett	11 Zweites Vorzimmer	19 Blauer Salon
6 Große Schönheitengalerie	12 Schlafzimmer	20 Geburtszimmer König Ludwigs II.
	13 Chinesisches Lackkabinett	
	14 Schlossansichten von Beich	

Schönheitengalerie König Ludwigs I. [15] die größte Anziehungskraft. 36 Aristokratinnen und Bürgerstöchter, extravagante Ladies und biedere Landmädchen saßen Stieler zwischen 1827 und 1850 Modell, darunter auch Romanzen des Königs, wie die Schusterstochter Helene Sedlmayr, die als ›Schöne Münchnerin‹, oder die Tänzerin Lola Montez, die als hochnotpeinliches Politikum in die Geschichte einging. Doch war nicht Schönheitswettbewerb, sondern Darstellung des Schönheitsideals Sinn dieser Galerie.

An die Folge klassizistischer Räume – **Maserzimmer** [16], **Kabinett** [17], **Kleine Galerie** [18] und **Blauer Salon** [19] – schließt sich das **Geburtszimmer König Ludwigs II.** [20] an, der hier am 25. August 1845 das Licht der Welt erblickte.

Schlosspark Nymphenburg

Wie das Schloss wuchs der Park auf der Westseite. Den bescheidenen geometrischen Garten italienischer Art gestaltete Girard ab 1715 zu einem ornamentalen Barockpark französischer Prägung um. Auf dem Kanal fuhren venezianische Gondeln, zwischen den Bosketten spielte und tanzte der Hof. 100 Jahre später verwandelte und erweiterte Friedrich Ludwig von Sckell ihn in einen englischen Landschaftsgarten: Natur besiegte das Ornament. Verloren ging dabei allerdings der strenge Bezug zwischen Park, Schloss und Parkburgen.

Eindrucksvoll ist die Achsenwirkung des *Kanals*, Rückgrat des ganzen Parks

zwischen *Großem Parterre* und ferner *Wasserkaskade*, stadteinwärts verlängert zur Mitte einer großzügigen *Auffahrtsallee*. Das französische Gartenparterre vor dem Schloss und die Marmorkaskade, beide barock erhalten, werden von antiken *Götterfiguren* von Boos, Straub, Marchiori, Volpini, de Groff bevölkert. Bassins und Fontänen, Seen und Teiche, Brücken, Salettchen, Kabinett- und Ziergärten geben dem Park Fantasie. Seine Kostbarkeiten aber sind vier Solitärbauten, früher alle von eigenen kunstgärtnerischen Anlagen umgeben: Amalienburg und Badenburg südlich, Pagodenburg und Magdalenenklause nördlich des Kanals.

Badenburg

April–15. Okt. tgl. 9–18 Uhr

Badevergnügungen als Schauspiel für den Hof – das war die Bestimmung der Badenburg. Das fliesengekachelte, heizbare *Badebecken* – damals eine Rarität – öffnet sich nach oben zu einem Stuckmarmor-Raum mit Schaugalerie; im Wasser spiegelten sich die Götter und Nymphen des Deckengemäldes von Bertin. Weißstrahlend der *Festsaal* des Badeschlösschens mit Dubuts mythologischen Stuckfiguren und Amigonis Fresko des die Nacht vertreibenden Apoll. Ein weiterer Höhepunkt ist das *Affenkabinett*, ein fantasievolles Beispiel barocker Chinamode. Den reizvollen, sehr plastisch geformten Baukörper schuf Effner in den Jahren 1719–21. Klenze hat ihn bei einem späteren Umbau allerdings vereinfacht.

Badenburg: Gartenschlösschen für spätbarocke Badefreuden

Amalienburg

April–15. Okt. tgl. 9–18 Uhr

Die schiere Rokokoseligkeit dieses Jagd-schlösschens schenkte der melancholische Kurfürst Karl Albrecht, der drei Jahre lang Kaiser war (Karl VII., 1742–45), seiner Gemahlin Amalie, einer Tochter Kaiser Josephs I. Wundervoll geschmeidig modelliert, schwingt die Mitte des rechteckigen Baus auf einer Seite konvex vor, auf der anderen konkav zurück, im Grundriss Rechteck und Kreis geistvoll verbindend, in jedem Detail von der Fensterverdachung bis zum Krönchen auf der Dachplattform unfehlbar geformt: ein Cuvilliés-Meisterwerk (1734–39). Vollends traumhaft ist der kreisrunde *Spiegelsaal* in der Mitte des Baus, der mit Schnitzereien, Stuckaturen und Spiegeln die festen Wände aufzulösen scheint. Die silbergefasste Dekoration figuriert fantasievoll Jagd-, Garten- und Tafellust. So auch die anderen Räume: *Blaues Kabinett, Ruhezimmer, Jagdzimmer* mit Ge-mälden von Horemans, *Fasanenzimmer* – alle mit Stuck von J. B. Zimmermann und Schnitzarbeiten von Dietrich zu Geschmeiden gefasst. Selbst die Küche mit blau-weißen und farbigen Delfter Fliesen wirkt exquisit.

Pagodenburg

April–15. Okt. tgl. 9–18 Uhr

Außen französisch, innen exotisch: das erstgebaute der vier Gartenschlösschen (Effner, 1716–19) entpuppt sich als ein geschliffenes Schmuckstück. Originell ist der Grundriss: ein Achteck, aus dem vier Kreuzarme ragen. Daraus entstanden im Obergeschoss zwei *Sechseck-Salons* mit Nischen und ein *Chinesisches Kabinett*: raffinierte Raumgestaltung in zierlichsten Formen. Schwarz-rote japanische Lackmalerei, Seiden- und Reisstrohtapeten mit Chinoiserien, weiß und gold gefassten Schnitzvertäfelungen im Régence-Stil, Deckengemälde mit Pagodenmotiven von Gumpp: Max Emanuels ›Orient-Lu-

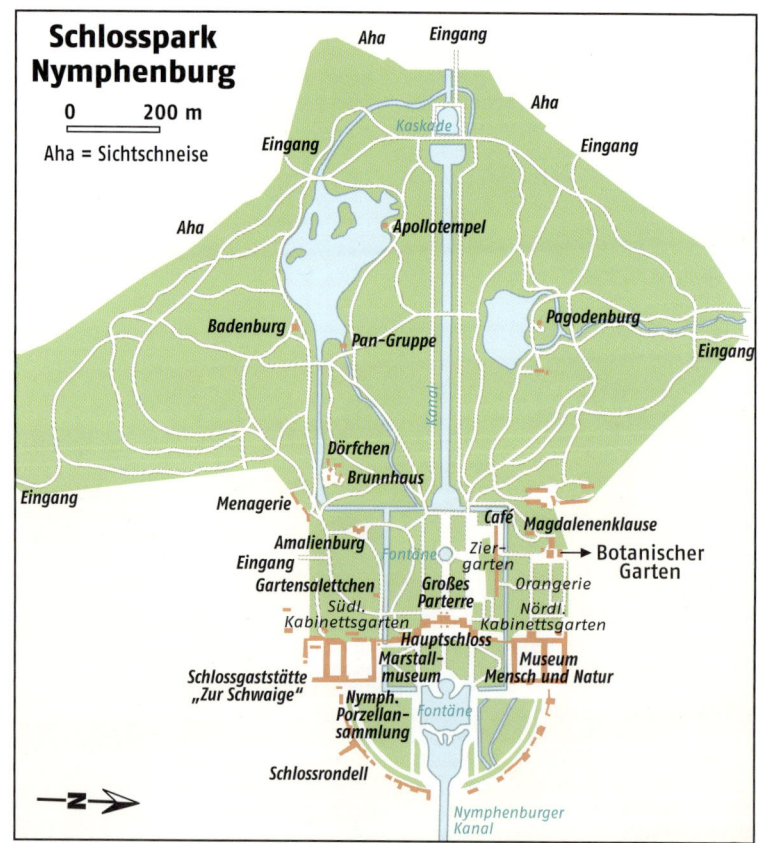

Die Amalienburg gehört sicherlich zu den schönsten Lustschlösschen des Rokoko

xus‹ machte schnell Mode. Das blau-weiße *Salettl* im Erdgeschoss blieb dagegen mit holländischen Fayencekacheln und Ornamentmalerei von Gumpp europäisch.

Magdalenenklause
April–15. Okt. tgl. 9–18 Uhr

Gegen das irdische Entzücken der drei Lustschlösslein setzt diese künstliche Ruine ihre Vergänglichkeitssymbole: Absichtlich zeitfern soll das Konglomerat romanischer, gotischer, maurischer Bauformen wirken, der Kapellenraum ist eine *Einsiedlergrotte* aus Tuffstein, Muscheln, Kieselsteinen, die *Wohnräume* sind klösterlich karg. Zwar ist die Klause der schönen Büßerin Maria Magdalena geweiht, die in gefälliger Gestalt in Stubers Deckenmalereien und in Volpinis Stuckfigur zugegen ist, doch die Düsternis des Eremitoriums sollte den alternden Max Emanuel nach eigenem Willen und Effners Ausführung (1725/26) zur Selbstkasteiung bewegen. Als die Klause geweiht wurde, 1728, war er allerdings schon tot.

▶ **Reise-Video**
Schloss Nymphenburg
QR-Code scannen oder
dem Link folgen:
www.adac.de/rf0342

Das gekachelte Badebecken in der Badenburg lockte einst den Hof zu vergnüglichen Stunden

Idyllisch liegt die Pagodenburg am Rand eines der Seen des Nymphenburger Parks

117 Museum Mensch und Natur

Naturkunde, spielerisch und informativ zugleich präsentiert.

Tel. 089/179 58 90
www.musmn.de
Di, Mi, Fr 9–17 Uhr, Do 9–20 Uhr, Sa/So 10–18 Uhr
Tram 17 Schloss Nymphenburg
Bus 51 Schloss Nymphenburg

Im Nordflügel von Schloss Nymphenburg ist die naturkundliche Sammlung des Museums Mensch und Natur unterge-bracht. Hier erfährt der Besucher, ob jung oder alt, (fast) alles über die Entstehung des Lebens auf der Erde und die vermeint-liche Krone der Schöpfung, den Men-schen. Der Rundgang durch die Abteilung über Vulkane lehrt jedoch eine gewisse Demut. Neueste Erkenntnisse aus der Ge-netik werden verständlich aufbereitet und einleuchtend erklärt: Ein lehrreicher, doch immer unterhaltsamer Ausflug in die Welt der Wissenschaft. Ausgestellt ist auch der präparierte Braunbär ›Bruno‹, der 2006 vom Trentino über die Alpen an den bayerischen Spitzingsee wanderte und dort einem Jagdtrupp zum Opfer fiel.

118 Marstallmuseum und Nymphenburger Porzellansammlung

Prunkwagen, wie sie schöner nicht sein könnten, und feinstes Porzellan.

Südflügel des Schlosses
Tel. 089/17 90 80
April–15. Okt. tgl. 9–18 Uhr, 16. Okt.–März tgl. 10–16 Uhr
Tram 17 Schloss Nymphenburg
Bus 51 Schloss Nymphenburg

Der große *Prunkwagen,* der *Prunkschlit-ten,* die Gemäldegalerie seiner Leibpfer-de und der *Nymphenschlitten* Ludwigs II. sind die umlagerten Attraktionen des Museums: märchenhaft güldener Über-fluss, entworfen von Hoftheaterdirektor Seitz. Mit barockpompösem Pathos spart auch der *Krönungswagen* des Kurfürsten Karl Albrecht nicht, gebaut 1741 von den Goblins in Paris für seine Kaiserkrönung. Nobles Empire hingegen zeichnet die beiden weit beweglicheren *Münchener Krönungswagen* für Max I. Joseph aus, vom Straßburger Ginzrot gebaut und von Franz Jakob Schwanthaler 1813 und 1818 mit Skulpturen versehen. Das schnittige Coupé hatte um diese Zeit längst die schwerfällige *Grande carrosse* abgelöst, seine Typen sind hier in elegantesten Exemplaren vertreten. Dazu Schlitten für winterliche Lustfahrten, darunter das Glanzstück eines *Rokoko-Schlittens* (1740) von Straub. Geschirre, Prunkschabracken, Schlittengeläut, Gemälde und Entwürfe ergänzen die Kollektion.

Untergebracht in den Säulenhallen des Marstalls, ursprünglich Pferdestallungen des Hofs, kann sich die Wagensammlung an Reichtum und Qualität mit jenen von Wien, Lissabon und St. Petersburg messen. Wie diese hat sie eine lange Tradition: Kurfürst Maximilian I. legte mit der ›Reichen Remise‹ an der Ostseite der Residenz ihren Grundstock.

Nymphenburger Porzellansammlung

Rund 1200 Stücke ›Alt-Nymphenburg‹ vom Rokoko bis zum Jugendstil sind seit 1986 in den Kabinetten über dem Marstallmuseum ausgebreitet: Bustellis *Italienische Komödianten* in zauberhafter Staffierung oder seine neckischen *Schäferstücke*, Auliczeks liebliche *Jahreszeiten-Figuren*, Porzellan-Bildplatten mit miniaturhaften Kopien berühmter *Gemälde* aus der Pinakothek, elegantes *Prunkgeschirr* mit amourösen Szenen, mit Porträts der Königsfamilie, mit Architektur-

Porzellansammlung: ›Mars‹ von Dominikus Auliczek, um 1770

und Landschaftsdarstellungen, Unaufzählbares mehr, das die Chronik der 1747 gegründeten Nymphenburger Porzellanmanufaktur charmant veranschaulicht.

Die Nymphenburger **Manufaktur** (Tel. 089/1791970, nymphenburg-porzellan.com, Mo–Fr 10–17 Uhr) befindet sich im mittleren nördlichen Kavaliershaus.

Die Krönungskutschen im Marstallmuseum waren für ein gemächliches Tempo gebaut

Ein Blütenmeer breitet sich um das Hauptgebäude des Botanischen Gartens aus

Not legte paradoxerweise den Grundstein für die kostbare Porzellansammlung: Ihr Gründer, Albert Bäuml, pachtete im Jahr 1888 die damals darniederliegende Manufaktur und suchte nach den verschleuderten Musterstücken für die neue Produktion. Seine Nachfahren sammelten systematisch – und nun sind die Schätze der Öffentlichkeit hier in der Nymphenburg zugänglich.

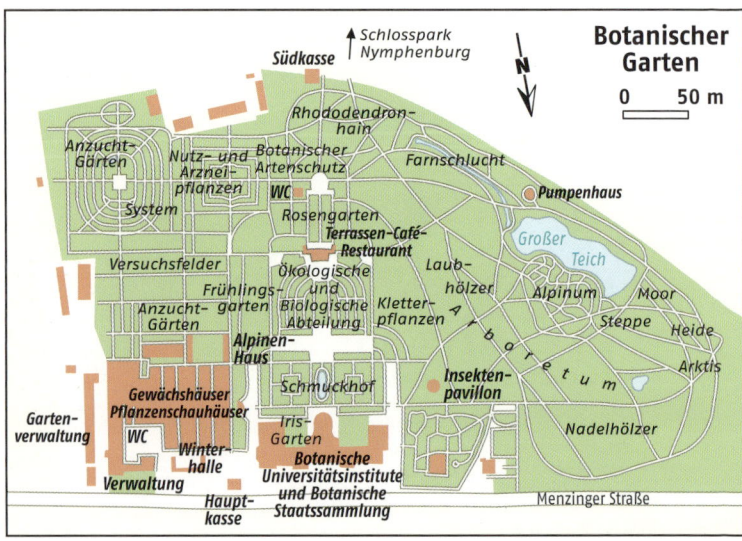

`119` Botanischer Garten

Einer der reichsten und schönsten botanischen Gärten in Europa, eine ideale Kombination von Naturerlebnis, Ästhetik und Belehrung.

Menzinger Straße 65
Tel. 089/17 86 13 16
www.botmuc.de
Mai–Aug. tgl. 9–19, April, Sept.
tgl. 9–18, Febr., März, Okt. tgl.
9–17, Nov.–Jan. tgl. 9–16.30 Uhr
Tram 17 Botanischer Garten

Der *Alte Botanische Garten* [Nr. 39] beim turbulenten Karlsplatz wurde 1914 vom *Neuen Botanischen Garten* abgelöst. Auf Initiative von Karl von Goebel baute Gartenarchitekt Holfelder auf einem Areal von 20 ha eine Anlage, die den Ansprüchen der Wissenschaft wie der Ästhetik gleichermaßen entsprach. Sie bildet bis heute auch die Leitlinie für die folgenden Modernisierungen.

Vor den Gebäuden des *Botanischen Instituts* und der *Botanischen Staatssammlung* breitet sich hinter dem neuen Eingangsgebäude (seit 2013) der farbenprächtige Schmuckhof aus, wandelbar mit den Jahreszeiten, im Frühjahr regiert von Tulpen, Hyazinthen, Stiefmütterchen, im endenden Sommer von Dahlien, Astern, Zinnien. Die vergnüglichen Majolikafiguren rundum sind Werke Wackerles aus der Porzellanmanufaktur, 1914.

Die Ökologische und Genetische Abteilung führt Beispiele für die Anpassung der Pflanzen an Wasser oder Trockenheit, Typen der Bestäubung, Verbreitung von Früchten und Samen, Vererbungsregeln

vor. Im Vorfrühling und Frühling haben Frühlingsgarten und Schaufenster des Alpinen Hauses ihre große Zeit, im Sommer die Rosen, die hier an vielen Stellen stehen, im Rosengarten hinterm Café aber ihr ältestes und adeliges Geblüt versammeln. Nicht minder hinreißend ist im Mai und im Juni südlich davon der Rhododendronhain mit rund 150 Arten.

Im Süden der Hauptachse findet man die wichtige Auswahl der in Deutschland vollständig oder teilweise **Geschützten Pflanzen**, die Abteilung der **Nutz- und Arzneipflanzen** – vom Getreide über Hülsenfrüchtler bis zu Gewürzen – und der nach Inhaltsstoffen und Verwendungsarten gegliederten Heilpflanzen sowie im Osten das **System**, das den Pflanzenstammbaum und seine Zweige veranschaulicht.

Im **Arboretum** westlich der Hauptachse steht Laubgehölz im südlichen, Nadelgehölz im nördlichen Teil. Am *Großen Teich* wird um den **Moor- und Heidegarten** Pflanzengeografie demonstriert: Flora der Arktis, Steppe und Düne, und am **Alpinum** die Bergflora der Welt.

Die Anlage der **Gewächshäuser** ist mit 6000 Pflanzenarten eine der reichsten Europas. Baumlilien und Blattsukkulenten, Palmen und große Stammsukkulenten versammeln die Hallen A, B und C. Bizarre Orchideen sind in Haus 1, die berühmten Victoria-Seerosen in 3 zu bewundern. Die Häuser 5 und 6 beherbergen afrikanische Sukkulenten und kleine Kakteen sowie amerikanische Sukkulenten und große Kakteen, die Häuser 9 und 12 Palmfarne und tropische Farne.

Zur großen Stachelparade sind die verschiedensten Kakteen im Botanischen Garten versammelt

Schloss Blutenburg liegt an einem 1983 künstlich angelegten, von der Würm gespeisten See

120 Schloss Blutenburg

Das stimmungsvolle Wasserschloss-Ensemble, ein Juwel der Spätgotik, ist auch Sitz der Internationalen Jugendbibliothek.

Tel. 089/89121 10
www.blutenburg.de, www.ijb.de
Studiensaal Mo–Fr 10–16 Uhr,
Kinderbibliothek Mo–Fr 14–18 Uhr,
Michael-Ende-Museum Mi–So 14–17
Uhr, James-Krüss-Turm Mo–Do 10–16,
Fr 10–14 Uhr,
Kapelle April–Sept. tgl. 9–17 Uhr,
Okt.–März tgl. 10–16 Uhr
S 3, S 4, S 6, S 8 Pasing, im Anschluss
Bus 56, 143 o. 160 Schloss Blutenburg

Weil ihm »schöne Frauen, weiße Tauben und Saitenspiel« mehr behagten als die Bruderkämpfe des Hauses Wittelsbach, verzichtete Herzog Sigismund auf Mitregierung und zog sich in seine geliebte Blutenburg zurück, das mauerumgebene, von der Würm umflossene, 1431–40 auf altem Wehrgrund gebaute **Jagdschloss** seines Vaters Albrecht III., dem er selbst 1488 eine Schlosskapelle beigeben ließ. Neuaufbau und Ergänzungen späterer Zeiten haben die Anmut des Ensembles nicht gestört, und mag es heute auch recht ›hergerichtet‹ dreinschauen, ist es doch eine Oase der Stille an der Stuttgarter Autobahn geblieben. Seit 1983 ist die von Jella Lepman kurz nach dem Zweiten Weltkrieg gegründete **Internationale Jugendbibliothek** im Schloss Blutenburg untergebracht. Ausstellungen, Lese-Museen wie etwa das **Michael-Ende-Museum** und ein vielfältiges Kulturprogramm machen die Anlage zu einem Treffpunkt, der kleine und große Bücherratten gleichermaßen anzieht.

TOP TIPP Der Edelstein aber in der Krone der Umfriedung ist die **Schlosskapelle Heiligste Dreifaltigkeit**, ein Werk der Münchner Dombauhütte. Der Backsteinbau mit Dachreiter und Zwiebel, bemalt mit Maßwerkfries und Wappen, ist außen so zierlich wie innen filigran durch Netzrippen, Altargespreng, Gold und Licht. Jan Polack, *der* Maler der Münchner Spätgotik, schuf die Altarbilder. Unvergesslich die Gnadenstuhl-Darstellung im *Hauptaltar* mit dem wie eine Mondsichel im Schoß Gottes ruhenden Christus, flankiert von Marienkrönung und Taufe Jesu sowie auf den (nicht sichtbaren) Außenseiten Herzog Sigismund und seinem heiligen Namenspatron. Aus Goldgrund leuchten die Farben, dramatisch die Komposition, expressiv die Physiognomien, zauberhaft die Details, so die Genien im Arm der Evangelisten auf der Predella. Derselbe Duktus bei den *Seitenaltären* am Chorbogen: Christkönig und Verkündigung.

Unbekannt, doch von Grasser geprägt, ist der hervorragende Meister der Apostelfiguren an den Wänden, des Auferstandenen und der berühmten *Blutenburger Madonna*, einer gütig-frommen Bürgersfrau im edel fließenden Gewand, sehr verhalten in ihrer Schmerzlichkeit. Auch die *Glasmalereien* mit Szenen aus dem Leben Christi und Wappenscheiben der Wittelsbacher darüber, vielleicht von Grasser entworfen, oder die nur noch in Resten vorhandene *Wandmalerei*, wohl von Polack, entstammen der Zeit von 1488 bis 1495, wie alles in dieser Kirche. Ihrer Einheitlichkeit fügt sich jedes Detail vom Gesprengefigürchen bis zur Wappenkonsole. Selten ist spätgotische Beseelung und Innerlichkeit so rein fassbar.

121 St. Wolfgang in Pipping

*Spätgotische Dorfkirche mit Original-
ausstattung von hoher Qualität.*

Pippinger Straße 49 a
So ab 18 Uhr Besichtigung,
ab 19 Uhr Gottesdienst;
Aug. bis Mitte Sept. geschlossen
S 3, S 4, S 6, S 8 Pasing

Nah bei seiner Schlosskirche steht Herzog Sigismunds Bauernkirche im Weiler Pipping, ihr nah auch im spätgotischen Zauber von Farbigkeit und Schnitzskulptur. Bis zur Fertigstellung der Blutenburg dürfte Sigismund hier seine Gebete verrichtet haben. Der Spitzhelm des Kirchturms grüßte die nach St. Wolfgang im Salzkammergut ziehenden Pilger.

Die letzte vollständig erhaltene Dorfkirche Münchens und ihre Altäre entstanden zwischen 1480 und 1485. Gotteshaus, Friedhof und umgebende Gebäude stehen unter Ensembleschutz. Fassade und Turm sind strahlend weiß. Die Außenwand des Chors wird unterhalb des Dachs von roten Fresken geziert. Den Turm krönt eine Metallfahne mit der modern stilisierten Figur des hl. Wolfgang.

Zu den besonderen Schönheiten der Ausstattung gehören der Hochaltar mit dem heilenden Heiligen in goldgefasstem Holz, seine Legende ist trefflich gemalt vor realistischen Salzkammergut-Landschaften. Im Chor sieht man die Fresken der Passion Christi und des Marientods, in den geschnitzten Seitenaltären davor Maria mit Wolfgang und Leonhard (links), Christus mit Antonius Eremita und Laurentius (rechts). Über der steinernen Kanzel wurde der Schalldeckel an die Wand gemalten – eine spielerische, perspektivisch gelungene Künstlerlaune. Die Meister aller Werke sind fraglich, neuerdings auch Polack als Freskant, doch Münchner Künstler im Auftrag Sigismunds waren es sicher. Jörg von Halsbach war wohl der Baumeister.

Blutenburg: Inneres der spätgotischen Schlosskirche mit den Altären von Jan Polack

Münchens Norden – die Parks der Olympioniken und des Türkensiegers

Im Münchner Norden breitet sich die schöne Hügellandschaft des **Olympiaparks** mit seinen Sportanlagen aus, überspannt von dem berühmten, schleierleicht wirkenden Zeltdach und überragt vom Olympiaturm: ein großartiges Sport- und Erholungsgelände. Noch weiter nördlich, in **Schleißheim** kurz hinter der Stadtgrenze, dehnt sich eine Gartenanlage anderer Art aus, nämlich ein abgezirkelter Barockpark, bestückt mit den schwelgerischen Architekturen dreier Schlösser, fast alles dem Nymphenburg-Erbauer, Kurfürst Max Emanuel, zu danken, der sich hier ausgiebig als Sieger über die Türken feiern ließ. Barock- und Rokokoraffinessen von Stuck bis Meissener Porzellan! Auf Technikbegeisterte wartet nahe dem Olympiazentrum die **BMW Welt** und in Schleißheim die **Flugwerft** mit einer Ausstellung von Riesenvögeln. Wer aber einen von Münchens gelungenen **Wolkenkratzern** sehen will, muss einen Abstecher in den Osten nach Neu-Bogenhausen machen. Und der **Allianz Arena** im Norden sollten besonders Fußballfans einen Besuch abstatten.

122 Olympiapark

Schauplatz der XX. Olympischen Sommerspiele 1972 und Paradies für Freizeitsportler.

Tel. 089/30670
www.olympiapark.de
U 3 Olympiazentrum

So ganz ohne sportliche Vergangenheit war das ehemalige Oberwiesenfeld nicht, erstreckte sich hier doch einst Münchens erster Flughafen und landete 1909 der erste Zeppelin. Doch eigentlich war es ein ödes Vorstadtgelände, das aber alle Voraussetzungen für eine Olympische Anlage bot: Stadtnähe und kurze Wege für Spiele im Grünen.

Nach dem Entwurf von Behnisch und Partner wurde die amorphe Grünfläche 1968–72 zu einer attraktiven Sport- und Erholungslandschaft umgestaltet, wobei der 60 m hohe Schuttberg – Abraum des bombenzerstörten Münchens – seine Wandlung zum parkmäßig gestalteten **Olympiaberg** und der Nymphenburger Kanal seine Metamorphose zur buchten-

Blick vom Olympiaberg auf die Zeltdächer der Stadien und den Olympiaturm

reichen Seenplatte erfuhr. Hier entstand ein Park, der seine Anziehung auf Benutzer und Besucher – über den eigentlichen Anlass hinaus – bewahren konnte: Leichtathletik-Weltmeisterschaften, Eisrevuen, Rock-, Pop- und Opern-Festivals. Weil das Olympiastadion den Anforderungen an eine moderne Fußballarena allerdings nicht mehr genügte, verließen die beiden Münchner Bundesligaclubs den Park 2005 gen Allianz Arena [Nr. 129]. Entscheidend für die Gestaltung des Olympiageländes war der Gedanke, Gebäude zu errichten, die anders als bei den Spielen 1936 nicht Monumentalität und Herrschaftsanspruch, sondern eine demokratische Grundeinstellung, Offenheit und Weltzugewandtheit ausdrücken würden – dies ist geglückt.

Zu Füßen des Olympiaturmes überspannt die technisch wie ästhetisch atemraubende **Zeltdachkonstruktion** (Zeltdachtouren mit Flying Fox, Anmeldung Tel. 089/30 67 24 14, April–Okt. Do/Fr 15.30, Sa/So 10.30 Uhr) von Frei Otto die drei Sportstätten: das fast 70 000 Zuschauer fassende **Olympiastadion** (Jan.–22. März tgl. 11–16, 23. März–10. Mai tgl. 9–18,

11. Mai–15. Sept. tgl. 9–20, 16. Sept.–3. Nov. tgl. 9–18, 4. Nov.–30. Dez. tgl. 11–16 Uhr, Führungen Tel. 089/30 67 24 14), die **Olympia-Schwimmhalle** [s. S. 177] mit fünf Becken und die **Olympiahalle**. Diese wurde zum modernen Veranstaltungsort mit einer Kapazität von 15 500 Menschen umgebaut und im Jahr 2011 um die **Kleine Olympiahalle** (bis zu 3600 Zuschauer) ergänzt.

Im Osten des Areals liegt das bereits 1967 von Schütze errichtete und 1972 auf 7000 Plätze erweiterte **Eissportstadion** [s. S. 177] mit der seit 1983 von einem eleganten Bogenzelt überdachten Eisfläche. Im Westen befindet sich das für fast 5000 Zuschauer ausgelegte frühere Olympia-Radstadion (1970–72, Schürmann), heute **Event-Arena** mit Großausstellungen. Dazu kommt im Norden, jenseits der Ringstraße, das **Olympische Dorf**. Im Süden schmiegt sich die Freilichtbühne des **Theatron** in das Ufer des Sees. Oben auf dem Olympiaberg blüht die ›Schuttblume‹ (1972), ein Friedensmal von Rudolf Belling, während unten beim Radstadion der ›Handstand einer Turnerin‹ (Martin Mayer, 1972) in Bronze vorgeführt wird.

*Ein Event Center für das Automobil entwarfen
Coop Himmelb(l)au mit der BMW Welt*

123 Olympiaturm

*Höchstes Gebäude Münchens mit
außergewöhnlicher Fernsicht.*

Tel. 089/30 67 27 50
www.olympiapark-muenchen.de
www.rockmuseum.de
tgl. 9–24 Uhr, letzte Auffahrt 23.30 Uhr
U 3 Olympiazentrum

Bis zu 400 km Alpenpanorama, vom Dachstein bis zu den Schweizer Bergen, kann man an klaren Tagen – vor allem also bei Föhn – vom 291 m hohen Olympiaturm bewundern, und das schon seit 1968. Mit einer Geschwindigkeit von 7 m pro Sekunde bringen zwei Lifte die rund 700 000 Besucher, die hier jährlich gezählt werden, hinauf zu den beiden **Plattformen** in 189 und 192 m Höhe. Hier kann man auch das *Rock Museum Munich*, das mit allerlei Memorabilien zur Rock- und Popgeschichte aufwartet, besichtigen. Im **Restaurant 181** (Tel. 089/30 66 85 85, www.drehrestaurant.de, tgl. 11–17 und 18.30–24, Bar bis 1 Uhr) weiter unten, in 181 m Höhe, kann man die wunderbare Aussicht auch bei Speis und Trank genießen und sich dabei in 53 Minuten einmal im Kreis drehen.

124 Sea Life München

Heimische und tropische Unterwasserwelt.

Willi-Daume-Platz 1
Tel. 089/45 00 00
www.visitsealife.com
Mo–Fr: 1.–9. März 10–19, 10. März–11. April 10–18, 12. April–15. Sept. 10–19, 16. Sept.–Okt. 10–18, Nov.–Feb. 10–17 Uhr, Sa/So/Fei/Ferien: 10–19 Uhr
U 3 Olympiazentrum

Gegenüber der Eissporthalle, harmonisch in die Hügellandschaft des Olympiaparks eingefügt, befindet sich das Aquarium Sea Life. In mehr als 30 naturgetreu gestalteten Becken tummeln sich 10 000 Tiere aus rund 150 Arten. Ein Schwerpunkt liegt auf den Bewohnern der Flüsse und Seen Bayerns, doch sind im Sea Life auch exotischere Tiere zuhause. Zu den Attraktionen zählen Seepferdchen und Clownfische sowie der Oktopus Lola. Bei den Besuchern beliebt sind auch die Ammenhaie sowie der junge Zebrahai, der sich bei der Fütterung gegen Bayerns

einzige Meeresschildkröte namens Gonzales durchsetzen muss, sowie natürlich das Berührungsbecken mit Seesternen, Krabben und Anemonen.

125 BMW Welt

*Ideenreiche Architekturen und
90 Jahre Firmengeschichte.*

Am Olympiapark 1
Tel. 018 02/11 88 22
www.bmw-welt.de
tgl. 7.30–24 Uhr
Museum: Di–So 10–18 Uhr
U 3 Olympiazentrum

Dass die moderne Architektur in München eher zu eleganten Schwüngen als zum Wolken-Ankratzen neigt, zeigt besonders sinnfällig das **BMW-Hochhaus**. 1973 hatte der Wiener Architekt Karl Schwanzer dem Verwaltungshochhaus die Gestalt eines Vierzylinders gegeben, bei dem vier Rundtürme mit je 19 Geschossen an einem oben sichtbar herausragenden Kern hängen.

Die fensterdurchlichtete Konstruktion erhebt sich über einer weit ausschwingenden Silberschale, an die sich ein Erweiterungsbau anschließt: das ebenfalls von Schwanzer stammende **BMW Museum**. Es präsentiert in seinen angenehm alabasterweißen Räumen eine Dauerausstellung aus 7 Abteilungen. 125 Exponate illustrieren die BMW-Historie von den Anfängen des Unternehmens als Flug-

motoren-Hersteller bis in die Gegenwart, zeigt Sportwagen und berichtet von den Anstrengungen des Unternehmens bei der Entwicklung von Elektro-Antrieben. Auch Wechselausstellungen finden in der Museumsschüssel statt.

Auf der gegenüberliegenden Straßenseite und mit dem Museum über eine schwungvolle Brücke verbunden, befindet sich die **BMW Welt**: das Auslieferungszentrum der Autofirma, erweitert durch Veranstaltungs- und Einkaufsebenen, Kinderspielzonen, Restaurants und Cafés. Die kühne Architektur von Wolf D. Prix, Mitglied des Teams Coop Himmelb(l)au, geht von der Figur des Doppelkegels aus. Sie wiederholt sich in der Dachlandschaft, der Wendeltreppe und dem Kommunikationszentrum.

126 Neues Schloss Schleißheim

Kurfürst Max Emanuels Versailles: Denkmal der Königsträume eines absolutistischen Barockfürsten.

Max-Emanuel-Platz 1
Tel. 089/315 87 20
www.schloesser-schleissheim.de
April–Sept. Di–So 9–18 Uhr,
Okt.–März Di–So 10–16 Uhr
S 1 Oberschleißheim

Max Emanuel, der zuerst mit den Österreichern gegen die Türken, später mit

Zitronengelb und Quietschorange – die BMW-Geschichte als ein Fest der Farben

den Franzosen gegen die Österreicher zog, brachte Bayern politisch kein Glück. Doch beschenkte er München mit dem Glanz barocker Schlösser: Schleißheim und Nymphenburg. Aus Schleißheim wollten seine imperialen Träume eine gewaltige Königsresidenz machen. Dass Schulden und Exil die Pläne schrumpfen ließen, geriet der Anlage bei aller Prätention ohne Zweifel zum Charme. Das Neue Schloss, das der alte Zuccalli 1701 begann und der junge Effner 1719–26 fortsetzte (Treppenhaus von Klenze vollendet), wurde eine festliche Prunkarchitektur des Spätbarock und Rokoko. Gegliedert in Mitteltrakt, Verbindungsflügel und Eckpavillons, wendet der Bau seine fensterdurchlichtete Fassade im Westen dem Alten Schloss, im Osten dem Park zu.

Herrlich blühende Blumenrabatten beleben die Gärten um das Neue Schloss Schleißheim

Französische Eleganz triumphiert im Inneren. Die **Säulenhalle**, das fulminante **Treppenhaus**, die Große Galerie, die Festsäle und Wohnfluchten schwelgen in lichtem Stuck, farbigen Fresken und Gemälden. ›Sieg über die Türken‹ verkündet ihr Programm im Obergeschoss des Mittelbaus. J. B. Zimmermanns herrliche Stuckplastik figuriert Türkenköpfe, Kriegstrophäen, Atlanten-Sklaven. Amigonis Fresken feiern Max Emanuel in der Gestalt des römischen Ahnherren Äneas. Der venezianische Freskant trat an Asams Stelle, als dessen Probefresko in der Kuppel des Treppenhauses – ›Venus bei Vulkan‹ – beim Kurfürsten glatt durchfiel,

weil ihm sein Konterfei (rechts neben Venus) missfiel. Auch Beichs Schlachtengemälde rühmen den Türkensieger, zwei riesige im **Großen Saal**, neun kleinere im **Viktoriensaal**, ein Barockjuwel mit Herkules-Hermen von Dubut und Régence-Dekoration aus der Pichler-Werkstatt. Die **Große Galerie** verbindet die beiden Appartement-Doubles in den Flügeln und war einst eine der ersten Pinakotheken Europas. Rund 1000 Gemälde erwarb allein Max Emanuel. Herrscherallegorien durchziehen den oberen Südtrakt mit den Zimmern des Kurfürsten, Friedens- und Naturallegorien prägen den Nordtrakt mit den Gemächern der Kurfürstin.

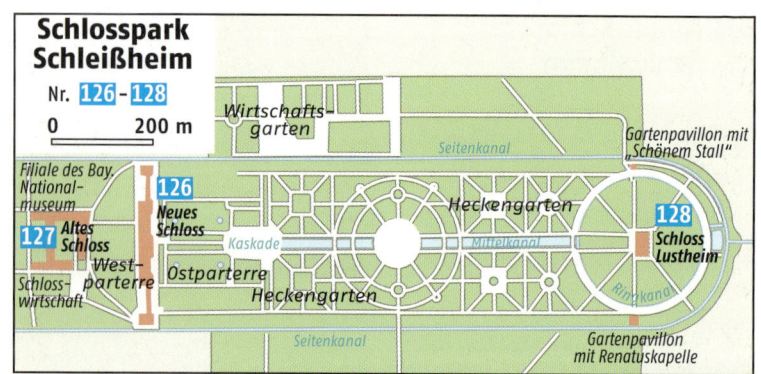

Schlosspark Schleißheim

Nr. 126 - 128

0   200 m

Wirtschafts-garten

Seitenkanal

Gartenpavillon mit „Schönem Stall"

Filiale des Bay. National-museum

127 **Altes Schloss**

126 **Neues Schloss**

West-parterre

Schloss-wirtschaft

Ostparterre

Kaskade

Heckengarten

Mittelkanal

Heckengarten

128 **Schloss Lustheim**

Ringkanal

Seitenkanal

Gartenpavillon mit Renatuskapelle

Den Viktoriensaal krönt das Deckenfresko ›Dido empfängt Aeneas‹ von Jacopo Amigoni

In 20 Räumen des Neuen Schlosses sind Barockgemälde europäischen Ranges aus dem Bestand der Bayerischen Staatsgemäldesammlung zu bewundern: Die Große Galerie beherbergt u. a. drei Rubens-Werke religiöser Thematik sowie die Italiener Il Guercino, Castiglione und Saraceni. Neapolitaner Barock-Malerei repräsentiert ein Hauptwerk von Luca Giordano, ›Der Tod des Seneca‹. In den Appartements wechseln sich Gemälde niederländischer, französischer und italienischer Künstler ab, so Bildnisse van Dycks und Viviens, Genreszenen Teniers d. J. und mythologische sowie religiöse Sujets von Crespi, Testa und Manredi.

Ob die bewaffneten Männer auf dem Wandteppich im Audienzzimmer eine Warnung waren?

Rarität Barockpark

Nur zwei Barockgärten in Deutschland haben ihren geometrischen Stil weitgehend rein zu bewahren vermocht: Herrenhausen bei Hannover und Schleißheim.

Die Hauptachse der großzügigen Schleißheimer Anlage ist ein breiter Kanal, der aus dem Ringkanal um Lustheim kommt und in einer Kaskade mit restaurierter Fontäne im Bassin der blumenbunten Parterre-Anlage vor dem Neuen Schloss mündet. Die Seitenkanäle, die die Breite des Neuen Schlosses bestimmten, schließen sich hinter Lustheim zum Halbkreis. Die Boskette und Wege dazwischen bilden Geometrien aus Kreisen, Quadraten, Radiallinien. Die Natur hatte sich menschlichem Gestaltungswillen zu unterwerfen, alle ›Unordnung‹ ist ihr hier mit dem Lineal ausgetrieben.

Der Garten als Festschauplatz, schmal, lang, auf einen Blick erfassbar – das war die klassische Regel Le Nôtres, dessen Schüler Girard diesen Park um 1715 mit Hilfe der Zuccalli-Entwürfe von 1684 anlegte.

127 Altes Schloss Schleißheim

Seltenes Beispiel einer Landresidenz der Spätrenaissance.

Tel. 089/315 87 20
www.schloesser-schleissheim.de
April–Sept. Di–So 9–18 Uhr,
Okt.–März Di–So 10–16 Uhr
S 1 Oberschleißheim

Dem kurfürstlichen Paradeschloss steht das herzogliche Landschloss gegenüber, ein Spätrenaissancebau mit hübschem Zwerchhaus und Treppenhalle in der Mitte, das Innere von Candid ausgeschmückt. Errichtet hat den Bau mit weitläufigen Wirtschaftsgebäuden Heinrich Schön d. Ä. 1616–23 für Maximilian I. Nach Kriegszerstörungen wurde das Alte Schloss 1972 teilweise wiederhergestellt.

Heute präsentiert in seinem Inneren das Bayerische Nationalmuseum die reiche Sammlung Gertrud Weinhold mit Kultobjekten christlichen Volksglaubens aus aller Welt, vor allem den katholischen Zentren Südamerika, Mexiko, Polen, aber auch mit ökumenischen Beispielen, ausgebreitet in 250 Vitrinen unter dem Motto ›Das Gottesjahr und seine Feste‹ im rechten Flügel: Eine hochinteressante Schau. Im Südflügel ist die Dauerausstellung ›Es war ein Land‹ zur Geschichte und Kultur Ost- und Westpreußens zu sehen.

128 Schloss Lustheim im Schlosspark Schleißheim

Architekturgeschichtlich beispielgebendes ›Lustgebäude‹ mit damals neuartiger Deckenmalerei. Exquisite Sammlung Meissener Porzellans.

Tel. 089/315 87 20
www.schloesser-schleissheim.de
April–Sept. Di–So 9–18 Uhr,
Okt.–März Di–So 10–16 Uhr
S 1 Oberschleißheim

Das Wohn- und Jagdschloss auf dem vom Parkkanal ausgestochenen Rund sollte die ›Liebesinsel‹ Max Emanuels und der Kaiserstochter Maria Antonia werden, die er 1685 heiratete. Unter den Initialen MA im allegorischen Hauptfresko ›Jupiter erhebt Diana zur Göttin der Jagd‹ lebte er dann aber weit länger mit der polnischen Königstochter Therese Kunigunde Sobieska, denn Maria Antonia starb nach unglücklicher Ehe 1692 im Kindbett.

Mit Lustheim hat Zuccalli dem höfischen Schlossbau des Spätbarock 1684–88 einen kostbaren Auftakt gegeben: ein von vier vorspringenden Seitentrakten umfasster Mittelbau, dem im Inneren ein hoher Hauptsaal mit vier doppelgeschossigen Appartements entspricht. Bemerkenswert sind auch die gewölbeüberspannenden Deckengemälde von Rosa, Trubillio und Gumpp, die ihre Diana-Szenen über gemalten Scheinarchitekturen schweben lassen.

Der Schatz Lustheims ist heute die **Meissener Porzellansammlung Ernst Schneider**, 1968 dem Bayerischen Nationalmuseum gestiftet. Die Kollektion umfasst 1800 Stücke aus der Blütezeit der Meissener Manufaktur im 18. Jh., mit frühen Geschirren von Böttger, Chinoiserien von Höroldt und den berühmten Tierfiguren von Kändler bis zu Porzellanen aus der Zeit des Siebenjährigen Krieges. Den Glanz barocker Festtafeln spiegelt das Wappenservice des Grafen Sulkowski.

Oben: *Schloss Lustheim liegt inmitten einer vergnüglichen Parklandschaft*
Unten: *Balustervase (um 1720) aus der Sammlung Meissener Porzellan*

Die Flugwerft Schleißheim zeigt als Museum Fluggerät aller Epochen

129 Flugwerft Schleißheim

Eine hochmoderne Ausstellung auf dem ältesten erhaltenen Flugplatz Deutschlands.

Effnerstraße 18
Tel. 089/315 71 40
www.deutsches-museum.de
tgl. 9–17 Uhr
S 1 Oberschleißheim

Die Schleißheimer Flugwerft wurde 1912–19 für die Königlich-Bayerischen Fliegertruppen errichtet. Deren Kommandantur und Werfthalle sind wohl die ältesten erhaltenen Flughafengebäude der Welt. Seit 1992 ist hier eine Zweigstelle des Deutschen Museums [Nr. 113] ansässig. Zu dem spektakulären Ensemble gehört auch eine Ausstellungshalle auf dem neuesten Stand der Technik. Hier vermitteln rund 60 Flugzeuge, Hubschrauber und Hängegleiter sowie zahlreiche Flugmotoren und Flugsimulatoren lebendige und lehrreiche Einblicke in die Geschichte und Technik der Luft- und Raumfahrt. Flugapparate aus den Pioniertagen der Luftfahrt sind ebenso zu bestaunen wie Flugzeuge aus dem 20./21. Jh., darunter ein sowjetischer MIG-Jäger und ein Polizeihubschrauber. Von einer Galerie kann man Restauratoren bei der Arbeit an den Fluggeräten zuschauen.

130 Allianz Arena

TOP TIPP *Magischer Ort im Münchner Norden und Heimat von FC Bayern und TSV 1860 München.*

Werner-Heisenberg-Allee 25
Tel. 089/200 50
www.allianz-arena.de
Führungen tgl. 10–17.30 Uhr (Winter 11–16.30 Uhr), außer an Spieltagen
FC Bayern Erlebniswelt: tgl. 10–18 Uhr
U 6 Fröttmaning

Schon aus der Ferne erkennt der Autofahrer, der die Allianz Arena an Spieltagen auf der A 9 passiert, welcher Verein dort gerade spielt: Rot erstrahlt die Außenhaut, wenn der FC Bayern München antritt, blau, wenn der Lokalrivale TSV 1860 München aufläuft. Doch auch wenn das Stadion nicht leuchtet, beeindruckt der von den Baseler Architekten Herzog und de Meuron entworfene ›Schwimmreifen‹. Bis zu 71 137 Zuschauer können auf überdachten Plätzen Bundesliga- und Europacupspiele verfolgen. In der **FC Bayern Erlebniswelt** (www.fcb-erlebniswelt.de) im Sockel der Arena werden die Erfolge des deutschen Rekordmeisters ausgiebig gefeiert. Meisterschalen hängen an der Decke und von Stellwänden blicken große Spieler und Trainer wie Franz Beckenbauer und Ottmar Hitzfeld.

Mit der Allianz Arena errichtete München König Fußball ein Meisterwerk der Architektur

131 HypoVereinsbank-Verwaltungsgebäude

Imponierende Hochhaus-Architektur im Nordosten der Stadt.

Arabellastraße 12
U 4 Richard-Strauss-Straße

Münchens Wolkenkratzer stehen fern des Stadtkerns – innerhalb des Mittleren Rings soll kein Bauwerk die 98 m hohen Türme der Frauenkirche übertrumpfen. Während Uptown (146 m) im Nordwesten und Highlight (126 m) im Norden wenig spektakulär wirken, ist das HypoVereinsbank-Verwaltungsgebäude (114 m) höchst einfallsreich gestaltet: ein bewegt wirkender Komplex, gefügt aus drei prismatischen Baukörpern und vier Rundtürmen von unterschiedlicher Höhe, durch breite Gurte verbunden, die zur Aufhängung der darunter und Stützung der darüber liegenden Geschosse dienen. Die silberblitzende Aluminiumhaut lässt die Baumasse leicht und elegant erscheinen. Noch ist diese Hochhausarchitektur (1981) von Walter und Bea Betz an Originalität in München unübertroffen.

In unmittelbarer Nähe ragt seit 2011 am Effnerplatz eine elegante, 52 m hohe Skulptur aus Stahlrohren empor: **Mae West** ist ein Werk der US-Bildhauerin Rita McBride und entstand als Kunst am Bau über einem Tunnel des Mittleren Rings.

Münchens Süden –
Dorfkirchen-Charme und Kinderland

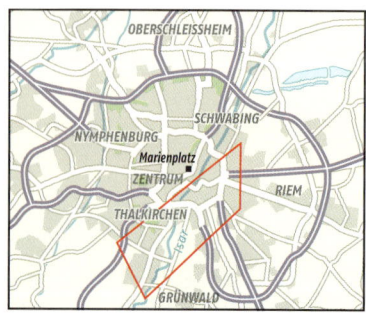

Zwiebeltürmige Wallfahrts- und Dorfkirchen umgeben die Stadt im Süden im Halbrund von Ost nach West. Jede hat ihre unverwechselbare Stimmung, jede besondere Kunstkostbarkeiten. Das funkelndste Juwel ist **St. Michael** in Berg am Laim, einst zu einer kölnischen Enklave in München gehörend. In den Süden aber pilgern vor allem Kinder an Elternhand, um Viecherln im **Tierpark Hellabrunn** von Thalkirchen, Filmtricks beim Besuch der Bavaria Filmstadt und Mittelalterromantik auf der malerischen **Burg Grünwald** über der Isar zu begucken. Die Erwachsenen erfrischen sich danach bei einer Einkehr im **Asam-Schlössl**, Erholung für Groß und Klein bietet der **Flaucher**.

132 St. Michael in Berg am Laim

Eine der kostbarsten Leistungen bayerischen Rokokos von ersten Meistern. Harmonie von Architektur, Plastik und Malerei.

Johann-Michael-Fischer-Platz 1
Tel. 089/436 89 63
www.st-michael-bal.de
U 2 Josephsburg
wg. Restaurierung nur zu Gottesdiensten Sa 18 Uhr und So 10.30 Uhr geöffnet, sonst Zugang bis Vorhalle

Bei Clemens August, Max Emanuels Sohn, dem Liebhaber der Künste und Feste, mussten stets die Besten herbei, wenn er bauen ließ: Balthasar Neumann, Cuvilliés, Johann Michael Fischer. Clemens August war Kurfürst und Erzbischof von Köln, und seine Hofmark Berg am Laim (= Lehmrücken) gehörte zum Kölnischen. Der von ihm veranlasste Bau einer Kirche für eine Bruderschaft und einen Ritterorden St. Michael währte mehr als 20 Jahre (1735–58), denn es gab Intrigen zwischen dem Stadtbaumeister Kögelsberger und dem bayerisch-kurkölnischen Architekten Fischer, der schließlich obsiegte.

Dennoch geriet sie wie aus einem Guss. Fischer hat den sich weitenden und verjüngenden Innenraum geistvoll aus Oval- und Oktogonalräumen gefügt, die

Detail aus dem Deckenfresko in der Hauptkuppel von St. Michael in Berg am Laim

Blick in den wundervollen Rokokoraum von St. Michael in Berg am Laim

Oktogone durch säulenbesetzte Nischen und Eckschrägen konstruiert, die Wölbungsformen allenthalben variiert, mit apart geschwungenen Licht-Erkern eine schwebende Lichtwirkung erzeugt. Fresken und Figuren, Stuck und Farbharmonie machen den Raum zu einem Thronsaal für den Engelsfürsten St. Michael, durchaus fröhlich, wenn man das Treiben der Putti genau beobachtet, angeführt durch die beiden köstlichen am Hochaltar: ein kleines Mädchen als ›Dame‹, ein kleiner Bub als ›Superfischer‹. Gemeint waren freilich die lesende Maria und Tobias mit dem Fisch.

Zimmermann, der auch den Stuck schuf, schildert in seinen zauberhaft lichtvollen *Deckengemälden* St. Michaels drei Erscheinungen am Berg Gargano (vom Westen zu lesen): über dem Gemeinderaum die ›Stiftung der Wallfahrt‹ (im Prozessionszug Kurfürst Clemens August unterm Baldachin), über dem Ritterordensraum sein ›Eingreifen in den Kampf für das Volk von Siponto‹, über dem Altarraum seine ›Weihe der Grotte‹. Das Urthema, ›Michaels Triumph über den Drachen‹, ist dem Altarbild vorbehalten (J. A. Wolff, 1694).

Alle Altaraufbauten und Figuren der Kirche stammen von Straub und aus seiner Werkstatt. Glanzvoll ist der *Hochaltar* mit den wohlgestalteten Erzengeln Gabriel und Raffael und dem Tabernakel, der als Tisch in der Herberge von Emmaus gestaltet ist. Unter den *Seitenaltären* fallen die eleganten säulenlosen auf, die Straub (mit Günther) in die Kunst eingeführt hat. Besonders schön sind der *Immaculata-* und der *Nepomuk-Altar* vor dem Triumphbogen mit Bildern von Zimmermann und den qualitätvollsten der

151

Ein Platz an der Sonne – sommerliche Freizeitwonnen am Flaucher in Thalkirchen

zwölf Apostelfiguren: Johannes und Jakobus d. Ä. Die *Kanzel*, die sich nach Rokokoart am Triumphpfeiler befindet, ist ein graziles Werk von Haßler, auf dem der Erzengel Michael uns gar mit weißblauer Fahne patriotisch kommt. Barock kraftvoll erscheinen die Figuren des *Rochus* und *Sebastian* von Straubs Lehrer Faistenberger in der Vorhalle.

Sehr bedauerlich ist nur, dass die würdevolle Doppelturmfassade mittlerweile so bedrängt von Neubauten ringsum, ihre große Geste nicht mehr ausleben kann. Eine Hofkirche in einem Dorf mit nur 250 Seelen – das war freilich schon damals zu hoch gegriffen.

133 St. Maria in Ramersdorf

Eine der ältesten Wallfahrtskirchen in ganz Bayern.

Aribonenstraße 9
Tel. 089/600 87 67 40
www.maria-ramersdorf.de
U 2 Karl-Preis-Platz
U 2, U 5 Innsbrucker Ring

Maria-Ramersdorf ist seit dem 14. Jh. Doppel-Wallfahrtsort. Man verehrt hier die Muttergottes und das Heilige Kreuz. Das *Gnadenbild* der Thronenden Himmelskönigin (1465) im Zentrum des barocken *Hochaltars* wird dem spätgotischen Meister Kriechbaum zugeschrieben. Und mit der Kreuzreliquie, aufbewahrt in einem Umhängekreuz Kaiser Ludwigs des Bayern mit kostbarer Kreuzmonstranz, werden die Wallfahrer gesegnet. Die Gemälde von Polack am *Flügelaltar* (geschlossener Zustand) an der Langhaus-Nordwand nehmen auf die Stiftung der Kreuzpartikel an Ramersdorf durch einen Sohn des Kaisers Bezug, im offenen Zustand zeigen die Schnitzreliefs (1483) von Grasser Passion und Kreuzigung. Beachtenswert sind ferner die *Schutzmantelmadonna* (1503) an der Südwand und die *Votivbilder* im Chorraum, darunter das Weihebild der von Gustav Adolf verschleppten 32 Münchner Geiseln (Kager, 1635). Die schwere Barockausstattung mit Schlierseer Felderstuck und prunkenden Altaraufbauten kontrastiert mit dem straffen gotischen Äußeren der Kirche, deren wohlgestalteter Zwiebelturm Ramersdorfs Blickpunkt ist.

134 Flaucher

Naturschutz und Naherholung harmonisch vereint.

U 3 Brudermühlstr./Thalkirchen
Anfahrt über die Schäftlarnstr.

Zwischen Brudermühlbrücke und südlicher Stadtgrenze erstreckt sich beiderseits der Isar der Flaucher, eines der beliebtesten Naherholungsgebiete. Rund um den Flauchersteg treffen sich Sonnenanbeter und Fkk-Anhänger, und manche Unerschrockene schwimmen sogar in der kühlen Isar. Für zünftige Verpflegung sorgt der 1870 eröffnete **Biergarten** Zum Flaucher, benannt nach seinem Wirt, Johann Flaucher. An warmen Sommerabenden steigen an den kiesigen Ufern würzige Rauchschwaden in den Himmel – Grillen ist hier erlaubt. Im Winter sind Blässhühner, Stockenten, Gänse und Schwäne zu beobachten. Durch die *Renaturierung* der Isar haben viele Pflanzen und Tiere wie Flusskrebse und Hechte neue Lebensräume gefunden. Und für die Menschen sind natürliche Abenteuerspielplätze entstanden.

135 Tierpark Hellabrunn

Weltweit erster Geo-Zoo: Harmonie
von Landschaft und Tierwelt.

Tierparkstr. 30
Tel. 089/62 50 80
www.tierpark-hellabrunn.de
April–Okt. tgl. 8–18 Uhr,
Nov.–März tgl. 9–17 Uhr
U 3 Thalkirchen

Die Hagenbeck-Idee, einen **Zoo** nicht
nach Tierarten, sondern nach Erdteilen
anzuordnen, brachte der Berliner Zoolo-
ge Heinz Heck nach München, und mit
dieser Konzeption wurde der schon 1911
gegründete, doch in der Inflationszeit aus
Geldnot wieder geschlossene Tierpark
1928 neu eröffnet und zu Riesenerfolg
geführt. Den Namen erbte er von dem
einstigen Lustschlösschen Hellabrunn in
den oberen Isarauen, die mit dem östlichen Hangufer zusammen ein ideales
Terrain für den Naturpark boten. Emanuel
von Seidl errichtete 1910–14 die Tierhäu-
ser, strohgedeckte hölzerne oder feste
Gebäude, darunter das **Elefantenhaus**
(bis 2015 wg. Restaurierung geschl.), das

die erste freitragende Beton-Glas-Kuppel
der Welt bekam. Die **Großvoliere** von Frei
Otto mit einem dünnmaschigen Stahl-
netz über einer Fläche von 5000 m² ist ein
Wahrzeichen des Zoos. Ferner entstanden
die Pavillons des **Neuen Affenhauses**,
das die verschiedenen Gruppen in gitter-
losen Innenräumen beherbergt, sowie
das **Orang-Utan-Paradies** und das
Urwaldhaus, in dem Gorillas und Schim-
pansen beobachtet werden können. Die
Dschungelwelt bietet Löwe, Leopard
und Co. ein prachtvolles Zuhause. Ge-
mächlich geht es im **Schildkrötenhaus**
zu. Die Menschenkinder dürfen einige
Tiere in einem **Kindertierpark** mit Strei-
chelzoo näher kennenlernen. Gar man-
chem Erwachsenen gruselt es hingegen
beim **Fledermausgrotte** beim Anblick
der dort lebenden Brillenblattnasen und
diverser Spinnenarten. Weitere Glanz-
punkte sind das **Aquarium** mit 14 000 Fi-
schen, Korallen und Quallen, die **Polarwelt** mit Eisbären, Pinguinen, Mähnen-
robben und Seelöwen sowie die 2013 eröffnete **Giraffensavanne**, in der auch
Erdmännchen und Stachelschweine leben. Der 2010 vorgestellte ›Ziel- und Ent-

Die Polarwelt im Tierpark von Hellabrunn ist eine der modernsten Anlagen Europas

wicklungsplan‹ sieht einen kontinuierlichen Umbau des 40 ha großen Areals sowie eine neue Verteilung der Erdteile bis zum Jahr 2020 vor.

Als Heinz Heck in den 1930er-Jahren ausgestorbene Tierarten wie den Auerochsen oder das Urwildpferd mit Erfolg zurückzüchtete, zeichnete sich bereits ab, dass der Zoo der Zukunft nicht mehr nur dem Anschauungsunterricht, sondern auch der Zuflucht und Zucht bedrohter Arten dienen müsse. Inzwischen sind Tiger, Nashörner und Orang-Utans – um nur einige Arten zu nennen – kaum oder gar nicht mehr in freier Wildbahn zu finden und können in ihren Lebensgewohnheiten nur noch mit großem Aufwand oder im Zoo studiert werden. Damit sind Hellabrunn auch umfangreiche Forschungsaufgaben zugewachsen, die im **Artenschutzzentrum** (tgl. 10–16 Uhr) der Öffentlichkeit präsentiert werden.

136 St. Maria in Thalkirchen

Mittelalterliche, barockisierte Dorf- und Wallfahrtskirche. Werke von Erhart und Günther.

Fraunbergplatz 1
Tel. 089/742 84 40
www.mariathalkirchen.de
U 3 Thalkirchen

Die ›Kirche im Tal‹ der alten Siedlung war lange Urpfarrei der Orte am linken Isarufer. Im 13. Jh. liegen ihre Anfänge. Mit gotischen Steildächern, einem barockbehelmten Turm und einem neobarocken,

überkuppelten Sechseckanbau zeigt sie schon in ihrem Äußeren ihre Baugeschichte: eine gelungene Synthese der Bauperioden um 1400, 1700, 1908.

Der Anbau von Gabriel von Seidl mit neobarockem Stuck voller Jugendstilanklänge öffnet sich zum Langhaus mit Frühbarockstuck und dem Maria-Himmelfahrts-Fresko von J. A. Wolff (1696) sowie zum Chor mit dem *Hochaltar*. Er ist eine kostbare Verbindung schwelgerischen Rokokos und reich drapierter Spätgotik: Dem *Gnadenbild* der damenhaften Madonna mit Kind – vermutlich ein Werk des Ulmer Schnitzers Michel Erhart von 1482 – gab Ignaz Günther 1760 einen schwebend nahenden, die Madonna mit einem Blütenkranz krönenden Engel bei und stellte die Gruppe vor eine Strahlenglorie in einen bewegten Säulenaufbau. Günthers St. Joachim und St. Anna zwischen den Säulen werden von Erharts Bischofsfiguren St. Ulrich und St. Korbinian über den seitlichen Durchgängen flankiert.

137 Asam-Schlössl

TOP TIPP *Einst Landsitz mit Atelier des berühmten Malers Cosmas Damian Asam, heute ausgezeichnetes Lokal in barockem Ambiente.*

Maria-Einsiedel-Straße 45
Tel. 089/723 63 73
www.asamschloessl.de
U 3 Thalkirchen

Der wohlhabende Cosmas Damian Asam, der viele Kinder hatte und in der Theatinerstraße wohnte, erwarb dieses Anwesen am Rande der Isarauen 1724 als Landsitz. Er stockte das Haus auf, richtete sich unterm Zwerchdach sein Atelier ein und bemalte die Fassade allseits üppig mit Scheinarchitekturen, Heiligengestalten und Allegorien, wie es in München damals häufig geschah. Zu der opulenten Künstlerresidenz, die der Maler nach der von ihm freskierten Schweizer Wallfahrtskirche ›Maria Einsiedel‹ nannte, gehörten damals Ökonomiegebäude, ein geometrischer Garten und eine von seinem Bru-

der Egid Quirin gebaute Kapelle. Haus- und Fassadenmalerei wurden nach dem Zweiten Weltkrieg von Architekt und Denkmalschützer Erwin Schleich wiederhergestellt. An der Hauptfassade: *Madonna mit Kind*, *Moses*, *Borghesischer Fechter*, *Engel auf Wolken*. Im Balkongitter befinden sich des Baumeisters Initialen, ein doppelt verschlungenes CDA. 1992 erwarb die Augustiner Brauerei das Anwesen und sorgte für eine sorgfältige Restaurierung. Nun ist hier ein gutbürgerliches **Lokal** mit Biergarten beheimatet.

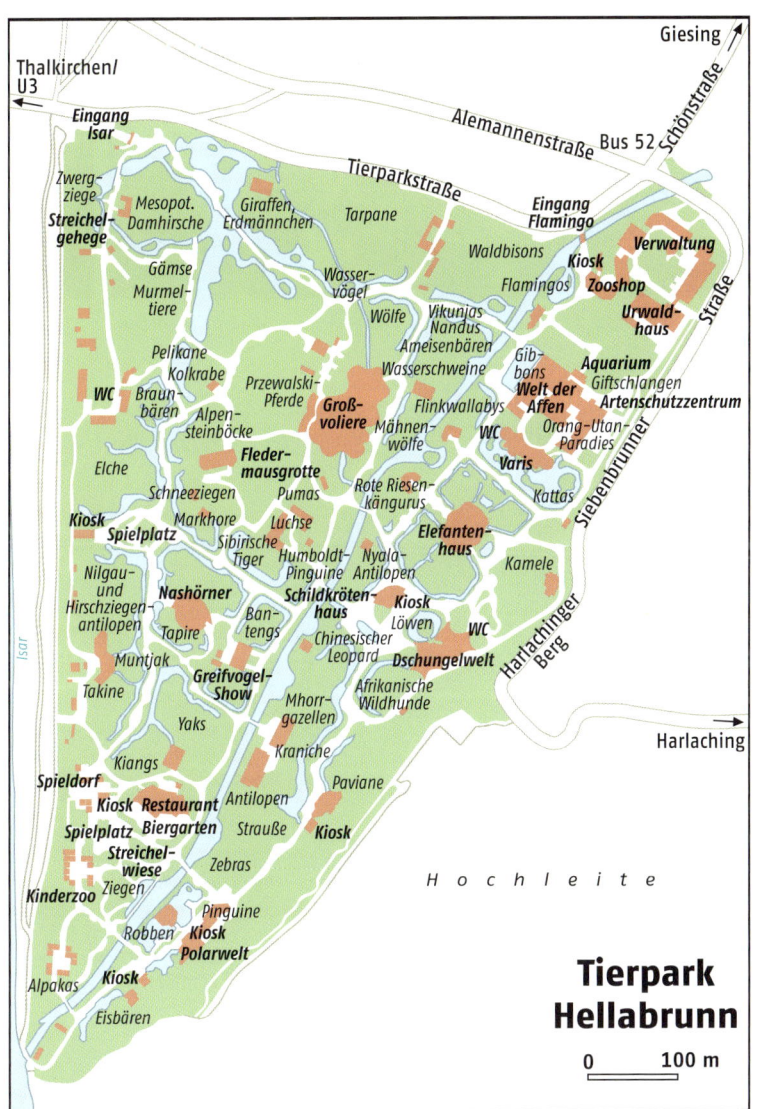

›Der Schuh des Manitu‹ erheitert im neuen Bullyversum der Bavaria Filmstudios

138 Pfarr- und Wallfahrts- kirche Heiligkreuz in Forstenried

Das ehrwürdige Holzkruzifix ist das einzige noch im Kirchenraum situierte Meisterwerk der Romanik in München.

Forstenrieder Allee 180 a
Tel. 089/74 52 92 90
www.hl-kreuz-forstenried.de
U 3 Baslerstraße

Von dem erstarrten Antlitz mit den weit offenen Augen, von dem strengen, geometrisch gegliederten Körper geht eine zwingende mythische Kraft aus. Verständlich, dass Legenden das Forstenrieder Kruzifix umweben. Die hl. Elisabeth soll in Andechs davor gebetet, scheuende Rosse seinen Verbleib in Forstenried bestimmt haben. Der Kunstgeschichte gilt das romanische Werk (um 1180), das wohl in Kloster Seeon entstand und bis 1229 in Andechs war, als erstes Kruzifix mit übereinander genagelten Füßen.

Die Kirche geht auf Ursprünge um 1000 zurück, der heutige Bau mit Stichkappentonne entstand im 15. Jh., wurde im Barock und Rokoko innen umge-

staltet, stuckiert, neu eingerichtet. Beachtenswert: *Christus und Maria* an den Wandpfeilern von Faßbinder, 1708, zwölf *Apostel-Figuren* von 1670.

139 Bavaria Filmstadt

Spannende Rundfahrt durch das bayerische Hollywood: ein Blick hinter die Kulissen der Traumfabrik.

Bavariafilmplatz 7
Tel. 089/64 99 20 00
www.filmstadt.de
Führungen Mitte April - Okt. tgl. 9–16, sonst tgl. 10–15 Uhr jede volle Stunde
U 2 Silberhornstraße oder U 1 Wettersteinplatz, dann weiter mit Tram 25 bis Bavariafilmplatz

Man kann sich im Regiestuhl räkeln und im ›Boot‹ Platzangst einjagen lassen, auf dem Drachen Fuchur durch die ›Unendliche Geschichte‹ reiten, im Gefängniskorridor des Kinofilms ›Der Baader Meinhof Komplex‹ oder in der Höllentorhalle aus ›DKW 5: Die wilden Kerle‹ die Detailfreude der Kulissen bestaunen, den Eispalast aus Bully Herbigs zweitem Wickie-Film durchstreifen oder in interaktive Erlebniswelt des Bullyversums ein-

Am südlichen Rand des Münchner Villenviertels Grünwald liegt die gleichnamige Burg

tauchen: Kinowonnen aus erster Hand in der 320 000 m² großen Film- und Fernsehstadt. Der 1919 gegründete, heute internationale Drehplatz hat Stars von Albers bis Lancaster, von der Dagover bis zur Loren, Spitzenregisseure von Hitchcock bis Fassbinder und Superfilme von ›Cabaret‹ bis ›Väter und Söhne‹ erlebt und uns erleben lassen.

140 Burg Grünwald

Spätmittelalterliche Höhenburg in markanter Lage am östlichen Steilufer des Flusses. Zweigmuseum der Prähistorischen Staatssammlung mit römischem Lapidarium.

Grünwald, Zeillerstraße 3
Tel. 089/64 13 218
www.archaeologie-bayern.de
Ostern–Allerheiligen Mi–So 10–17 Uhr, jeden 1. So im Monat Burgführung
Tram 25 Grünwald

Keineswegs Furcht einflößend trutzig, sondern feingliedrig vielgestaltig liegt die Burg über der Isar, in der Nähe eines ehemaligen Römer-Kastells; einladend zeigt das spätgotische *Torhaus* im Osten in seinem Treppengiebel gemalte Wappen von Polen bis Jerusalem. Kurz notiert die Geschichte: Gebaut, um den Isarübergang und Floßzoll zu kontrollieren, war sie im 12. Jh. Sitz der Andechser Ministerialen, vom 13. bis zum 17. Jh. Jagdschloss der Wittelsbacher, umfangreich um- und ausgebaut zur Hochzeit Herzog Albrechts mit der Kaisertochter Kunigunde 1487, im 18. und 19. Jh. nur noch Adelsgefängnis und Pulvermagazin, ab 1879 Privatbesitz. Seit 1977 gehört sie dem Freistaat Bayern. Derzeit wird das Gebäude in einer mehrjährigen Umbauphase zurückgebaut.

In Teilen der Anlage ist heute das **Burgmuseum Grünwald** untergebracht: Im *Großen Turm* sind, Geschoss für Geschoss, kurzweilige Dokumente zur Burggeschichte ausgestellt, und zuoberst wartet ein Rundblick auf Isartal und Alpenkette. Ost- und Westflügel zeigen vorgeschichtliche *Sonderausstellungen*. Im Zentralbereich und im Untergeschoss sind ein *Lapidarium* mit Grab- und Altarsteinen, eine *Küche* und ein *Heizungssystem* aus römischer Zeit zu besichtigen.

Die Staatsstraße unterhalb der Burg führt zur Isar, an deren jenseitigem Ufer der **Brückenwirt** (An der Grünwalder Brücke 1, Höllriegelskreuth, Tel.089/793 01 67, www.brueckenwirt.de) zur Einkehr lädt.

München aktuell A bis Z

Vor Reiseantritt

ADAC Info Service:
Tel. 0800 510 11 12
(gebührenfrei)

Unter dieser Nummer und bei den
ADAC Geschäftsstellen können
Mitglieder des ADAC kostenloses
Informations- und Kartenmaterial
anfordern.

ADAC Mitfahr Club, mitfahrclub.adac.
de. Fahrtangebote und Mitfahrgele-
genheiten im Internet und als Anwen-
dung für Mobiltelefone mit Browser
und als App für iPhone und iPad.

ADAC im Internet:
www.adac.de
www.adac.de/reisefuehrer

München im Internet:
www.muenchen.de
www.in-muenchen.de

**Tourismusamt der Landeshaupt-
stadt München**, Tel. 089/23 39 65 00,
www.muenchen-tourist.de

**BAYERN TOURISMUS Marketing
GmbH**, Arabellastraße 17,
81925 München, Tel. 089/21 23 970,
www.bayern.by

Allgemeine Informationen

Touristinformationen

Hauptbahnhof, Bahnhofsplatz 2, Mo–Sa
9–20, So 10–18 Uhr (1. Jan., 25. Dez. geschl.)

Neues Rathaus, Marienplatz 8, Mo–Fr
9–19, Sa 9–17, So 10–14 Uhr (Fei, 1. Jan.,
6. Jan., Faschingsdienstag, 1. Mai,
25./26. Dez. geschl.)

Weitere Auskunftsstellen

Jugendinformationszentrum,
Herzogspitalstr. 24, Tel. 089/55 05 21 50,
www.jiz-muenchen.de, Mo–Fr 13–18 Uhr

Deutscher Alpenverein, Servicestelle
am Marienplatz im Sporthaus Schuster,
Rosenstr. 1–5, Tel. 089/55 17 00 500, www.
alpenverein.de, Mo–Sa 10–20 Uhr, alpine
Auskunft nur tel. unter 089/29 49 40

Club Behinderter und ihrer Freunde,
Johann-Fichte-Str. 12, Tel. 089/356 88 08,
www.cbf-muenchen.de, Mo, Mi, Fr 9–13,
Di, Do 9–17 Uhr

Informationsbroschüren

An den Info-Schaltern im Hauptbahnhof
und im Neuen Rathaus sowie auf www.
muenchen.de/themen/tourismus unter
›Infobroschüren‹ sind erhältlich: Stadt-
plan mit Innenstadt, Umgebung und
Schnellbahnnetz, Stadtführer, Hotelverzeichnis inkl. Pensionen, Camping
und Jugendhotels, Veranstaltungskalen-
der und Junges München mit Tipps zum
Aktivurlaub in Stadt und Umgebung.

München im … (jeweiliger Monat, www.
muenchen-online.de), Veranstaltungen
und Hotelverzeichnis, gedruckt erhältlich
an Kiosken, in Buchläden, Hotels.

Aktuelle Veranstaltungen entnimmt
man der **Tagespresse** oder dem kosten-
losen Programm-Magazin **in münchen**
(www.in-muenchen.de). Wer mit Kindern unterwegs ist, findet im Magazin
Himbeer (www.himbeer-magazin.de)
viele Tipps.

Notrufnummern und Adressen

Notruf: Tel. 112 (EU-weit, auch mobil:
Polizei, Unfallrettung, Feuerwehr)

ADAC Pannenhilfe: Tel. 018 02 22 22 22
(rund um die Uhr, 0,06 €/Anruf aus dem
dt. Festnetz, max. 0,42 €/Min. aus Mobil-
funknetzen, mobil 22 22 22 wählen)

ÖAMTC Nothilfe: Tel. 00 43 12 51 20 00,
www.oeamtc.at

TCS Einsatzzentrale:
Tel. 00 41 58 827 22 20, www.tcs.ch

ADAC Geschäftsstellen:
Elsässer Str. 33, Frankfurter Ring 30,
Ridlerstr. 35, Sendlinger-Tor-Platz 9

Fundbüros

**Fundbüro der Stadtverwaltung
München**, Ötztaler Str. 19,
Tel. 089/23 39 60 45, Mo, Mi, Fr 7.30–12,
Di 8.30–12 u. 14–18 Uhr, Do 8.30–15 Uhr

Fundservice der Deutschen Bahn,
Hauptbahnhof, Tel. 0900 199 05 99 (0,59 €/

Min.), Mo–Sa 8–20, So/Fei 10–20 Uhr. Auch Fundsachen aus der S-Bahn.

Fundbüro am Flughafen München, Terminal 1, Zentralbereich, Tel. 089/97 52 14 70, tgl. 6–23 Uhr

Anreise

Auto

Fünf Autobahnen laufen in München zusammen: Die Garmischer (A 95), Lindauer (A 96), Nürnberger (A 9), Passauer (A 92) und Salzburger (A 8) münden direkt in den Mittleren Ring, während die Stuttgarter Autobahn (A 8) über die Verdistraße auf den Ring trifft.

Bahn

München verfügt über drei Fernverkehrbahnhöfe, München-Pasing, Ostbahnhof und Hauptbahnhof, der am Rand der Münchner Innenstadt liegt. Pasing hat S-Bahn-Anschluss, der Ostbahnhof ist per S-und U-Bahn zu erreichen. Am Hauptbahnhof halten alle S-Bahnen sowie mehrere U-Bahnen, Tram-und Buslinien.

Deutsche Bahn, Tel. 018 06/99 66 33 (Servicenummer der Bahn, 20 ct/Anruf aus dem Festnetz, Tarif bei Mobilfunk max. 60 ct/Anruf), www.bahn.de

Deutsche Bahn Auto Zug, Tel. 018 06/99 66 33 (gebührenpflichtig, s.o.), www.dbautozug.de

Österreichische Bundesbahn, Tel. 05 17 17, www.oebb.at

Schweizerische Bundesbahnen, Tel. 0900 300 300, www.sbb.ch

Flugzeug

Flughafen München, etwa 30 km nördlich der Innenstadt, Information und Flugauskunft, Tel. 089/975 00, www.munich-airport.de

Anbindung ans Zentrum:

S-Bahn, www.s-bahn-muenchen.de. Die beiden Flughafenlinien S 1 und S 8 fahren zwischen 4.04 und 1.44 Uhr in die Innenstadt, tagsüber im 20-Minuten-Takt, Fahrtdauer ca. 40 Min.

Lufthansa Airport Bus, Tel. 089/32 30 40, www.airportbus-muenchen.de. Im 20-Minuten-Takt nach Schwabing-Nord (U-Bahnhof Nordfriedhof) und zum Hauptbahnhof, Fahrtdauer ca. 45 Min.

Taxi, Fahrtdauer ca. 30 Min.

Bus

Fernbusse starten am vor einigen Jahren eröffneten hochmodernen Zentralen Omnibusbahnhof bei der Hackerbrücke nördlich des Rangierbereichs der Bahn.

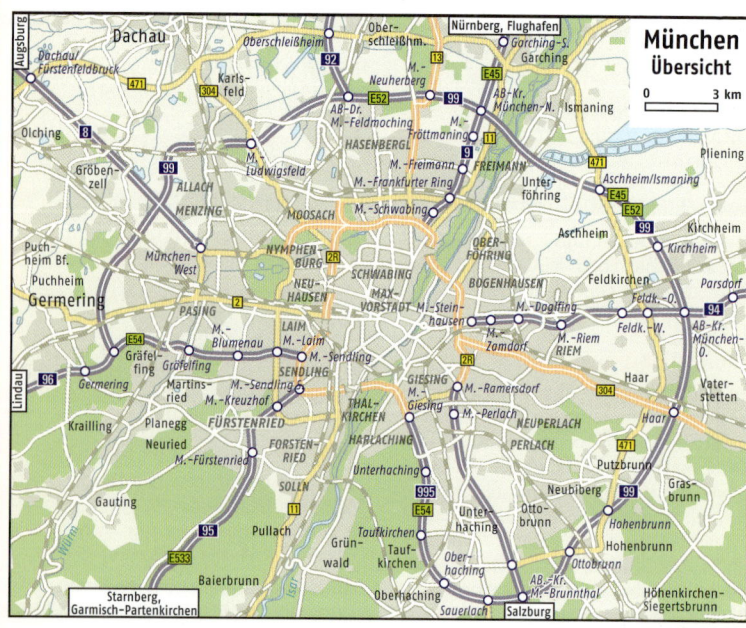

Flugel sind das beherrschende Thema – architektonische Grandezza am Flughafen München

Zentraler Omnibusbahnhof (ZOB), Arnulfstraße 21, www.muenchen-zob.de (keine Fahrplanauskünfte per Telefon)

Bank, Post, Telefon

Bank

Öffnungszeiten: in der Regel Mo–Fr 8.45–12.30 und 13.30–16, Do bis 18 Uhr

ReiseBank, im Hauptbahnhof, tgl. 7–22 Uhr

Flughafen, tgl. 7–21 Uhr

Post

Öffnungszeiten: Mo–Fr 9–18, Sa 9–12 Uhr

Postfiliale, Bahnhofplatz 1, gegenüber dem Hauptbahnhof, Mo–Fr 8–20, Sa 9–16 Uhr

Flughafen-Postfiliale, Zentralbereich, Ebene 3, im Tabakgeschäft, Mo–Fr 7.30–21, Sa/So 10–17 Uhr

Telefon

Vorwahl München: 089

Einkaufen

Geschäftszeiten sind im Allgemeinen Mo–Fr 9.30–18.30, Sa 9–16 Uhr, in der Innenstadt Mo–Fr 9.30–20, Sa 9–20 Uhr. Im Haupt- und Ostbahnhof haben einige Läden täglich bis 23 Uhr geöffnet.

Bayerisches

Keine Verlegenheit um typisch ›weißblaue‹ Mitbringsel. Hier einige Anregungen: Amulette, Bauernleinen, Bauernpuppen, Bierkrügerl, Gamsbarthüte, Fatschenkinder, Gewürzsträußchen, Gipslöwen, Haferlschuhe, Hinterglasbilder, Nymphenburger Porzellan, Trachten, Töpferzeug, Wachskerzen und Zinnfiguren.

Angermaier, Rosental 10 und Landsbergerstr. 102–103, Donnersberger Brücke, www.trachten-angermaier.de. Spezialist für traditionelle und moderne Trachten.

Bernsteinladen, im Rathaus, Marienplatz 8. Schmuck und Dekoratives.

Daimer-Filze, im Rathaus, Dienerstraße, www.daimer-filze.de. Filztuche, Dekorations- und Spezialfilze.

HB Wildland Lederhosenmacherei, Bräuhausstr. 8, Tel. 089/21 66 68 86. Die Krachlederne in vielen Variationen.

Holz Leute, Viktualienmarkt 2, www.holz-leute.de. Schöne und praktische Utensilien aus Holz.

Lodenfrey, Maffeistraße 7, www.lodenfrey.de. Die wohl beste Auswahl an Trachten und Accessoires. Außerdem neueste Modetrends und Edeldesigner.

Porzellanmanufaktur Nymphenburg, Odeonsplatz 1, www.nymphenburg.com. Porzellankunst vom Teller bis zur Figurine, ein wahrer Augenschmaus.

Sebastian Wesely Schnitzereien, Zinn, Wachskunst, Rindermarkt 1, www.wesely.de. Traditionelle Tauf- und Hochzeitskerzen, Kreuze und Schnitzkunst.

TOP TIPP **Servus Heimat**, Brunnstr. 3, www.servusheimat.com. Souvenirs von Kult bis Kitsch. Auch im Stadtmuseum und im Tal 20.

Wachszieher am Dom, Thiereckstr. 2, www.kerzen-fuerst.de. Hier gibt es kunstvoll handgezogene Kerzen.

Bücher

Hugendubel, Theatinerstr. 11, Fünf Höfe, Belletristik, Kunst, Design und Reisen.

Literaturhandlung, Jüdisches Museum, St.-Jakobs-Platz 16, www.literaturhandlung.de. Zahlreiche Sachbücher zum Judentum und Belletristik.

Werner, Residenzstr. 18 und Türkenstr. 30, www.buchhandlung-werner.de. Architektur, Kunst, Design und Fotografie.

Delikatessen

Eine reiche Auswahl gibt es auf dem **Viktualienmarkt** im Zentrum und auf dem kleinen **Elisabethmarkt** am Schwabinger Elisabethplatz.

Alois Dallmayr, Dienerstr. 14/15, www.dallmayr.de. Traditionsreiche internationale Delikatessen und Restaurant.

Fränkische und Westfälische Wurstwaren, im Rathaus, Eingang Dienerstraße. Deftige Genüsse.

Honighäus'l, Viktualienmarkt 1/2, www.honighaeusl.de. Original bayerischer Met aus Hallertauer Hopfen und Kräutern.

Käfer Feinkosthaus, Prinzregentenstr. 73, www.feinkost-kaefer.de. Die Feinschmecker-Hochburg.

Spanisches Fruchthaus, Rindermarkt 10. Trockenfrüchte, Kandiertes, Nüsse aus aller Welt wunderschön präsentiert.

Design und Lifestyle

Apple Store, Rosenstr. 1, www.apple.com. Alle Produkte rund um Mac und iPhone.

Falkenberg, Franz-Joseph-Straße 21, falkenberg-muenchen.com. Wohnaccessoires und Lifestyleprodukte im Schwabinger ›Concept Store‹.

Kokon, Lenbach-Palais, Lenbachplatz 3, www.kokon.com. Naturholzmöbel, Geschirr, Textilien, Pflanzen und Bücher.

Küche und Bar, Brunnstr. 1, www.kueche-und-bar.de. Hier kaufen Deutschlands Sterne-Köche ein.

Magazin, Kardinal-Faulhaber-Str. 11, Fünf Höfe, www.magazin.com. Junges Design für Wohnen und Arbeiten.

Manufactum, Dienerstr. 12, www.manufactum.de. Qualitätsprodukte wie aus der guten alten Zeit.

Muji, Kardinal-Faulhaber-Str. 11, Fünf Höfe, www.muji.de. Büroartikel, Wohnaccessoires und Mode von der japanischen Kultmarke ohne Logo.

Kunsthandel

Antiquariate

Hammerstein, Türkenstr. 37. Bildschöne illustrierte Bücher des 19. und 20. Jh.

Hauser, Schellingstr. 17, www.antiquariat-hauser.de. Bücher und Grafik.

Kitzinger, Schellingstr. 25, www.antiquariat-kitzinger.de. Belletristik und Fachbücher in reicher Auswahl.

Monika Schmidt, Türkenstr. 11, www.monika-schmidt.com. Grafik, Stadtansichten, Landkarten.

Wölfle, Amalienstr. 65, www.antiquariat-woelfle.de. Erlesene Bücher und Grafik des 19. und 20. Jh.

Antiquitäten

Dicht aneinander gereiht liegen Antiquitätengeschäfte in der **Ottostraße** und der **Prannerstraße**. Nördlich davon in der **Fürstenstraße** findet man einige kleinere Läden mit sehr gutem Angebot an Glas, Möbeln und Silber. Vortreffliche Antiquitätenzeilen in Schwabing und in der Maxvorstadt sind die **Kurfürsten-, Türken-** und **Schellingstraße**, dort gibt es vor allem Jugendstil, Art Déco und Ethnografisches. Auch in der **Barer Straße** wird der Kunstliebhaber fündig. Südlich der Maximilianstraße sind an der **Hochbrücken-, Neuturm-** und **Falkenturmstraße** einige Geschäfte mit Barockem, Englischem und Art Déco vertreten. Volkskunst und Bäuerliches, dazu viel Kurioses bieten die kleineren Läden an und nahe der Westenriederstraße.

Bernheimer Fine Old Masters, Brienner Str. 7, www.bernheimer.com. Spezialisierung auf Spitzenobjekte.

Auktionshäuser

Karl & Faber, Amiraplatz 3, Tel. 089/22 18 65, www.karlundfaber.de. Malerei, Aquarelle und Grafik des 15.–20. Jh.

Ketterer Kunst, Joseph-Wildstr. 18, Tel. 089/55 24 40, www.kettererkunst.de. Kunst des 20. und 21. Jh.

Neumeister, Barer Str. 37, Tel. 089/23 17 00, www.neumeister.com. Kunst und Porzellan.

Ruef, Gabelsbergerstr. 28, Tel. 089/54 27 970, www.ruef-auktion.de. Alte und moderne Kunst sowie Ostasiatica.

Galerien

Der erste Donnerstagabend im Monat ist für Münchner Kunstliebhaber ein geheiligter Termin: Vernissagen im **Kunstareal** rund um die Pinakotheken (www.galerien-am-kunstareal.de). Rund 28 Galerien eröffnen bis 21 Uhr ihre monatlich wechselnden Ausstellungen. Ein weiteres Galerie-Zentrum gibt es in der **Isarvorstadt** rund um den Gärtnerplatz. In **Haidhausen**, **Schwabing** und in der übrigen **Maxvorstadt** sind die Galerien kunterbunt über die Stadtteile verteilt.

Anais, Sedanstr. 22, Tel. 089/480 10 20, www.anais-galerie.de. Zeitgenössische Künstler. Viele Münchner Maler.

Architekturgalerie, Türkenstraße 30, Tel. 089/28 28 07, www.architekturgalerie-muenchen.de. Architekturzeichnungen.

Arnoldi-Livie, Galeriestr. 2 b, Tel. 089/22 59 20, www.arnoldi-livie.de. Exquisite Einzelobjekte des 16.–20. Jh.

Biedermann, Maximilianstr. 25, Tel. 089/29 72 57. Zeichnungen und Grafik vorwiegend des 20. Jh.

Dube-Heynig, Schumannstr. 6, Tel. 089/47 92 95, www.galeriedube.de. Zeitgenössische Kunst.

Galerie f 5,6, Ludwigstr. 7, Tel. 089/28 67 51 67, www.f5komma6.de. Fotografie von traditionell bis experimentell.

Galerie Japankunst & Kunstantiquariat, Schellingstraße 33, Tel. 089/22 23 15, www.japankunst.de. Japanische Holzschnitte und Malerei.

Galerie van de Loo, Gabelsbergerstr. 19, Tel. 089/22 62 70, www.galerievandeloo-projekte.de. Informel, Action Painting und Abstrakter Expressionismus.

Gunzenhauser, Mauerkircherstr. 2, Tel. 089/22 30 30, www.galerie-gunzenhauser.de. Deutsche Moderne und Avantgarde von Jawlensky bis Cavael.

Michael Hasenclever, Baaderstr. 56 c, Tel. 089/99 75 00 70, www.hasencleverart.com. Neue Sachlichkeit und zeitgenössische Kunst.

Fred Jahn, Maximilianstr. 10, Tel. 089/22 07 14, www.fredjahn.com. Deutsche Kunst und zeitgen. US-Zeichnungen.

Bernd Klüser, Georgenstr. 15 und Türkenstr. 23, Tel. 089/384 08 10, www.galerieklueser.com. Beuys, Cucchi, Paladino, .

Sabine Knust, Ludwigstr. 7, Tel. 089/29 16 07 03, www.sabineknust.com. Kunst des 21. Jh.

Pfefferle, Reichenbachstr. 47–49 (Rückgebäude) , Tel. 089/29 79 69, www.galerie

Galerienszene: Moderne Kunst hat in München aufmerksame Liebhaber

karlpfefferle.de. Neue Expressive: Dokoupil, Fetting, Yalcindag, Trenkler, Rainer, u.a.

Karin Sachs, Augustenstr. 48, Tel. 089/201 12 50, www.galeriekarinsachs.de. Avantgarde, Installationen.

Schellmann Edition, Ainmillerstr. 25, Tel. 089/38 66 60 80, www.editionschellmann.com. Beuys, Warhol, Merz und andere Arrivierte der Moderne.

Thomas, Maximilianstr. 25, Tel. 089/290 00 80, www.galerie-thomas.de. Moderne von Picasso bis Lichtenstein.

Thomas Modern, Türkenstr. 16, Tel. 089/29 00 08 60, www.galerie-thomas.de. Gegenwartskunst von Baselitz bis Richter in schönem Ambiente.

Kunsthandwerk

Bayerischer Kunstgewerbeverein, Pacellistr. 6–8, Tel. 089/290 14 70, www.kunsthandwerk-bkv.de. Anspruchsvolles bayerisches Kunsthandwerk.

First Glas Galerie, Heßstr. 58, Tel. 089/523 62 08, www.first-glas-galerie.de. Neues Glas in allen Variationen.

Radspieler, Hackenstr. 7, Tel. 089/235 09 80, www.radspieler.com. Traditionelles und Formschönes in Holz, Keramik, Textil.

Mode und Sportkleidung

TOP TIPP Münchens eleganteste Modemeile ist die **Maximilianstraße**, wo alle klingenden Haute-Couture-Namen vertreten sind: Armani, Chanel, Dior, Dolce & Gabbana, Gucci, Hermès. Eine Augenweide betörender Auslagen bieten zudem **Residenz-** und **Theatinerstraße**. **TOP TIPP** Die **Fünf Höfe** an der Theatinerstraße erfreuen mit Vielfalt und Eleganz. Junge Mode findet man auch in Schwabing, vor allem auf der **Leopoldstraße** und der **Hohenzollernstraße**.

Bühnen für großes Modedesign – die Welt der Schaufenster in der Maximilianstraße

Ebenso lohnt sich ein Bummel durch die Maxvorstadt, über die **Schelling-**, **Amalien-** und **Türkenstraße**. Auch das Glockenbachviertel rund um den Gärtnerplatz ist für hippe und modebewusste Klientel interessant. Im Zentrum ist die **Sendlinger Straße** eine attraktive Einkaufsstraße mit Mode- und Sport- und Lifestyle-Geschäften. Das Paradies aller Einkaufswütigen aber ist die Fußgängerzone der Neuhauser- und Kaufingerstraße zwischen **Marienplatz** und **Stachus**, wo sich Kaufhäuser und Modeketten aneinanderreihen.

Globetrotter, Isartorplatz 8–10, www.globetrotter.de. Kaufhaustempel mit allem wichtigem für Reisen und Outdoor.

Hofstatt, Sendlinger Str. 8, hofstatt.info. Einkaufspassage mit Filialen von Marken wie Abercrombie & Fitch, Hollister und Fornarina sowie italienischem Restaurant (www.ohjulia.de).

Ludwig Beck, Marienplatz 11, www.ludwigbeck.de. Das Kaufhaus der Sinne bietet Designermode, Schmuck, Lederwaren, Kosmetik, Papeterie, Musikabteilung und Café.

Konen, Sendlinger Str. 3, www.konen.de. Mode Trends und coole Klamotten.

Ed Meier, Briennerstr. 10, www.edmeier.de. Erstklassige Schuhe und Kleidung.

Oberpollinger, Neuhauser Str 18, www.oberpollinger.com. Luxus-Kaufhaus mit Shops von Prada, Dior, Gucci.

Sport Münzinger, Marienplatz 8, www.sport-muenzinger.de. Fußball-trikots, Sportmode und Schuhe.

Sport Scheck, Neuhauser Str. 21, www.sportscheck.com. Filiale, die stark auf Trendsportarten setzt.

Sport Schuster, Rosenstr. 5, www.sport-schuster.de. Modernes Kaufhaus für Bergsport, Training und Wintersport.

Musik CDs

TOP TIPP **Ludwig Beck**, Marienplatz 11, kaufhaus.ludwigbeck.de/kaufhaus/musik/. Schier unglaubliche Auswahl an Jazz-, Klassik- und Weltmusik-CDs.

Zauberflöte, Falkenturmstr. 8/Passage. Klassik-Raritäten, auch aus zweiter Hand, Opern und Ballettmusik.

Musikinstrumente und Noten

Bauer & Hieber, Landschaftstr. 1, www.bauer-hieber.com. Rückseite Rathaus. Münchens Musikzentrum.

Hieber Lindberg, Sonnenstr. 15, www.hieber-lindberg.de. Instrumente, Musikbücher, Musikalien, auch im Eigenverlag.

Essen und Trinken

Ungezählte Restaurants vom Nobelitaliener bis zum Wirtshaus. An Wochenenden sind Tischreservierungen ratsam.

Restaurants

Altstadt und Isarvorstadt

Altes Hackerhaus, Sendlinger Str. 14, Tel. 089/26 05 026, www.hackerhaus.de. In bester bayerischer Tradition: Qualität und üppige Portionen.

Andechser am Dom, Weinstr. 7a, Tel. 089/24 29 29 20, www.andechser-am-dom.de. Gutbürgerliche Küche.

 Augustinerbräu, Neuhauser Str. 27, Tel. 089/23 18 32 57, www.augustiner-restaurant.com. Neben der soliden Küche beeindrucken vor allem Innenhof und Muschelsaal.

Augustiner am Dom, Frauenplatz 8, Tel. 089/23 23 84 80, www.augustineram dom.de. Zünftige Wirtschaft mit großer Terrasse direkt am Dom.

Bar Corso, Müllerstr. 51, Tel. 089/24 21 61 15, www.barcorso.com. Gute Stimmung und exzellente Speisen in flotter Kombination von Tradition und Moderne.

Dallmayr, Dienerstr. 14, Tel. 089/21 35 100. Einer von zwei Münchner Gourmettempeln mit zwei Michelin-Sternen.

Grüne Gans, Am Einlaß 4, Tel. 089/26 62 28, www.gruene-gans.de. Feinste Kulinarik (So geschl.).

Hofbräuhaus, Am Platzl 9, Tel. 089/29 01 36 100, www.hofbraeuhaus.de. Lautstarke Schwemme, im Oberstock gepflegtes Restaurant, Biergarten.

Italfisch, Zenettistr. 25, Tel. 089/77 68 49, www.italfisch-muenchen.de. Italienische Meeresfrüchte (So geschl.).

Kaimug, Theatinerstr. 15, Fünf Höfe, und Sendlinger Str. 42, Tel. 089/20 60 33 25, www.kaimug.de. Gute Thai-Küche.

Mark's, Mandarin Oriental München, Neuturmstr. 1, Tel. 089/29 09 88 75, www.mandarinoriental.com/munich/fine-dining/restaurant-marks. Stilvolles Restaurant.

Nero, Rumfordstr. 34, Tel. 089/21 01 90 60, www.nero-muenchen.de. Modern gestylte Pizzeria.

Nürnberger Bratwurstglöckl am Dom, Frauenplatz 9, Tel. 089/291 94 50, www.bratwurst-gloeckl.de. Urige Stimmung, serviert wird auf Zinntellern.

Opatija, Hochbrückenstr. 3, Tel. 089/26 83 53, und Rindermarkt 2, Tel. 089/23 23 19 95, www.opatija-restaurant.com. Grill- und Balkanspezialitäten.

Paulaner-Bräuhaus, Kapuzinerplatz 5, Tel. 089/544 61 10., www.paulaner-brauhaus.de. Gutbürgerliche Küche zum hausgebrauten Bier.

Pfälzer Residenz Weinstube, Residenzstr. 1, Tel. 089/22 56 28, www.bayernpfalz.de. Reine Weine und Hausmannskost. Sommerbetrieb im Kaiserhof.

 Prinz Myshkin, Hackenstr. 2, Tel. 089/26 55 96, www.prinzmyshkin.com. Abwechslungsreiche Vollwertkost, freundliche Stimmung.

Ratskeller, Marienplatz 8, Tel. 089/219 98 90, www.ratskeller.com. Stimmungsvolle neogotische Gewölbe und fränkische Spezialitäten.

Restaurant Alter Hof, Alter Hof 3, Tel. 089/24 24 37 33, www.restaurant-alter-hof.de. Fränkische Spezialitäten in kühlem und elegantem Ambiente.

Restaurant Bayerisches Nationalmuseum, Prinzregentenstr. 3, Tel. 089/45 22 44 30, www.bnmrestaurant.de. Gourmetküche und modernes Design in historischen Museumsgewölben, ruhige Terrasse.

Roecklplatz, Isartalstr. 26, Tel. 089/45 21 71 29, www.roecklplatz.de. Das Ausbildungsrestaurant bietet köstliche Speisen von Vegetarisch bis Wiener Schnitzel (Mo–Sa 17.30–1 Uhr).

Schuhbeck's in den Südtiroler Stuben, Am Platzl 6–8, Tel. 089/216 69 00, www.schuhbeck.de. Die berühmte Mischung aus Hausmannskost und Gourmet-Subtilität (So/Fei geschl.).

Spatenhaus, Residenzstr. 12, Tel. 089/290 70 60, www.kuffler-gastronomie.de. Edel-rustikal, entsprechend schmeckt es. Nach Opernende wird es voll.

Vapiano, Theatinerstr. 15, Fünf Höfe, Tel. 089/206 06 58 60, www.vapiano.de. Schicker Schnellimbiss der besonderen Sorte: Pasta und Pizza werden vor den Augen der Gäste zubereitet.

Vue Maximilian, Hotel Vier Jahreszeiten, Maximilianstr. 17, Tel. 089/21 25 17 40. Klassische Küche mit eigener Note.

Weinhaus Neuner, Herzogspitalstr. 8, Tel. 089/260 39 54, www.weinhaus-neuner.de. Gute Weine und einfallsreiche Küche.

Welser Kuche, Residenzstr. 27, Tel. 089/29 65 65, www.welser-kuche.de. In alten Gewölben zelebriertes mittelalterliches Schlemmermahl.

Weisses Bräuhaus, Tal 7, Tel. 089/290 13 80, www.weisses-brauhaus.de. Schneider Weiße als original Flaschengärung bietet dieses beliebte altmünchner Wirtshaus.

Wirtshaus zum Straubinger, Blumenstr. 5, Tel. 089/232 38 30, www.zumstraubinger. de. Lange Speisekarte und große Portionen.

TOP TIPP **Zum Dürnbräu**, Tal 21, Tel. 089/ 22 21 95, www.zumduernbraeu.de. Qualitätvolle bayerische Küche am langen Wirtshaustisch oder in zwei kleinen Biergärten.

Zum Franziskaner, Residenzstr. 9, Tel. 089/231 81 20, www.zum-franziskaner.de. Traditionsreiches und ausgesprochen kultiviertes Restaurant.

Zum Spöckmeier, Rosenstr. 9, Tel. 089/ 26 80 88, www.spoeckmeier.com. Gediegene Küche und altmünchner Fluidum.

Ludwigsvorstadt

Max Pett, Pettenkoferstr. 8, Tel. 089/ 55 86 91 19, www.max-pett.de. Veganes Restaurant, in dem ›Käse‹ und ›Wurst‹ fast wie das Original schmecken, aber aus Soja und Cashewkernen bestehen.

Schwabing/Maxvorstadt

Bibulus, Siegfriedstr. 11, Tel. 089/39 64 47, www.bibulus-ristorante.de. Neue italienische Küche. Perfekt und kreativ.

Blue Nile, Viktor-Scheffel-Str. 22, Tel. 089/ 33 03 99 87. Äthiopische Spezialitäten, dazu Honigwein aus der Karaffe.

Bodega Dali, Tengstr. 6, Tel. 089/ 27 77 96 96, www.bodega-dali.com. Gute Weine und jede Menge Tapas und andere spanische Spezialitäten.

Cohen's, Theresienstr. 31, Tel. 089/ 280 95 45, www.cohens.de. Jüdische Spezialitäten in familiärer Atmosphäre (So geschl.).

Georgios, Schleißheimerstr. 188, Tel. 089/308 93 96, www.georgios-taverne.de. Griechisches Lokal, am Wochende immer überfüllt, am besten reservieren!

Il Mulino, Görresstr. 1, Tel. 089/523 33 35, www.ristorante-ilmulino.de. Köstlichkeiten aus Italien, schöner Garten.

Kaisergarten, Kaiserstr. 34, Tel. 089/ 34 02 02 03, www.kaisergarten.com. Moderne Küche von Schweinebraten bis zur Fasanenbrust, gemütlicher Biergarten und noch schönerer Gastraum.

Kytaro, Franz-Josef-Strauß-Ring 4, Tel. 089/21 26 82 30, www.kytaro.de. Griechische Küche in Vollendung, bodenständig und nahrhaft.

La Stella, Hohenstaufenstr. 2, Tel. 089/ 34 17 79. Klassische italienische Küche.

Osteria Italiana, Schellingstr. 62, Tel. 27 20 717, www.osteria.de. Das älteste italienische Restaurant in Deutschland.

Passaparola, Kaiserstr. 47, Tel. 38 88 95 90, www.passaparola-muenchen.de. Köstliche Pizza aus dem Holzofen (Sa geschl.).

Restaurant N°15, Neureutherstr. 15, Tel. 089/ 39 99 36, www.restaurant-n15.com. Vorzügliche provenzalische und klassische Cuisine in lockerer Atmosphäre.

Sausalitos, Türkenstr. 50, Tel. 089/28 15 94, www.sausalitos.de. Feuriges Essen, gute Drinks, rustikales Ambiente.

Seoul, Leopoldstr. 120, Tel. 089/34 81 04, www.seoulrestaurantmunich.com. Gutes koreanisches Restaurant.

TOP TIPP **Tantris**, Johann-Fichte-Str. 7, Tel. 089/361 95 90, www.tantris.de. Zwei Sterne für die hohe Schule der Gourmet-Kunst (So/Fei/Mo geschl.).

Zum Brunnwart, Biedersteiner Str. 78, Tel. 089/361 40 58, www.brunnwart.de. Bayerische Küche, schöner Biergarten.

Bogenhausen/Lehel

Acquarello, Mühlbaurstr. 36, Tel. 089/ 470 48 48, www.acquarello.com. Raffinierte italienische Gourmet-Küche.

Käfer Schänke, Prinzregentenstr. 73, Tel. 089/416 82 47, www.feinkost-kaefer.de/schaenke. Trüffel und Kaviar in üppigem Raumdekor.

Thalkirchen

TOP TIPP **Asam-Schlössl**, Maria-Einsiedel-Str. 45, Tel. 089/723 63 73, www.asamschloessl.de. Gute bayerisch akzentuierte Küche, auch spezielle Bio-Speisen. Schöner Biergarten.

Sendling

Makassar, Dreimühlenstr. 25, Tel. 089/77 69 59, www.makassar.de. Beliebtes Lokal mit exotischem Touch und französisch-orientalischer Küche (So/Fei geschl.).

Westend

Augustiner Bräustuben, Landsberger Str. 19, Tel. 089/50 70 47, www.braeustuben. de. Empfehlenswerte Küche.

Kao Kao, Tulbeckstr. 9, Tel. 089/50 54 00, www.kao-kao.info. Siamesische Köstlichkeiten, preiswertes Mittagsbüffet (So/Mo geschl.).

Welch ein Genuss – frischer Leberkäs und Brezn mit Senf und Salat-Dekor

Bayerische Tafelfreuden

Es gab drei bayerische Landesteilungen; die immer währende vierte bewirkt die Weißwurst, indem sie die Bayern spaltet in solche, die sie delikat, und solche, die sie fad finden. Die Grenze dieses ›Weißwurstäquators‹ verläuft in etwa entlang des Mains. Einigkeit hingegen besteht über die Köstlichkeit anderer autochthoner Schmankerl: Leberkäs, Schweinshaxe, Surhaxe, Schweinsbraten mit Kartoffel- oder Semmelknödel(n!), Kalbslüngerl, Kutteln, Blutwurstgröstl, Leberknödlsuppe oder aufgeschmalzene Brotsuppe, Dampfnudeln, Auszogne, Zwetschgendatschi … Derlei Bodenständiges ist in München in jeder soziologischen Form zu finden, ›gehoben bürgerlich‹, ›gutbürgerlich‹, ›volkstümlich‹, und je nachdem auf der Speisekarte ›hochdeutsch‹ ergänzt.

Rüen Thai, Kazmairstr. 58, Tel. 089/ 50 32 39, www.rueen-thai.de. Exquisite Thai-Küche, umfangreiche Weinauswahl.

Giesing

Paulaner am Nockherberg, Hochstr. 77, Tel. 089/459 91 30, www.nockherberg.com. Zum Starkbieranstich am Aschermittwoch treffen sich hier die Großkopferten der Landeshauptstadt.

Chez Philippe, Zehentbauernstr. 20, Tel. 089/18 92 22 33, www.chez-philippe. de. Hervorragende französische Küche von der Entenstopfleber bis zum verfeinerten Eintopf (Di geschl.).

Haidhausen

Atelier Gourmet, Rablstr. 37, Tel. 089/ 48 72 20, www.ateliergourmet.de. Moderne französische und mediterrane Küche.

Rue des Halles, Steinstr. 18, Tel. 089/ 48 56 75, www.rue-des-halles.de. Französisches Ambiente, exzellente Küche.

Vinaiolo, Steinstr. 42, Tel. 089/ 48 95 03 56, www.vinaiolo.de. Feine, außergewöhnliche italienische Küche, hervorragende Weinkarte.

Neuhausen

Chopan, Elvirastr. 18 a, Tel. 089/18 95 64 59, www.chopan.de. Afghanische Küche.

Pardi, Volkartstr. 24, Tel. 089/13 18 50, www.pardi-restaurant.de. Anatolische Spezialitäten vom Feinsten.

Shiraj, Leonrodstr. 56, Tel. 089/12 71 88 08, www.shiraj.de. Unverfälscht Indisches.

Pullach

Isar Bräu im Isartalbahnhof, Großhesselohe, Kreuzeckstr. 23b, Tel. 089/79 89 61, www.isarbraeu.de. Jugendliche Atmosphäre im grünen Vorort Pullach.

Cafés

Aroma, Pestalozzistr. 24, Tel. 089/ 26 94 92 49, www.aromakaffeebar.com. Café und Shop im Glockenbachviertel.

Des Münchners liebste Beschäftigung: Biergarteln, zum Beispiel im Seehaus

Biergärten, Bierkeller und Gastgärten

Der Münchner Heilige Kühe sind die Biergärten, die vielfach Bier-›keller‹ heißen, ›auf‹ denen man sitzt. Früher durfte im Sommer nicht gebraut werden, also lagerte man das Winterbier in tiefe Keller und pflanzte darüber Schatten spendende Kastanien an. Nahe liegend, dass sich hier Ausschank und Bewirtung entwickelten. Als aber die Gastwirte gegen die Bewirtung protestierten, blieb es nur noch beim Ausschank, die Brotzeit brachte man mit. So darf man's heute noch halten (außer in den Gastgärten mit Bedienung), muss es aber nicht, wie die Speisekarten mit herzhaften Spezialitäten beweisen. Wo die Natur es zuließ, entstanden später Biergärten ohne Zusammenhang mit Kellern.

TOP TIPP **Augustinerkeller**, Arnulfstr. 52, Tel. 089/59 43 93. Stimmungsvoller Garten mit 5000 Sitzplätzen unter Kastanien.

TOP TIPP **Aumeister**, Sondermeierstr. 1, Tel. 089/18 93 14 20. Beliebtes Ziel am nördlichen Ende des Englischen Garten.

Chinesischer Turm, Englischer Garten 3, Tel. 089/38 38 73-19, Tummelplatz für Münchner, Touristen und Ausgeflippte.

Hirschgarten, Hirschgarten 1, Tel. 089/17 99 91 19. 7000 Sitzplätze, Wildgehege, kinderfreundlich.

Hofbräukeller, Innere Wiener Str. 19, Tel. 089/459 92 50. Hofbräu-Ausschank in familiärer Atmosphäre.

Kreitmair, Keferloh 2, Grasbrunn, Tel. 089/46 92 48. Hier trifft sich die Polit-Prominenz.

Löwenbräukeller, Nymphenburger Str. 2, Tel. 089/54 72 66 90. Traditionsreich und urig, direkt am Stiglmaierplatz.

Max-Emanuel-Brauerei, Adalbertstr. 33, Tel. 089/271 51 58. Gemütlicher Studententreff in der Maxvorstadt.

Menterschwaige, Menterschwaigstr. 4, Tel. 089/64 07 32 Schön schattig am Isarhochufer gelegen.

Osterwaldgarten, Keferstr. 12, Tel. 089/38 40 50 40, www.osterwaldgarten.de. Kleiner, bürgerlicher Biergarten am Englischen Garten.

Sankt-Emmerams-Mühle, Sankt Emmeram 41, Oberföhring, Tel. 089/95 39 71. Sommer-Treff der Schickis.

TOP TIPP **Seehaus**, Kleinhesselohe 3, Tel. 089/381 61 30. Münchner Köstlichkeiten inmitten des Englischen Gartens. Von der Terrasse aus herrlicher Blick über den Kleinhesseloher See.

Taxisgarten, Taxisstr. 12, Tel. 089/15 68 27. Der Biergarten der Neuhausener und Nymphenburger.

Waldwirtschaft Großhesselohe, Georg-Kalb-Str. 3, Tel. 089/74 99 40 30. Tgl. Swing-Jazz, So ab 11 Uhr.

Café Arzmiller, Salvatorstr. 2, Tel. 089/29 42 73, www.cafe-arzmiller.de. Im Arkadenhof an der Theatinerkirche.

Café Frischhut – Schmalznudel, Prälat-Zistl-Str. 8, Tel. 089/26 82 37. Auch für Frühaufsteher, von 7–18 Uhr (So geschl.).

Café Glockenspiel, Marienplatz 28, Tel. 089/26 42 56, www.cafe-glockenspiel. de. Bar mit Terrasse und vom Restaurant herrlicher Blick auf das Neue Rathaus.

Café Jasmin, Steinheilstr. 20, Tel. 089/45 22 74 06, www.cafe-jasmin.com. Café im Stil der 1950er-Jahre, vornehmlich junges Publikum.

Café Kreutzkamm, Maffeistr. 4, Tel. 089/29 32 77, www.kreutzkamm.de. Spezialitäten sind Baumkuchen und Dresdner Stollen (Mai–Sept. So/Fei geschl.).

Café Luitpold, Brienner Str. 11, Tel. 089/242 87 50, www.cafe-luitpold.de. Modern gestylte Kaffeehauslegende.

Café Marais, Parkstr. 2, Tel. 089/50 09 45 52, www.cafe-marais.de. Kaffee trinken im Ambiente der 1920er-Jahre.

Café Nona's, Herzogstraße 78, Tel. 089/30 65 70 70, nonas-mit-liebe-hausge macht.mux.de. Hausgemachte Kuchen in romantischem Puppenstubencafé.

Eisbach Bar & Küche, Marstallplatz 3, Tel. 089/22 80 16 80. Schickes Bistro-Café mit Glasfassade und Galerie.

Oskar Maria, Salvatorplatz 1, Tel. 089/29 19 60 29, www.oskarmaria.com. In-Lokal im Literaturhaus München.

Sobicocoa, Georgenstr. 48, Tel. 089/61 51 38 36, www.sobicocoa.de. Frühstück, Kaffee, Kuchen und Pastagerichte.

Tambosi am Hofgarten, Odeonsplatz 18, Tel. 089/29 83 22, www.tambosi.de. Üppig-barockes Flair.

Turmstüberl im Valentin-Karlstadt-Musäum, Tal 50, Tel. 089/29 37 62, www. valentin-musaeum.de. Kaffee und Kuchen im Plüschmobiliar (Mi geschl.).

Woerner's, Herzogspitalstr. 9, Tel. 089/26 52 31, www.woerners.de. Kaffee, Original-Mozartkugeln und anderes.

Feiertage

1. Januar (Neujahr), 6. Januar (Heilige Drei Könige), Karfreitag, Ostermontag, 1. Mai (Tag der Arbeit), Christi Himmelfahrt, Pfingstmontag, Fronleichnam, 15. August Mariä Himmelfahrt, 3. Oktober (Tag der deutschen Einheit), 1. November (Allerheiligen), 25. und 26. Dezember (Weihnachten)

Festivals und Events

Januar/Februar/März

Fasching: Beliebt sind die traditionellen Bälle: Damische Ritter, Weiße Feste, Schwarz-Weiß-Bälle. Faschingsausklang am Faschingssonntag und -dienstag in der Fußgängerzone, **Tanz der Marktfrauen** am Faschingsdienstag am Viktualienmarkt, Waschen des Stadtsäckels im Fischbrunnen am Aschermittwoch.

TOP TIPP

Schäfflertanz (www.schaefflertanz.com): Alle sieben Jahre (das nächste Mal 2019) tanzen die Fassmacher, die Schäffler, während des Faschings auf den Straßen.

Starkbierzeit: Einst stärkten sich die Mönche zur Fastenzeit, heute trinken auch Nicht-Geistliche das dunkle Bier. Der Starkbierausschank beginnt nach dem Fasching und dauert vier Wochen.

März

Münchner Bücherschau junior (www. muenchner-buecherschau-junior.de): Vorstellung von Kinderbüchern, Lesungen, Workshops und Bastelaktionen.

April

Frühlingsfest: Auf der Theresienwiese drehen sich die Fahrgeschäfte.

Frühjahrsdult (Ende April–Anfang Mai, www.auerdult.de): Trödelmarkt und Volksfest rund um die Mariahilfkirche.

Mai

Münchener Biennale (www.muenchener biennale.de, nächste Termine 2014, 2016): Festival für neues Musiktheater.

Internationales Dokumentarfilmfestival (www.dokfest-muenchen.de): Dokumentarfilme und heiße Diskussionen.

Lange Nacht der Musik (www.muench ner.de/musiknacht): Konzerte aller Musikrichtungen in rund 100 Locations.

Theatron PfingstFestival (www.thea tron.de): Rund 20 Konzerte an drei Tagen mit Bands aus aller Welt.

AOK Blade Night (Ende Mai–Mitte Sept., www.aok-bladenight.de):

Traditionelle Tänze und schmucke Trachten garnieren im Juni das Stadtgründungsfest

Die Inline Skater flitzen im Sommer jeden Montagabend durch die Stadt.

Juni

Fronleichnamsprozession: Die Gemeinde der Dompfarrei zieht durch die geschmückte Innenstadt.

Stadtgründungsfest (2. Wochenende, www.stadtgruendungsfest-muenchen. de): Rund ums Rathaus wird der Gründung Münchens im Jahr 1158 gedacht.

Münchner Brauertag: Alle zwei Jahre (wieder 2014) ziehen die Prunkgespanne der Münchner Brauereien von der Peterskirche über den Marienplatz zum Viktualienmarkt. Dort Blasmusik, Tänze und Freibier.

Münchner Stadtlauf: Größtes Ereignis für die Hobbyläufer der Stadt mit Halbmarathon, Kinderlauf, 10 km-Lauf und 5 km Walking.

TOP TIPP **Filmfest München** (Ende Juni–Anf. Juli, www.filmfest-muenchen.de): 8-Tage-Kinomarathon mit internationalen Stars und Regisseuren live.

TOP TIPP **Opernfestspiele** (Ende Juni–Juli, www.bayerischestaatsoper.de): Musikalisches fürs Auge im National-, Prinzregenten- und Cuvilliéstheater. Im Rahmen der Festspiele gibt es *Oper für alle*, kostenlose Aufführungen vor dem Nationaltheater.

Nymphenburger Sommer (Juni–Ende September, www.nymphenburger-sommer.de): Klassische Konzerte von internationalem Rang im Hubertussaal im Schloss Nymphenburg.

Brunnenhof Open Air (Ende Juni–Mitte Aug., www.musikerlebnis.de): Pop, Jazz und Classics im Innenhof der Residenz.

Tollwood Sommerfestival (Ende Juni–Mitte Juli, www.tollwood.de): Internationales Kulturfestival mit Musik, Theater und Kabarett.

Kino am Olympiasee (Juni–Aug., www. kinoamolympiasee.de): Die größten Kinohits des Jahres auf einer Riesenleinwand im Olympiapark.

Juli

Kino, Mond & Sterne (Anfang Juli–Ende Aug., www.kino-mond-sterne.de): Aktuelle Kinohits sowie Kultfilme in der Seebühne im Westpark.

Klassik am Odeonsplatz (www.klassik-am-odeonsplatz.de): Open-Air-Konzerte.

Christopher Street Day (www.csd-munich.de): Bunte Lesben- und Schwulenparade durch die Innenstadt.

Serenade im Park (www.serenade-im-park.de): beim Picknicken vor der Badenburg im Nymphenburger Schlosspark einem Klassikkonzert lauschen.

Streetlife-Festival (www.streetlife-festival. de) und **Corso Leopold** (www.corso-leopold.de): An zwei Wochenenden im Juli und September verwandeln sich Ludwig- und Leopoldstraße in eine Festbühne mit Musik und Straßenkünstlern.

Oben Ohne Open Air (www.oben-air. de): Musikfestival für die Jugend mit Rock, Pop, HipHop am Bavariapark.

Kino-Open-Air (www.kinoopenair.de): Zwischen den Prachtbauten des Königsplatzes wird das Kinoerlebnis dank einer riesigen Leinwand noch intensiver.

Sommer-Dult (Ende Juli–Anfang Aug., www.auerdult.de): Sommertermin der Auer Dult am Mariahilfplatz zum Jakobifest um den 25. Juli herum.

Sommerfestival impark (Ende Juli–Mitte Aug., www.impark.de): Familienfest im Olympiapark mit Fahrgeschäften, Marktbuden und Konzerten.

Dallmayr Renntag (www.galoppriem. de): Das größte Ereignis des Münchner Galoppsports auf der Rennbahn in Riem.

August

Theatron MusikSommer (www.theatron. de): Kostenlose Konzerte am Olympiasee von Rock über Weltmusik zu Jazz und Klassik.

September/Oktober

TOP TIPP **Oktoberfest** (www.oktoberfest.de): Am 3. September-Samstag beginnt das Oktoberfest mit »O'zapft is!«, am ersten Wiesn-Sonntag traditioneller Trachten- und Schützenfestzug.

Bayerisches Zentrallandwirtschaftsfest (www.zlf.de): Leistungsschau der bayerischen Landwirtschaft alle vier Jahre (nächster Termin 2016) parallel zur Wiesn.

Oktober

Herbst-Dult (Mariahilfplatz, www.auer dult.de): Herbsttermin der Auer Dult.

Lange Nacht der Münchner Museen (www.muenchner.de/museumsnacht): Rund 100 Museen, Galerien und Kulturinstitute öffnen ihre Pforten für Nachtschwärmer.

München Marathon (www.muenchen marathon.de): Für alle, die sich einmal richtig quälen wollen – oder anderen dabei zusehen möchten.

November

Jüdische Kulturtage (juedischekultur muenchen.de): Konzerte, Lesungen, Vorträge und Dokumentarfilme.

Münchner Bücherschau (www.muench ner-buecherschau.de): Die Bücherschau im Gasteig präsentiert die Neuerscheinungen von rund 300 Verlagen.

Münchner Eiszauber (Mitte Nov.–Mitte Jan., www.muenchnereiszauber.de): Eislaufen nach Programm oder individuell unter freiem Himmel am Stachus.

Dezember

Weihnachtsmarkt am Chinesischen Turm: Münchens romantischster Weihnachtsmarkt im Englischen Garten.

Münchner Adventsspektakel (www. mittelaltermarkt-muenchen.de): Weihnachtlicher Mittelaltermarkt auf dem Wittelsbacherplatz, an den Wochenenden Unterhaltungsprogramm mit Spielleuten und Gauklern.

Tollwood Winterfestival (Ende Nov.– Silvester, www.tollwood.de): Kunsthandwerks-Weihnachtsmarkt und Kulturfestival mit Konzerten, Lesungen, Theater sowie große Silvesterfeier.

Beim Theatron MusikSommer treten Nachwuchsbands im Theatron des Olympiaparks auf

Kultur live

Über Theater und Musik in München berichtet das Magazin **Applaus** (www.applaus.de). Weitere Infos:

www.muenchenbuehnen.de
www.muenchen.de

Tickets

Hieber-Lindberg, Sonnenstr. 15, Tel. 089/55 14 61 30. Konzertkarten.

München Ticket, Tel. 089/54 81 81 81, www.muenchenticket.de. Vorverkaufsstellen in den Tourismusämtern im Rathaus und am Bahnhof [s. S. 159], im Gasteig/Glashalle (Rosenheimer Str. 5) und im Info-Pavillon am Eissportstadion im Olympiapark). Karten für Veranstaltungen aller Art.

Special Concerts, Saturn, Schwanthalerstr. 115, Tel. 089/50 60 84

Stachus Tickets, Kaufhof am Stachus (Erdgeschoss), Tel. 089/512 53 36

Süddeutsche Zeitung Tickets, Ticketbox Ludwig Beck, Marienplatz 11, 5. Stock und Ticketbox SZ-ServiceZentrum, Fürstenfelder Straße 7, Tel. 089/21 83 73 00, www.muenchenticket.de/go/sz

Tageskasse der Bayerischen Staatsoper, Marstallplatz 5, Tel. 089/21 85 19 20

Zentraler Karten Vorverkauf, Stachus (2. UG), Marienplatz (UG), Tel. 089/54 50 60 60, www.zkv-muenchen.de

Konzerte, Musik- und Tanztheater

Deutsches Theater, Schwanthalerstr. 13, Tel. 089/55 23 44 44, www.deutsches-theater.de. Nach fünf Jahren Sanierung gibt es wieder Musicals, Shows und Entertainment im Prachtbau.

Münchner Philharmoniker, im Gasteig, Eingang Kellerstr. 4, Karten-Tel. 089/54 81 81 400, www.mphil.de. Orchester der Stadt unter der Leitung von Valery Gergiev (ab 2015).

 Nationaltheater – Bayerische Staatsoper, Max-Joseph-Platz 2, Tel. 089/21 85 19 20, www.bayerische.staatsoper.de. Oper und Ballett.

Staatstheater am Gärtnerplatz, Tel. 089/21 85 19 60, www.staatstheater-am-gaertnerplatz.de. Opern, Operetten, Musicals, Tanztheater. Bis 2016 gastiert das Ensemble an Spielstätten wie Prinzregententheater, Cuvilliés-Theater usw.

Ballettgenuss im Nationaltheater: Cyril Pierre und Lucia Lacarra tanzen Balanchines Agon

Schauspiel

Residenztheater, Max-Joseph-Platz 1, Tickets, Tel. 089/21 85 19 40, Programmansage, Tel. 089/21 85 20 28, www.residenztheater.de. Die Hauptbühne des Bayerischen Staatsschauspiels.

Cuvilliés-Theater, Residenzstr. 1, in der Residenz. Rokoko-Juwel als Bühne für Residenz- und Nationaltheater.

Marstall, Marstallplatz 5. Studiobühne des Residenztheaters.

Münchner Kammerspiele, Maximilianstr. 26–28, Tel. 089/23 39 66 00, www.muenchner-kammerspiele.de. Schauspielbühne mit Avantgardetradition. *Werkraum,* Hildegardstr. 1, und *Spielhalle*, Falckenbergstr. 1, sind die Studiobühnen.

Münchner Volkstheater, Brienner Str. 50, Tel. 089/523 46 55, www.muenchner-volkstheater.de. Internationale ›Volksstücke‹ von Horvath bis Lina Wertmüller.

Prinzregententheater, Prinzregentenplatz 12, Tel. 089/21 85 28 99, www.prinzregententheater.de. Musik- und Sprechtheater des Staatsschauspiels und der Oper, spartenübergreifendes Programm.

Boulevardtheater

Komödie im Bayerischen Hof, Promenadeplatz 6, Tel. 089/29 16 16 33, www.komoedie-muenchen.de

Blutenburg-Theater, Blutenburgstr. 35, Tel. 089/123 43 00, www.blutenburg-theater.de. Kriminalstücke.

Freie Bühnen

FestSpielHaus, Quiddestr. 17, Tel. 089/67 20 20, www.festspielhaus.biz. Innovativ und modern.

i-camp Neues Theater, Entenbachstr. 37, Tel. 089/65 00 00, www.i-camp.de. Jugendliche und junge Erwachsene erarbeiten zeitkritische und experimentelle Stücke für die Bühne.

Pathos transport theater, Dachauer Str. 100 d, Tel. 089/12 11 10 75, www.pathos transporttheater.de. Bewährtes Off-Theater mit interessantem Spielplan.

TamS (Theater am Sozialamt), Haimhauser Str. 13 a, Tel. 089/34 58 90, www.tamstheater.de. ›Hinterhoftheater‹, bayerische Burlesken und Politisches.

Teamtheater Tankstelle, Am Einlaß 2 a, Tel. 089/260 43 33, www.teamtheater.de. Große Literatur, modern inszeniert.

Theater Blaue Maus, Elvirastr. 17 a, Tel. 089/18 26 94, www.theaterblauemaus.de. Musiktheater-Performances, brisantes Politkabarett und Tragikomödien.

Theater ... und so fort, Kurfürstenstr. 8, Tel. 089/23 21 98 77, www.undsofort.de. Interessante Inszenierungen, regelmäßig Auftritte von Kabarettist Jörg Maurer.

Kinder- und Jugendbühnen

Münchner Theater für Kinder, Dachauer Str. 46, Tel. 089/59 54 54, www.muenchner-theater-fuer-kinder.de. Liebevoll inszenierte Stücke für Kinder ab vier.

 Schauburg, Franz-Joseph-Str. 47, Tel. 089/23 33 71 55, www.schauburg.net. Das Kinder- und Jugendtheater bietet reizvolle Inszenierungen mit exzellenten Schauspielern.

Puppenspiel

Marionettentheater Kleines Spiel, Neureutherstr. 12, Tel. 089/272 33 64, www.kleinesspiel.de. Do 20 Uhr

Münchner Marionettentheater, Blumenstr. 32, Tel. 089/26 57 12, www.muenchner-marionettentheater.de

Kulturzentren

Freiheizhalle, Rainer-Werner-Fassbinder-Platz 1, Tel. 089/51 24 29 49 (tgl. 16.30–18.30 Uhr), www.freiheiz.com. Konzerte, Theater und Kabarett, Sa Disco.

Gasteig, Rosenheimer Str. 5, Tel. 089/48 09 80, www.gasteig.de. Konzerte, Ausstellungen, Filme, Vorträge, Bibliothek.

Muffatwerk, Zellstr. 4, Tel. 089/45 87 50 10, www.muffathalle.de. Konzerte, Theater und Kino, Tanz und Party.

Pasinger Fabrik, August-Exter-Str. 1, Tel. 089/82 92 90 79, www.pasinger-fabrik.de. Theater und Kabarett, Konzerte, Lesungen und Kunstausstellungen.

Volksbühnen

 Iberl Bühne, Herzogspitalstr. 6, Tel. 089/79 42 14, www.iberlbuehne.de. Eines der besten bayerischen Dialekttheater.

Millionendorf-Theater, im Augustinerbräu, Neuhauser Str. 27, Tel. 089/76 70 06 20, www.millionendorftheater.de. »Deftig, Kräftig, Bairisch, Politisch, Hinterfotzig!«

Kabarett und Kleinkunst

Drehleier, Rosenheimer Str. 123, Tel. 089/48 27 42, www.theater-drehleier.de. Musik- und Revuekabarett, Politpersiflagen.

Lustspielhaus, Occamstr. 8, Tel. 089/34 49 74, www.lustspielhaus.de. Polit-Kabarett sowie Musik- und Tanzshows.

Münchner Lach- und Schießgesellschaft, Ursulastr. 9, Tel. 089/39 19 97, www.lachundschiess.de. Eigenproduktionen und Gastspiele bester deutscher Kabarett-Tradition.

Schlachthof, Zenettistr. 9, Tel. 089/72 01 82 64, www.kultur-im-schlachthof.de. Kabarett, Comedy und Konzerte.

Theater im Fraunhofer, Fraunhoferstr. 9/Rückgebäude., Tel. 089/26 78 50, www.fraunhofertheater.de. Bühne für Berühmtheiten, aber auch für Newcomer.

Wirtshaus am Hart, Sudetendeutsche Str. 40, Karten-Tel. 089/31 86 80 15, www.theater-platzl.de. Buntes Programm von volkstümlich bis modern.

Kunst und Kinder

Bayerisches Nationalmuseum, Prinzregentenstr. 3, Tel. 089/211 24 01, www.bayerisches-nationalmuseum.de. Kinder- und Familienprogramm mit Workshops, Führungen und Kinder-Audio-Guide.

Palais Pinakothek, Türkenstr. 4, Tel. 089/23 80 51 98, www.pinakothek.de unter Kunstvermittlung. Kunst, die Spaß macht: Seminare, Workshops und Führungen für Kinder, Jugendliche und Erwachsene.

Villa Stuck, Prinzregentenstr. 60, Tel. 089/ 455 55 10, www.villastuck.de. Unter dem Namen *Fränzchen* findet eine Fülle von Workshops und Kursen statt.

Kinos

astor@CINEMA LOUNGE, im Bayerischen Hof, Promenadeplatz 2-6, Tel. 089/212 08 11, www.astor-cinemalounge.de. Filmgenuss mit Getränkeservice in 38 Loungesofas.

Cinema, Nymphenburger Str. 31, Tel. 089/55 52 55, www.cinema-muenchen. com. Anspruchsvolles und Mainstream in Originalversion.

CinemaxX, Isartorplatz 8, kostenpfl. Hotline 040/80 80 69 69, www.cinemaxx.de. Aktuelle Filme in 7 Sälen am Isartor.

City, Sonnenstr. 12, Tel. 089/59 19 83, www. city-kinos.de. Drei Filmsäle und ein Café rund um einen kleinen Innenhof.

Filmmuseum, St. Jakobsplatz 1, Tel. 089/ 233 22 370, www.stadtmuseum-online.de. Täglich wechselnde Schmankerln der Filmgeschichte.

Gloria Palast, Karlsplatz 5, Tel. 089/120220120, www.gloria-palast.de. Für alle, die das Besondere suchen: Viel Beinfreiheit, Speisen und Getränke werden am Platz serviert.

Mathäser, Bayerstr. 3–5, Tel. 089/51 56 51, www.mathaeser.de. 14 moderne Kinosäle zwischen Hauptbahnhof und Stachus.

Monopol, Schleißheimer Straße 127, Tel. 089/38 88 84 93, www.monopol-kino.de. Ausgewählte Filme in Westschwabing.

Museum Lichtspiele, Lilienstr. 2, Tel. 089/48 24 03, www.museum-licht spiele.de. Gut durchmischtes aktuelles Programm und Kultfilme, darunter die Rocky Horror Picture Show.

Neues Gabriel, Dachauerstr. 16, Tel. 089/59 45 74, www.neuesgabriel.de. Münchens ältestes Kino von 1906.

Theatiner Film, Theatinerstrasse 32, Tel. 089/ 22 31 83, www.theatiner-film.de. Charmanter Rahmen für fremdsprachige Originalfilme mit Untertiteln.

Werkstattkino, Fraunhoferstr. 9, Tel. 089/26 07 250, www.werkstattkino.de. Kleines Kellerkino mit sehr ausgefallenem Programm.

Bibliotheken

Bayerische Staatsbibliothek, Ludwigstr. 16, Tel. 089/28 63 80, www.bsb-muenchen.de.

Allgemeiner Lesesaal: tgl. 8–24 Uhr
Lesesaalleihe: Mo–Fr 9–19 Uhr
Zeitschriftensaal: Mo–Fr 9–21,
Sa 10–17 Uhr
Abteilung für Handschriften und alte Drucke: Mo–Fr 9–17 Uhr
Musik- und Kartenlesesaal, Lesesaal der Osteuropa-, Orient- und Ostasienabteilung: Mo–Fr 9–17 Uhr, Aug. Mo–Fr 9–12.30 Uhr

Bibliothek des Deutschen Museums, Museumsinsel 1, Tel. 089/217 92 24, www.deutsches-museum.de. Lesesaal: tgl. 9–17 Uhr

Internationale Jugendbibliothek, im Schloss Blutenburg, München-Obermenzing, Tel. 089/891 21 10, www.ijb.de. Studiensaal (Spezialbibliothek mit ca. 570 000 Kinder- und Jugendbüchern in ca. 130 Sprachen): Mo–Fr 10–16 Uhr Ausleihe für Kinder und Jugendliche, ca. 25 000 Medien in 13 Sprachen: Mo–Fr 14–18 Uhr

Monacensia und Literaturarchiv der Städtischen Bibliotheken, im Hildebrandhaus, Maria-Theresia-Str. 23, Tel. 089/4 19 47 20, www.monacensia.net. Aufgrund von Sanierungsarbeiten derzeit in der Stadtbibliothek am Gasteig und in Obergiesing, Waltzmannstr. 1a

Münchner Stadtbibliothek, Zentrale: Am Gasteig, Rosenheimer Str. 5 (mit Musikbibliothek, Philatelistischer Bibliothek und Kinder- und Jugendbibliothek), Tel. 089/480 98 33 13, www.muenchner-stadt bibliothek.de. Gebührenpflichtig. Präsenzbibliothek und Ausleihe: Mo–Fr 10–19, Sa 11–16 Uhr

■ Nachtleben

Das Münchner Nachtleben ist besser als sein Ruf – auch wenn die Bars hier etwas schicker, die Preise etwas höher und die Türsteher etwas unfreundlicher sind als andernorts. Mehrere Clubs und Bars konzentrieren sich an einem ›Feierbanane‹ genannten Abschnitt der Sonnenstraße in der Innenstadt.

Innenstadt/Isarvorstadt

Cord, Sonnenstr. 18, Tel. 089/54 54 07 80, www.cord.tv. Kleiner Klub mit Blick über die Sonnenstraße.

Baader-Café, Baaderstr. 47, Tel. 089/ 201 06 38, www.peppermind.de/baader. Alternatives Kult-Café.

Abendstunden in extravagantem Design: die Bar Sushi + Soul in der Isarvorstadt

Bar Centrale, Ledererstraße 23, Tel. 089/22 37 62, www.bar-centrale.com. Eine wahrhaft italienische Bar mit dem entsprechend gutaussehenden Publikum.

Barfly, Sternstr. 21, Tel. 089/22 44 91, www.barflyworld.com. In der drangvollen Enge kommt man schnell ins Gespräch.

Café am Beethovenplatz, Goethestr. 51, Tel. 089/55 29 10 53, www.hotelmariandl.de. Ältestes Münchner Konzertcafé.

Faun, Hans-Sachs-Str. 17, Tel. 089/26 37 98, www.faun.mycosmos.biz. Eine Institution im Glockenbachviertel.

Fraunhofer, Fraunhoferstr. 9, Tel. 089/26 64 60, www.fraunhoferwirtshaus.de. Urig-bayrische Gaststätte.

Forum, Corneliusstr. 2, Tel. 089/26 88 18, www.forumcafe.de. Anlaufstelle der Münchner Design-Szene. Schöne große Terrasse.

Klenze 17, Klenzestr. 17, Tel. 089/228 57 95, www.klenze17.de. Eine Kneipe für die Jugend und Junggebliebene.

Master's Home, Frauenstr. 11, Tel. 089/22 99 09, www.mastershome-muenchen.de. Bar im Stil einer Kolonialwohnung mit Schlaf-, Bade- und Arbeitszimmer.

Padres Havanna Exit, Blumenstr. 43, Tel. 089/26 42 63, www.padres.de. Kleine Snacks und großartige Drinks.

TOP TIPP
Schumann's Bar am Hofgarten, Odeonsplatz 6/7, Tel. 089/22 90 60, www.schumanns.de. Legendär. Drangvolle Stehparty-Atmosphäre.

Sushi + Soul, Klenzestr. 71, Tel. 089/201 09 92, www.sushi-soul.de. Coole Sushi-Bar.

Schwabing/Maxvorstadt

Alter Simpl, Türkenstr. 57, Tel. 089/272 30 83, www.eggerlokale.de. Einst die berühmteste Künstlerkneipe der Stadt, heute ein Studententreff.

Atzinger, Schellingstr. 9, Tel. 089/28 28 80, www.eggerlokale.de. Hier sitzt man zwischen Studenten und Nachbarn des Viertels.

Café Puck, Türkenstr. 33, Tel. 089/280 22 80, www.cafepuck.de. Junges Publikum in ungezwungener Atmosphäre.

Café Reitschule, Königinstr. 34, Tel. 089/388 87 60, www.cafe-reitschule.de. Beliebter After-Work-Treff.

Café Schwabing, Belgradstr. 1, Tel. 089/308 88 56. Entspannte Abende für Schwabinger bei gutem Essen.

Shamrock Irish Pub, Trautenwolfstr. 6, Tel. 089/33 10 81, http://shamrockmuenchen.com. Ein irischer Pub, wie er im Buche steht.

Schelling-Salon, Schellingstr. 54, Tel. 089/272 07 88, www.schelling-salon.de. Eine Legende, nicht nur unter Billardspielern.

Türkenhof, Türkenstr. 78, Tel. 089/280 02 35. Für Studenten, und alle, die sich wieder so fühlen wollen.

Tresznjewski, Theresienstr. 72, Tel. 089/28 23 49, www.tresznjewski.com. In-Lokal mit leckeren Salaten und Pastagerichten.

X Club, Clemensstr. 71, Tel. 089/300 71 46. Gut versteckt in einer Wohnstraße, bequeme Ledersofas und gute Musik belohnen für die Suche.

Haidhausen

Café am Wiener Platz, Innere Wiener Str. 48, Tel. 089/448 94 94, www.cafewienerplatz.de. Schicke Gäste, auch zum Frühstück.

Haidhauser Augustiner, Wörthstr. 34, Tel. 089/62 28 62 15., http://haidhauser-augustiner.de. Bier in bayerischer Umgebung.

Lisboa Bar, Breisacher Str. 22, Tel. 089/448 22 74, www.lisboa-bar.de. Ein Urlaub in Portugal, mitten in München.

Allianz Arena heißt Fußballbegeisterung im Fahnengeflatter hautnah erleben

Neuhausen

Big Easy, Frundsbergstr. 46, Tel. 089/15 89 02 53, www.thebigeasy.de. Sowohl die Cocktails als auch die Cajun-Küche sind vom Feinsten.

Café Neuhausen, Blutenburgstr. 106, Tel. 089/18 97 55 70, www.cafeneuhausen. de. Gemütliches Feierabendbier und gutes Frühstück.

Kurgarten, De-la-Paz-Str. 10, Tel. 089/ 17 99 90 81, www.wirtshaus-kurgarten.com. Altmünchnerische Einrichtung, entsprechendes Essen, dazu Augustiner-Bier.

Ruffini, Orffstr. 22–24, Tel. 089/16 11 60, www.ruffini.de. Das von einer Kooperative betriebene Café mit ausgezeichneter Weinkarte glänzt immer wieder mit Konzerten und Lesungen.

Westend

Ça Va, Kazmairstr. 44, Tel. 089/502 85 84, www.cafe-cava.de. Ein Hauch von Frankreich weht durch die würdevoll patinierte Kneipe.

Kilombo, Gollierstr. 14a, Tel. 089/954 55 938 Gemütliche, entspannte Kneipe, in der die Mitnahme von Speisen erlaubt ist.

Stragula, Bergmannstr. 66, Tel. 089/ 50 77 43, www.stragula.org. Die ›Realwirtschaft‹ versorgt die Nachbarschaft seit Jahren mit solider Kost und dem verdienten Feierabendbier.

Westend, Anglerstr. 32, Tel. 089/50 83 41, www.cafe-westend.com. Mittags trifft man hier Unternehmens-

berater, Abends ein bunt gemischtes Publikum. Samstags Lesungen oder Konzerte.

Musiklokale

Von Jazz bis Pop

Hideout, Volkartsstr. 22, Tel. 089/16 96 68, www.hideout-muenchen.de. Blues und Rock'n'Roll.

Jazzbar Vogler, Rumfordstr. 17, Tel. 089/29 46 62, www.jazzbar-vogler. com. Authentischer Jazz für Bonvivants.

Kaffee Giesing, Tegernseer Landstr. 96, Tel. 089/62 00 03 57, www.kaffee-giesing. de. Jazz, Chansons, Liedermacher etc.

Mister B's, Herzog-Heinrich-Str. 38, Tel. 089/53 49 01, www.misterbs.de. Hier wird Jazz gespielt.

Nightclub im Bayerischen Hof, Promenadeplatz 2–6, Tel. 089/212 09 94, www.bayerischerhof.de. Club mit Tanzfläche, Livemusik oder Disco.

Pussers, Falkenturmstraße 9, Tel. 089/ 22 05 00, www.pussersbar.de. Eine der renommiertesten Adressen Münchens für gute Livemusik.

Schwabinger Podium, Wagnerstr. 1, Tel. 089/39 94 82, www. schwabinger-podium.com. Dixieland-Jazz, Rock und Oldies.

Unterfahrt Jazz-Club, Einsteinstr. 42, Tel. 089/448 27 94, www.unterfahrt.de. Modern Jazz nicht nur für Insider der Münchner Szene.

Country- und Western-Musik

Rattlesnake Saloon, Schneeglöckchen-str. 91, Tel. 089/150 40 35, www.rattle snake-saloon.com

Diskotheken

8 Seasons, Sonnenstr. 26, Tel. 089/24 29 44 44, www.8-seasons.com. Die Alternative zu Pacha und P1.

Backstage, Wilhelm-Hale-Str. 38, Tel. 089/126 61 00, www.backstage.eu. Musik von Nu Metal bis Reggae, zahlreiche Konzerte, Nacht-Biergarten.

Die Bank, Müllerstr. 42, Tel. 089/23 68 41 71, www.die-bank.com. Ausstellungsraum, Bar und Musik von Electro bis Reggae im Tresorraum einer früheren Bank.

 Kultfabrik München, Grafinger Str. 6, www.kultfabrik.de. Partymeile mit zahlreichen Klubs und Diskotheken auf einem ehemaligen Werksgelände. Teil des zukünftigen ›werksviertel münchen‹, das derzeit in der Nähe des Ostbahnhofs entsteht.

Nachtgalerie, Landsberger Str. 185, www.nachtgalerie.de. Partyadresse für Jugendliche, die aus den Vororten anreisen (Fr/Sa 22–5 Uhr).

Optimolwerke, Friedenstr. 10, Tel. 089/450 69 20, www.optimolwerke.de. Discos, Klubs und Bars auf ehem. Fabrikgelände. Beliebt bei jungen Leuten.

P1, Prinzregentenstr. 1, www.p1-club.de. Nobel-Diskothek im Haus der Kunst (Ostflügel). Viel Zeit mitbringen und gut angezogen sein, man rühmt sich der härtesten Tür Münchens.

Pacha, Maximiliansplatz 5, Tel. 089/309 05 08 50, www.pacha-muenchen.de. Die Münchener Dependance der Edeldisco aus Ibiza. Sehr schick.

Parkcafé, Sophienstr. 7, Tel. 089/51 61 79 80, www.parkcafe089.de. Restaurant, Biergarten und Tanzlokal. Schräg, bunt, heiß und lustig.

Sugar, Herzogspitalstr. 6, Tel. 0170/114 28 55, www.sugar-nightclub.de. Elegant eingerichteter Nachtklub mit Restaurant und Lounge (Fr/Sa 22–5 Uhr).

Gleich und Gleich

Das kostenlose Stadtmagazin **Leo Magazin** (www.leo-magazin.de) informiert über aktuelle Veranstaltungen.

Café Glück, Palmstr. 4, Tel. 089/201 16 73, www.cafe-glueck.com. Einladendes

Café-Restaurant, feine Kuchen (Di–So).

Café Nil, Hans-Sachs-Str. 2, Tel. 089/23 88 95 95, www.cafenil.com. Frisch renoviertes Wohnzimmer der Szene.

Deutsche Eiche, Reichenbachstr. 13, Tel. 089/231 16 60, www.deutsche-eiche.com. Restaurant mit bayerischer Küche, Hotel und Badehaus.

NY Club, Sonnenstr. 25, Tel. 089/59 10 56, www.nyclub.de. Glitzernder High-Tech-Partyschuppen.

sub, Schwules Kommunikations- und Kulturzentrum München e.V., Müllerstr. 14, Tel. 089/85 63 46 400, www.subonline.org. Café und Infos.

Sport

Basketball

Audi Dome, Grasweg 74, Arena der FC Bayern Basketball-Sparte, Karten unter Tel. 018 05/99 11 02 (0,20 €/Min.), www.fcb-basketball.de.

Eislauf

Eis- und Funsportzentrum West, Agnes-Bernauer-Str. 241, Tel. 089/89 68 90 07. Im Winter eislaufen, im Sommer skaten.

Olympia-Eissportzentrum, Spiridon-Louis-Ring 3, Tel. 089/30 67 21 50. Eislaufbetrieb ganzjährig.

Prinzregentenstadion, Prinzregentenstr. 80, Tel. 089/23 61 50 50. Nur im Winter.

Freizeitsport-Programm der Stadt

Sportamt-Freizeitsport, Tel. 089/23 39 67 77, www.sport-muenchen.de.

Fußball

Allianz Arena, Werner-Heisenberg-Allee 25, Tel. 089/69 93 12 22, www.allianz-arena.de. Führungen tgl. außer an Spiel- und Veranstaltungstagen, Tickets im Allianz Arena Shop, Ebene 3.

FC Bayern München Ticketvorverkauf, Säbener Str. 51–57, Tel. 089/69 93 13 33, www.fcbayern.de. Wer ins Stadion will, sollte sich schon vor Beginn der Saison um Tickets bemühen.

TSV 1860 München Ticketvorverkauf, Grünwalder Str. 114, Tel. 018 05/60 18 60, www.tsv1860.de

Hochseilgarten

Kletterwald München, am Walderlebniszentrum, Grünwald, Tel. 089/

88 90 23 55, www.kletterwald-muenchen.de. Seilbahnen und Wipfelwege.

Pferderennen

Galopprennbahn Riem, Graf-Lehndorff-Str. 36, Tel. 089/945 52 30, www.galoppriem.de

Trabrennbahn Daglfing, Rennbahnstr. 35, Tel. 089/930 00 10, www.daglfing.de

Schwimmen

Die aufgeführten Bäder werden von den Stadtwerken München betrieben, Bäder-Hotline Tel. 089/ 23 61 50 50, www.swm.de

Freibäder

Dante-Winter-Warmfreibad, Sommerbad und Sauna, Postillonstr. 17

Freibad West, Weinbergerstr. 11. Mit 64-m-Wasserrutsche.

Georgenschwaige, Belgradstr. 195

Naturbad Maria Einsiedel, Zentralländstr. 28

Luftgeist Föhn

Er ist ein Luftikus, ein Streuner, ein fiebriger Gesell. Er ist ein Quälgeist, der an den Nerven zerrt, im Kopf zwickt, den Schlaf abzwackt. Aber wie alle Luftikusse ist er auch ein Charmeur, der alles verzaubert, Fernes jäh greifbar heranrückt, Nahes mit schier unerträglichem Glanz umgibt.

Meteorologisch ist er leichter zu fassen: Warmer, trockener Fallwind, der durch Saugwirkung entsteht, wenn der Luftdruck am Nordrand der Alpen unter jenen am Südrand absinkt. Die dort aufsteigende feuchte Luft strömt dadurch nordwärts, regnet sich über den Alpen ab und fällt im diesseitigen Voralpenland ein. Der Föhn räumt Schlechtwetter-Wolken ab, hinterlässt hingewischte Streifenwolken am fiebrig blauen Himmel und erzeugt klarste Fernsicht.

Die Druckschwankungen rufen bei vielen Menschen Mattigkeit, Kopfweh, Schlaflosigkeit, Nervosität hervor, bei manchen aber auch Hochstimmung und Energie. Zuzügler werden oft erst nach Jahren für die Auswirkungen des Luftgeists anfällig; unverzüglich aber lernen sie, ihn zum Sündenbock für alles zu machen, vom Schluckauf bis zum Seitensprung.

Michaeli-Freibad, Heinrich-Wieland-Str. 24. Mit 64-m-Wasserrutsche.

Prinzregentenbad, Prinzregentenstr. 80. Mit Sportstrand, Strandbar und Beachvolleyballfeldern.

Schyrenbad, Claude-Lorrain-Str. 24

Ungererbad, Traubestr. 3. Mit 57-m-Wasserrutsche.

Hallenbäder

Cosimawellenbad, Cosimastr. 5. Mit Saunabereich.

Nordbad, Schleißheimer Str. 142. Mit Saunabereich.

Müller'sches Volksbad, Rosenheimer Str. 1. Mit römisch-irischem Schwitzbad.

Olympia-Schwimmhalle, Coubertinplatz 1, Olympiazentrum. Mit Saunalandschaft.

Südbad, Valleystr. 37. Mit Saunabereich.

Westbad, Weinbergerstr. 11. Mit Saunabereich.

Tennis und Squash

Sport Scheck Allwetteranlage, am Englischen Garten, Münchner Str. 15, Tel. 089/99 28 740, www.allwetteranlage.de. Tennisplätze im Freien und in der Halle.

Sports4you, Drygalski-Allee 41, Tel. 089/78 60 40 (Squash), 089/78 60 49 (Fitness), sports4you.org. Squash, Badminton, Tischtennis, Fitness und Wellness.

■ Stadtbesichtigung

Rundfahrten

City Sightseeing,
www.citysightseeing-muenchen.de
Die Busse starten am Bahnhofsplatz gegenüber dem Hauptbahnhof. Im Tour-Verlauf kann man an den Haltestellen nach Belieben aussteigen und auf den nächsten Bus warten (Hop-on-hop-off).

München Tram, www.mvg-mobil.de. Mitte Mai–Anfang Okt., Sa/So/Fei 11, 12, 13, 14 Uhr, Abfahrt Sendlinger Tor (Brunnenschleife, Nähe Matthäuskirche). Mit historischer Tram durch Münchens Altstadt.

Museenlinie 100, www.mvg-mobil.de. Der öffentliche Bus verkehrt zwischen Haupt- und Ostbahnhof und passiert dabei u. a. die Pinakotheken, die Staatliche Antikensammlung, die Residenz und das Haus der Kunst.

Romantische Aussichten: Vom Friedensengel blickt man auf Isar und Altstadt.

Rundgänge und Touren

Cityhopper Touren, Tel. 089/272 11 31. Stadtführungen zu Fuß und per Rad (inkl. Fahrrad), tgl. nach Vereinbarung.

eat the world, Tel. 030/53 06 61 65, www. eat-the-world.com. Stadtteilführung in Schwabing oder Haidhausen mit mehreren Kostproben aus Gastronomie und Läden des Viertels.

Kunst-Tour, Tel. 08143/36 69 316, www. kunst-tour.de. Mai–Sept. Stadt- und Museumsführungen mit kunsthistorischem Schwerpunkt.

Radius Tours, Tel. 089/54 34 87 77 40, www.radiusmunich.com. München und Umland per Bahn, Fahrrad und zu Fuß.

Spurwechsel, Tel. 089/692 46 99, www. spurwechsel-muenchen.de. April–Okt. Fr–So und Fei. 11.15 Uhr offene Stadtführung per Fahrrad ab Marienplatz, Fischbrunnen (Anmeldung empfohlen). Weitere Gruppenführungen zu Fuß, mit Rad oder Tram tgl. nach Vereinbarung.

Stattreisen München, Tel. 089/ 54 40 42 30, www.stattreisen-muenchen. de. Thematische oder stadtteilbezogene Rundgänge, ohne Anmeldung, Zeiten, Themen und Treffpunkte erfährt man bei Anruf. Individuelle Programme nach Vereinbarung.

Weis(s)er Stadtvogel, Tel. 089/203 24 53 60, www.stadtvogel.de. Vielgestaltiges Programm, u.a. thematische Führungen mit Schauspielern, Nachtwächter- und Kammerzofentour, Rallyes. Offene Altstadtrundgänge tgl. 10.30, 13, 15 Uhr ab Marienplatz, Mariensäule. Auch Rundfahrten mit Bus, Tram oder Fahrrad.

Kutsch- und Rikschafahrten

Kutscherei Hans Holzmann, Standplatz am Chinesischen Turm im Englischen Garten, Tel. 089/18 06 08, www.kutschenmuenchen.de

Rikscha Mobil, Standplatz am Marienplatz beim Fischbrunnen, Tel. 089/ 24 21 68 80, www.pedalhelden.de

Isar-Floßfahrten

Von Wolfratshausen bis München-Thalkirchen, Anfang Mai–Mitte Sept., 5–7 Std.

Aussichtspunkte

Bavaria, Theresienhöhe, Aussichtsraum im Kopf des Standbilds, Aufstieg. April–15. Okt. tgl. 9–18, während des Oktoberfests bis 20 Uhr

Domkirche zu Unserer Lieben Frau, 98 m, Frauenplatz 1, Südturm, Lift. Kirchtürme sind bis 2016 geschlossen!

Friedensengel am Isarhochufer mit Blick auf die Altstadt.

Maximilianeum am Isarhochufer mit Blick auf Maximilianstraße/Altstadt.

Monopteros im Englischen Garten mit Blick auf die Altstadt.

Neues Rathaus, 85 m, Marienplatz 8, Lift, Aufstieg. Mai–Okt. tgl. 10–19, Nov.–April Mo–Fr 10–17 Uhr.

Olympiaberg mit Stadtüberblick.

Olympiaturm, 290 m, Olympiagelände, Lift zu Drehrestaurant, Galerie und Freiterrasse (190 m Höhe), tgl. 9–24 Uhr

St. Paul, 97 m, Sankt-Pauls-Platz 10, Vierungsturm, Aufstieg im Chor, nur während des Oktoberfests Mo–Fr 14–21, Sa/So 11–21 Uhr (nicht während der Gottesdienste)

St. Peter, 92 m, Rindermarkt 1, Aufstieg. Im Sommer Mo–Fr 9–18.30, Sa/So/Fei 10–18.30 Uhr, im Winter Mo–Fr 9–17.30, Sa/So/Fei 10–17.30 Uhr

Sternwarte und Planetarium

Bayerische Volkssternwarte München, Rosenheimer Str. 145 h, Tel. 089/40 62 39, www.sternwarte-muenchen.de, April–Aug. Mo–Fr 21, Sept.–März Mo–Fr 20 Uhr

■ Statistik

Bedeutung: Nach Berlin und Hamburg ist München die drittgrößte Stadt der Bundesrepublik. Sie ist Hauptstadt des Freistaates Bayern, Sitz von Landtag und Staatsregierung.

Lage: 48° 8' 23" nördlicher Breite und 11° 34' 28" östlicher Länge. Die Höhe beträgt durchschnittlich 519 m über N. N. Der höchste Punkt liegt im Süden bei 579 m, der tiefste im Norden bei 482 m.

Fläche des Stadtgebiets: 31 071 ha.

Einwohnerzahl: 1,4 Mio.

Tourismus: Die nach Berlin beliebteste Tourismusstadt in Deutschland. 6,1 Mio. Gäste; 12,4 Mio. Übernachtungen.

Wirtschaft: Anlagevermögen der Stadt: 19,3 Millarden €, BIP: 77,1 Millarden €, Anzahl der Beschäftigten: 1 Mio., Arbeitslosenquote: 5,5 % (2012).

Bildung: 198 Volks-, 38 Realschulen, 49 Gymnasien, 15 Universitäten und Hochschulen mit 104 000 Studierenden (2012).

Bier: 12 Brauereien mit Jahresausstoß von über 6 Millionen Hektolitern. Helles: Stammwürze 11,4–11,9 %, Alkohol 4,7–5,4 %; Doppelbock: Stammwürze 18,2–18,7 %, Alkohol 7,2–7,7 %.

Stadtverwaltung: Stadtrat mit 80 Mitgliedern und 3 Bürgermeistern. Einteilung des Stadtgebietes in 25 Stadtbezirke.

Stadtfarben: Schwarz und Gold (Gelb).

Stadtwappen: Mönch in Kutte mit Gebetbuch in der linken Hand, die rechte zeigt

den Segensgruß. Das ›Münchner Kindl‹ ist eine neuzeitliche Verniedlichung.

Stadtpatron: hl. Benno. Nebenpatron: hl. Kajetan.

Partnerstädte: Edinburgh, Verona, Bordeaux, Sapporo, Cincinnati, Kiew und Harare.

■ Unterkunft

Hotels

Luxus- und First Class Hotels

Admiral, Kohlstr. 9, Tel. 089/21 63 50, www.hotel-admiral.de. Stilvoll und mit viel Liebe zum Detail.

An der Oper, Falkenturmstr. 10, Tel. 089/290 02 70, www.hotelanderoper.com. Freundlich, hell, bei Künstlern beliebt.

Bayerischer Hof, Promenadeplatz 2–6, Tel. 089/212 00, www.bayerischerhof.de. Alteingesessene erste Adresse mit erlesenem Interieur im Montgelas-Palais.

Hilton München City, Rosenheimer Str. 15, Tel. 089/480 40, www.hilton.com. Bequem für Geschäftsreisende – mit S-Bahnhof im Keller.

TOP TIPP **Kempinski Hotel Vier Jahreszeiten**, Maximilianstr. 17, Tel. 089/21 25 27 99, www.kempinski.com. Traditionsreichstes Grandhotel Münchens.

Königshof, Karlsplatz 25, Tel. 00800/10 10 11 11, www.lhw.com/hotelkonigshof. Zentral gelegenes Luxushotel. Spitzenrestaurant mit Blick auf den Stachus.

TOP TIPP **Mandarin Oriental**, Neuturmstr. 1, Tel. 089/29 09 80, www.mandarinoriental.com/munich. Marmornobles feines Grandhotel, mit Dachterrasse und Pool im 7. Stock.

Opéra, St.-Anna-Str. 10, Tel. 089/210 49 40, www.hotel-opera.de. Kleinod hinter Sgrafitto-Fassade, italienische Atmosphäre im Innenhof.

Palace, Trogerstr. 21, Tel. 089/41 97 10, www.muenchenpalace.de. Ein Hotel von Weltrang mit romantischem Ambiente.

The Charles, Sophienstr. 28, Tel. 089/544 55 50, www.charleshotel.de. Luxuriöse Zimmer und Suiten, anspruchsvolles italienisches Restaurant und Spa am Alten Botanischen Garten.

Mittelklasse

TOP TIPP **Gästehaus Englischer Garten**, Liebergesellstr. 8, Tel. 089/383 94 10, hotelenglischergarten.de.

Der Bayerische Hof gehört zu den besten Adressen Münchens und Deutschlands

Familiäres Haus in wunderschöner Lage am Englischen Garten.

H'Otello, Fallmerayerstr. 22, Tel. 089/ 45 83 12 00, www.hotello.de. Zentral, aber ruhig gelegenes Hotel in Schwabing.

Olympic, Hans-Sachs-Str. 4, Tel. 089/23 18 90, www.hotel-olympic.de. Künstlerherberge im Glockenbach-viertel.

Villa am Schlosspark, Obermenzing, Hieberplatz 3–5, Tel. 089/811 90 73, www.villa-am-schlosspark.de. Komfort-Villa und Nebengebäude mit Apart-ments.

Preiswerte Klasse

Arthotel, Paul-Heyse-Str. 10, Tel. 089/ 59 21 22, www.arthotelmunich.com. Komfort hinter Jugendstilfassade.

Blauer Bock, Sebastiansplatz 9, Tel. 089/ 23 17 80, www.hotelblauerbock.de. Auf-merksam geführtes Haus in zentraler Lage.

Hotel am Nockherberg, Giesing, Nock-herstr. 38 a, Tel. 089/623 00 10, www.nock herberg.de. Gemütliches Hotel garni.

Hotel Mariandl, Goethestr. 51, Tel. 089/ 552 91 00, www.hotelmariandl. de. Nicht alle Zimmer mit Du/WC, aber viel Atmosphäre mit antiken Möbeln und Parkett.

Jedermann, Bayerstr. 95, Tel. 089/ 54 32 40, www.hotel-jedermann.de. Solider Familienbetrieb.

Motel One, Herzog-Wilhelm-Str. 28 und vier weitere Standorte, Tel. 089/51 77 72 50, www.motel-one.com. High Tech und Design.

Mitwohnzentrale

Bed & Breakfast, Schulstr. 31, Tel. 089/ 168 87 81, www.bed-breakfast-muc.de

HomeCompany München, Germania-str. 20, Tel. 089/194 45, www.home company.de. Wohnen auf Zeit.

Mitwohnzentrale an der Uni, Fendstr. 6, Tel. 089/330 37 40, www.mwz-munich.de

Mr.Lodge, Barer Str. 32, Tel. 089/340 82 30, www.mrlodge.de. Wohnen auf Zeit.

Camping

Campingplatz Nord-West, Auf den Schrederwiesen 3, Tel. 089/150 69 36, www.campingplatz-nord-west.de. Ganzjährig geöffnet.

Kapuzinerhölzl ›The Tent‹, In den Kirschen 30, Tel. 089/141 43 00, www.the-tent.com. Internationales Jugendüber-nachtungscamp, 6. Juni–7. Okt.

Langwieder See, Eschenrieder Str. 119, Tel. 089/864 15 66, www.camping-lang wieder-see.de. Ganzjährig geöffnet.

München-Obermenzing, Lochhausener Str. 59, Tel. 089/811 22 35, www.camping platz-muenchen.de. Mitte März–Okt.

München-Thalkirchen, Zentralländstr. 49, Tel. 089/723 17 07. Mitte März–Okt. In den südlichen Isarauen

Hostels

CVJM-Jugendgästehaus, Landwehr-str. 13, Tel. 089/552 14 10, www.cvjm-muenchen.org. Keine Altersgrenze, auch für Gruppen, z.B. Schulklassen, geeignet.

DJH-Jugendherbergen, Wendl-Dietrich-Str. 20, Tel. 089/20 24 44 90,

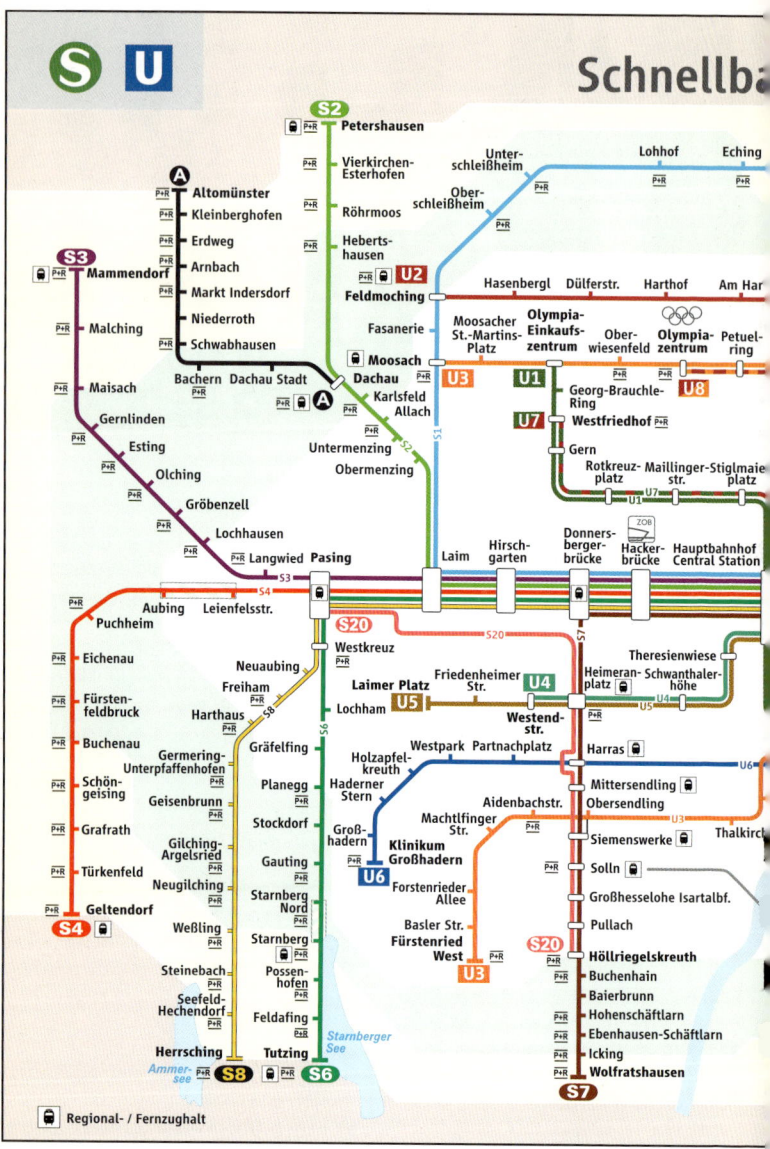

Miesingstr. 4, Tel. 089/78 57 67 70, Burgweg 4–6, Burg Schwaneck, Pullach, Tel. 089/74 48 66 70, www.djh.de

Haus International, Elisabethstr. 87, Tel. 089/12 00 60, www.haus-international.de

Kolpinghaus St. Theresia, Haneberg-str. 8, Tel. 089/12 60 50, www.kolping hausmuenchen.de

Meininger Hotels, Landsberger Str. 20, Tel. 089/54 99 80 23, www.meininger-

hotels.com. Internationales Publikum, auch Einzel- und Doppelzimmer.

The 4 you Hostel & Hotel München, Hirtenstraße 18, Tel. 089/552 16 60, www.the4you.de. Sehr verkehrsgünstig beim Hauptbahnhof gelegen.

Verkehrsmittel

Auto

München ist weithin bekannt für stundenlange Parkplatzsuche. Wer ohne gül-

tige grüne Plakette in die Umweltzone (www.muenchen.de/umweltzone) fährt, riskiert 40 Euro Bußgeld und einen Punkt. Benutzen Sie öffentliche Verkehrsmittel.

Parkhäuser und Tiefgaragen

Am Färbergraben, Zufahrt über Altheimer Eck, Tel. 089/26 61 77

Am Hauptbahnhof, Zufahrt über Arnulfstr., Tel. 089/54 82 88 92

Am Stachus, Karlsplatz 6, Tel. 089/54 88 19 99

Am Hofbräuhaus, Zufahrt über Hochbrückenstr., Tel. 089/29 87 22

Tiefgarage vor der Oper, Max-Joseph-Platz, Tel. 089/29 41 87

Fahrradverleih

Aktiv-Rad, Hans-Sachs-Str. 7, Tel. 089/26 65 06, www.aktiv-rad.de

Call a Bike, Tel. 069/42 72 77 22, www.callabike-interaktiv.de. Mieträder der Deutschen Bahn AG.

Taxi einmal ganz anders: Am Marienplatz bieten die Rikscha-Mobile ihre Dienste an

Radius Fahrradverleih, Arnulfstr. 3, Tel. 089/ 54 34 87 77 30, www.radiusmunich.com

Car Sharing

DriveNow ist ein Car Sharing Angebot von BMWi, MINI und Sixt für München (mit Vorteilen für ADAC Mitglieder). Die Fahrzeuge stehen im ganzen Stadtgebiet auf öffentlichen Parkplätzen verteilt. Sie können über die Webseite oder die DriveNow App angezeigt werden. Man reserviert kostenfrei 15 Min. im Voraus oder öffnet durch Vorhalten der Drive Now ID am Lesegerät das Auto. Auch One-Way Fahrten sind möglich. Mehr Infos unter www.drive-now.com/adac.

Mietwagen

ADAC Mitglieder können über ihre Geschäftsstelle oder unter Tel. 089/ 76 76 20 99 bei der ADAC Autovermietung günstig einen Wagen buchen.

Öffentliche Verkehrsmittel

MVV, Tel. 089/41 42 43 44, www.mvv-muenchen.de

Im MVV sind U-Bahnen, Trambahnen und Busse der Stadt sowie S-Bahnen und Busse der Region zusammengeschlossen. Das Tarifsystem ist für Ortsfremde zunächst meist schwer zu durchschauen. Infos gibt es im Internet, Verkehrslinienpläne und Broschüren sind in den Verkaufsstellen des MVV erhältlich.

Günstiger als Einzelfahrkarten sind schon bei wenigen Fahrten oder für Gruppen die **Streifenkarten**. Sie werden an den Automaten entsprechend der Zonenzahl entwertet.

Kurzstrecke bis zur 4. Haltestelle (nur bis zur 2. in U- und S-Bahn) = 1 Streifen

Innenraum (4 Ringe) = 2 Streifen, jede weitere Zone = 2 Streifen. Kinder (6–14 J.) entwerten pro Fahrt einen Streifen.

Empfehlenswert für Touristen sind die **Tageskarten** – Single- (1 Pers.) bzw. Partner-Tageskarte (5 Pers.) – für alle Fahrten bis 6 Uhr früh des folgenden Tages.

Die **CityTourCard** (www.citytourcard-muenchen.com), erhältlich für den Innenraum (1 Tag / 3 Tage / 4 Tage) sowie den Aussenraum (3 Tage / 4 Tage), ermöglicht die freie Nutzung der öffentlichen Verkehrsmittel und bietet vergünstigte Eintritte zu etlichen Sehenswürdigkeiten.

Außerdem bietet der MVV verschiedene **Kombitickets**, z. B. mit der Bayerischen Oberlandbahn oder das MVV-Thermenwelt-Ticket. Erhältlich sind sie bei MVV- und S-Bahn Verkaufsstellen und im Hauptbahnhof.

Taxi

Taxi München, Tel. 089/216 10, Tel. 089/194 10, www.taxi-muenchen.com

Sagen Sie uns die Meinung!

Wir möchten mit unseren Reiseführern für Sie, Ihren Urlaub und Ihre Reise noch besser werden. Nehmen Sie sich deshalb bitte kurz Zeit, uns einige Fragen zu beantworten. Als Dankeschön für Ihre Mühe verlosen wir hochwertige Preise unter allen Teilnehmern.

1. PREIS
Eine zweiwöchige Fernreise für zwei Personen

2. PREIS
Wochenend-Trip in eine europäische Hauptstadt

3. PREIS
je einen von 100 Reiseführern Ihrer Wahl

Mitmachen auf www.reisefuehrer-studie.de

Oder QR-Code mit Tablet/Smartphone scannen.

 Reiseführer

Register

Impressum

Herausgeber: TRAVEL HOUSE MEDIA GmbH, München
Programmleitung: Dr. Michael Kleinjohann
Redaktionsleitung: Jens van Rooij
Autor: Dr. Lillian Schacherl, Josef H. Biller
Aktualisierung: Friedrich Köthe
Redaktion: Intermag Publishing GmbH, München
Bildredaktion: Intermag Publishing
Satz: Intermag Publishing
Karten (Umschlag): ADAC e.V., München
Karten (Innenteil): ADAC e.V., München (S. 132, 136, 144, 155), Huber Kartographie GmbH, München (Pilotkarten, S. 128, 148, 160)
Herstellung: Katrin Uplegger
Druck: Drukarnia Dimograf Sp z o o. (Polen)

Ansprechpartner für den Anzeigenverkauf:
KV Kommunalverlag GmbH & Co. KG,
MediaCenter München, Tel. 089/92 80 96 44

ISBN 978-3-95689-072-7

Neu bearbeitete Auflage 2015
© 2015 TRAVEL HOUSE MEDIA GmbH, München
ADAC Reiseführer Markenlizenz der ADAC Verlag GmbH & Co. KG, München
© des abgebildeten Werkes von Dan Flavin [S. 82] bei VG Bild-Kunst, Bonn 2015
© Verkehrslinienplan München mit freundlicher Genehmigung der Münchner Verkehrs- und Tarifverbund GmbH (MVV) 2015

TRAVEL HOUSE MEDIA

Ein Unternehmen der
GANSKE VERLAGSGRUPPE

1 Tag in München

Zuerst natürlich die Altstadt erkunden: Am Vormittag zwanglos bummeln und Atmosphäre schnuppern, in zwei, drei Kirchen hineinschauen wie **Dom**, **St. Mi-**

chael und **Asamkirche**, sich an Schaufenstern in **Theatiner-** und **Maximilianstraße** weiden, Mittagessen in einem der Urmünchner Lokale (Franziskaner, Augustiner, Zum Spöckmeier).

Für den Nachmittag hat sich der Kunstfreund mindestens eine der drei **Pinakotheken** vorgenommen und für den Abend Karten im **Nationaltheater** vorbestellt, der Technikfreak eilt ins **Deutsche Museum**. Wer kein Ziel hat, guckt vom **Turm** des Doms oder der Peterskirche ins Gebirge, amüsiert sich im **Valentin-Karlstadt-Musäum**, genießt köstliche Leckereien auf dem **Viktualienmarkt**, spaziert auf der **Ludwigstraße** nach Schwabing und im **Englischen Garten** umher, hockt dort sommers im Biergarten, winters bei einem guten Italiener beim Abendessen, und vergnügt sich dann in Kabarett, Kleinkunstbühne oder Disco.

1 Wochenende in München

Den Freitag machen wir zum Altmünchner Tag, das heißt: ausgiebig die Altstadt kennenlernen und dabei eine Besichtigung der **Residenz** mit Führung von etwa zweieinhalb Stunden einplanen. Beim Altstadtbummel sollte man sich einen **Turmblick**, den Schlenker über den **Viktualienmarkt** und den **St.-Jakobs-Platz** mit Jüdischem Zentrum sowie einen Kurzbesuch im vielseitigen **Stadtmuseum** nicht entgehen lassen. Ferner ist genug Zeit, verschwiegenere Schönheiten wie die **Kardinal-Faulhaber-Straße** mit ihren Palais oder den **Alten Hof** zu entdecken, gemütlich durch die eleganten **Einkaufsstraßen** und Passagen wie etwa die **Fünf Höfe** zu

bummeln und Verschnaufpausen im Hofgarten oder in einer der feinen Konditoreien einzulegen. Dicht beieinander liegen hier auch die Theater für den Abend von **Oper** bis **Boulevardbühne** und die gediegenen Restaurants oder Gourmet-Lokale.

Der Samstag ist Museumstag. Den Kunstfreund wird es zu **Glyptothek**, **Antikensammlung** und den **Pinakotheken**, auch zum **Bayerischen Nationalmuseum** ziehen, und so wird er seinen Tag zwischen Königsplatz-Umgebung und Prinzregentenstraße teilen. Auch der weniger an Kunst Interessierte sollte dieselben Wege gehen, um diese noblen Partien der Stadt kennenzu-

lernen, dann aber einen Besuch im **Deutschen Museum** anschließen. Auf dem Nachmittagsprogramm könnte der **Olympiapark** stehen, dessen besondere Attraktion der Olympiaturm ist, und danach ein Abstecher zur **Allianz Arena**. Ein Kabarett oder eine Kleinkunstbühne in Schwabing oder ein Konzert im Kulturzentrum Gasteig garantieren einen vergnüglichen Abend.

Der Sonntag wird zum Schloss- und Parktag ernannt. Es geht hinaus nach **Nymphenburg**. Die Schlossbesichtigung ist außerordentlich lohnend, aber wer nicht nochmal Feudalkultur sehen will, tauscht sie mit dem Besuch des hochinteressanten **Museums Mensch und Natur** (zumal mit Kindern). Beim Spaziergang durch den **Schlosspark** wird man auch in dem einen oder anderen der Parkbauten verweilen. An den Schlosspark schließt sich nördlich der reiche **Botanische Garten** als Ergänzung des Spaziergangs an. Für den Imbiss ist da wie dort gesorgt. Wer an der Würm entlang zur Idylle von **Schloss Blutenburg** spaziert, nimmt einen Hauch des einstigen dörflichen Umlands der früheren Residenzstadt wahr. Und warum nicht am Abend einmal eine Oper im **Marionettentheater** oder, nach einem warmen Sommertag, in einem Münchner Biergarten genießen?

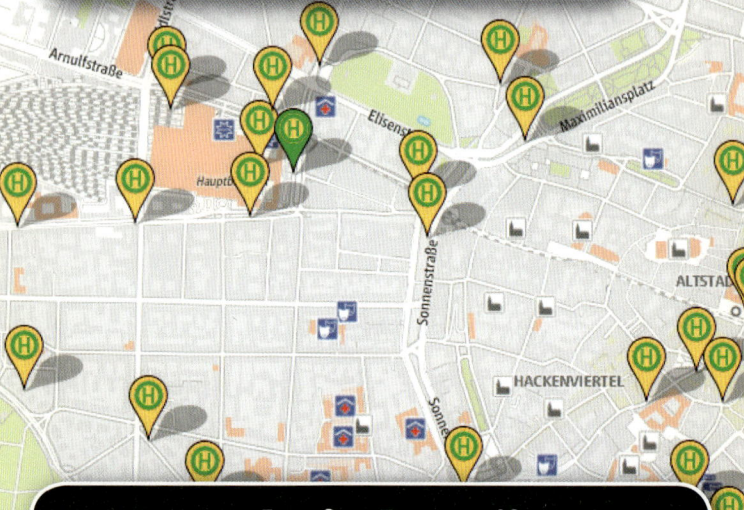